应用技术型院校汽车类专业“十三五”系列规划教材

U0879878

汽车营销基础与实务

主　编　袁　芬　鲁　澴
副主编　张　驰　罗　雪

合肥工業大學出版社

前　言

汽车产业作为我国最重要的支柱产业之一，在促进我国国民经济发展中起到了重要的作用。当前我国汽车工业进入了激烈的竞争阶段。汽车产业中的从业人员要想在汽车销售相关岗位上游刃有余、取得令人瞩目的成就，就需要了解汽车营销方面的知识，掌握汽车汽车营销岗位技能。

本书以汽车营销4S店经营模式为背景，围绕汽车营销过程中所涉及的各个环节，详尽地探讨了汽车流通过程中的整车销售和汽车营销的延伸服务等方面的基本理论和实务操作技能，注重知识的系统性和实用性，特别注重读者技能的培养。具体介绍了展厅接待、顾客分析、车辆展示与介绍、促成交易、交车服务和售后跟踪服务等汽车营销流程及有关汽车保险、汽车美容与装饰、汽车分期付款、汽车购买手续的代理服务等汽车营销的延伸服务知识和具体的流程。通过学习目标、情境导入引导学生思考，再通过学习情境下分配的任务共同完成整个情境学习。每个学习任务里，通过“任务描述”“学习准备”“知识讲解”“任务实施”“任务评价”环节的学习掌握汽车营销的理论知识，并通完成小组演练中设定的汽车销售环节，增加实战体验和经历。

本书由湖北生态工程职业技术学院袁芬担任主编，并负责制订大纲、设计样章、修订初稿、统稿、定稿。湖北生态工程职业技术学院张驰、鲁澴、罗恒、杨繁、郭森伊、罗雪、古娟参与编写。编写分工为：袁芬编写情境四、情境五、情境九，鲁澴编写情境二、情境三；张驰编写情境七，情境十；郭森伊编写情境一、罗雪编写情境六、杨繁编写情境八、古娟编写情境十一、罗恒编写情境十二。

在本书编写过程中，参阅了大量国内外相关教材、报刊和网站文献，得到了合肥工业大学出版老师的鼎力支持和悉心指导，在此表示衷心感谢！由于编者水平和能力有限，书中难免会有不足与错误，敬请广大读者批评指正！

编　者

2018 年 7 月

目　录

学习情境一　汽车营销岗位需求分析

知识目标

(1)了解汽车营销人员的岗位职责及应具备的专业素质;
(2)掌握汽车销售人员与服务人员的业务素质。

技能目标

(1)能够用正确的商务礼仪接待来展厅的顾客;
(2)能够通过正确的途径不断提高自身专业素养。

情境导入

即将毕业的大三学生小李在某4S店实习期间,向客户推销车辆及养护用品。他只要见到客户就介绍自己的姓名、毕业院校、爱好特长以及为什么向客户推销本款车,说了很长一串,不仅没有卖出车,还遭到客户白眼,他非常纳闷,不知道自己什么地方做得不妥。

任务1　汽车营销岗位认知

【任务描述】

汽车学院学生小李到武汉一家4S店开始自己的汽车销售生涯,但初次踏入社会的他对汽车销售岗位的工作还不是很了解。面对新的环境,满怀信心的小李突然觉得自己对汽车销售的认知还停留在书本上。真实的工作场景与在学校学习的完全不同。首先需要小李认知的便是汽车销售的岗位职责。

【学习目标】

(1)能正确认识汽车销售岗位;
(2)了解汽车4S店销售部门岗位设置和职能。

【学习准备】

(1)汽车4S店岗位设置;
(2)汽车销售岗位的招聘条件与要求。

【知识讲解】

一、汽车 4S 店的组织架构

(一)汽车 4S 店组织架构

如图 1－1 所示为汽车 4S 店的整体组织结构。

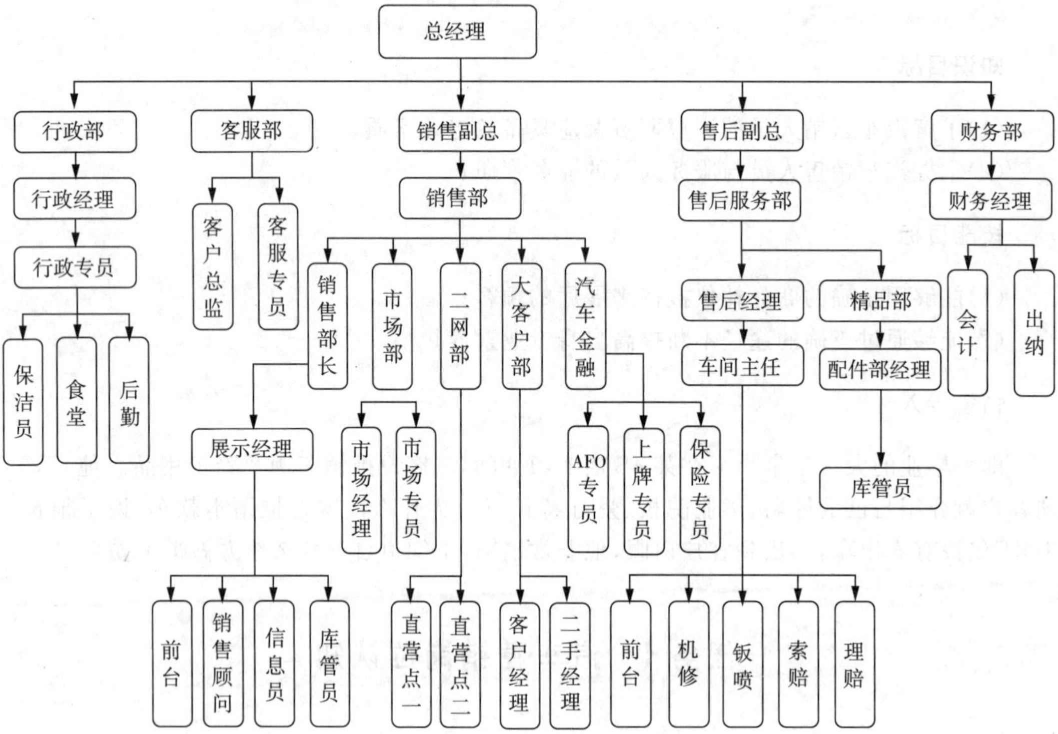

图 1－1　汽车 4S 店整体组织结构

(二)汽车 4S 店销售部门组织结构

图 1－2 所示为汽车 4S 店销售部门的组织结构。

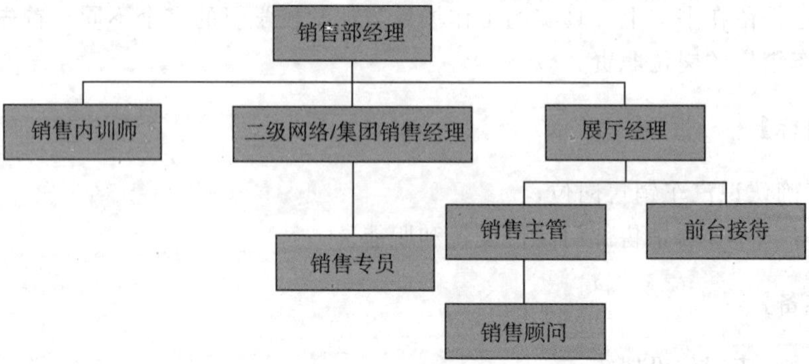

图 1－2　汽车 4S 店销售部门组织结构

二、汽车 4S 店销售部门职能

汽车 4S 店销售部门的主要职能包括:客户资源开发、新车销售、汽车销售延伸服务、客户关系管理,其具体作用表现如下:

(1)连接企业与顾客之间的关系,不断进行创造性的工作,在满足顾客需求的同时,为企业开启利润之门;

(2)核心工作是销售和服务,直接与市场和消费者联系,为市场分析及定位提供依据;

(3)销售部门通过一系列的销售活动可以配合营销策略组合,通过销售成果检验营销规划,配合市场部门及时更新和制定营销规划。

三、汽车 4S 店销售部门岗位设置

销售部门各主要岗位及工作职责如下:

1. 销售部总监

直接上级:总经理(或主管销售的副总经理);

直接下属:展厅销售经理、二手车经理、大客户经理。

日常工作职责:

(1)负责落实公司销售政策,并积极向制造商上报要求的有关材料和信息;

(2)负责本部门和其他相关部门的协调以及本部门员工的管理;

(3)根据公司的总体经营目标,制订销售部相应的年度销售计划及销售策略并执行;

(4)检查、监督和辅导销售部人员完成销售目标计划;

(5)检查销售部门各项规章和流程的执行情况;

(6)分阶段对本部门员工进行政策、市场营销、现场流程和安全教育培训。

2. 展厅销售经理

直接上级:销售部总监;

直接下属:销售前台、销售顾问、销售支持。

日常工作职责:

(1)带领销售顾问完成销售总监下达的任务,做好展厅内的销售工作;

(2)分析销售个案,协助销售顾问成交;

(3)汇集销售信息,建立客户档案,并对客户进行分级分类;

(4)检查、调整、优化公司和销售部各项有关流程和规章,并监督流程的贯彻实施情况;

(5)负责市场信息收集、处理、分析和反馈;

(6)牵头处理重大客户投诉;

(7)协助销售总监,评估银行、保险公司等中介合作机构,并维护和拓展;

(8)定期安排销售顾问进行职业技能的培训和学习。

3. 销售前台

直接上级:展厅销售经理;

直接下属:无。

日常工作职责:

(1)主动为客户提供服务,负责前台电话的接听和转接,做好来电咨询工作,重要事项认真记录并转达给相关人员,不遗漏、不延误;

(2)负责来访客户的接待、基本咨询和引见,严格执行公司的接待服务规范,保持良好的礼仪;

(3)负责公司前台大厅的卫生清洁、桌椅摆放及设备的维护,并保持整洁干净;

(4)负责前台车型资料的完整;

(5)完成领导交办的其他相关任务。

4. 销售顾问

直接上级:展厅销售经理;

直接下属:无。

日常工作职责:

(1)开发新客户(展厅接洽),维系老客户,建立客户个人档案,完成展厅销售经理下达的任务;

(2)对客户进行有效管理,统计客户信息资源,认真记录展厅客户来电信息,及时跟进客户信息,掌握客户动向,促使成交,并详细记录回访情况,让客户满意,创造忠诚客户;

(3)热情主动地接待展厅来访的每位顾客,负责向顾客介绍车辆主要性能和价格,并积极引导客户试乘试驾;

(4)负责向顾客说明购车程序并协助顾客办理相关手续;

(5)负责签订订单,负责对有望客户和成交客户的跟踪回访;

(6)负责竞争车型资料信息收集、处理、分析、反馈;

(7)服从领导的各项工作安排,团结同事,尊敬领导,树立团队精神,积极参加公司的团队活动、例会和培训。

四、汽车4S店其他主要岗位设置及岗位职能

(一)市场部

1. 市场部总监

直接上级:总经理(或主管市场的副总经理);

直接下属:市场专员。

日常工作职责:

(1)基于公司战略,制订相关营销计划;

(2)基于营销计划,结合市场动态,制订和更新营销策略;

(3)监督市场分析工作并撰写报告;

(4)领导市场部相关人员,完成市场营销活动;

(5)广告投放及监测工作;

(6)公共关系维护;

(7)团队建设和人员培养。

2. 市场专员

直接上级:市场部总监;

直接下属：无。

日常工作职责：

(1)策划公司各项营销活动；

(2)组织、策划品牌和公司的形象宣传活动；

(3)在市场部总监的指导下，完成营销活动；

(4)协助完成市场分析并编写报告工作；

(5)广告投放及监测工作，与广告公司或媒体沟通和联系，监督广告的实施和监测广告效果，跟踪竞争对手在媒体上出现的广告频率、规模和动向，并及时向市场部总监反馈提交特约店月度、季度或年度促销计划方案；

(6)配合公司其他部门的工作。

(二)服务部

1. 服务部总监

直接上级：总经理(或主管服务部门的副总经理)；

直接下属：售后服务经理、售后技术经理、零配件经理。

日常工作职责：

(1)根据公司下达的销售任务，制订售后战略和售后计划，并监督执行；

(2)了解市场动态，制订和更新服务策略；

(3)服务标准、流程的实施和控制；

(4)管理并协调售后服务各部门工作；

(5)负责本部门与其他部门的沟通协调工作，及时向总经理汇报工作。

2. 售后服务经理

直接上级：服务部总监；

直接下属：服务前台、服务顾问、索赔员。

日常工作职责：

(1)协助服务总监制订部门工作计划和策略；

(2)负责组织开展服务营销活动；

(3)全权负责前后台的管理工作，高质高效地完成公司下达的各项指标；

(4)维系与客户的联系，监督客户档案的建立与管理；

(5)负责与售后技术经理、零配件经理沟通，协调前台与维修车间、零部件部门的沟通和联系。

3. 服务前台

直接上级：售后服务经理；

直接下属：无。

日常工作职责：

负责电话接待工作，客户接待与分流引导，基本的信息统计工作等。

4. 服务顾问

直接上级：售后服务经理；

直接下属：无。

日常工作职责：
(1)全面贯彻落实公司售后服务核心流程；
(2)搜集区域市场信息，为上级提供决策支持；
(3)负责接车前的准备工作，为接车与维修提供便利；
(4)建立、完善客户信息系统和分析客户群；
(5)负责修理过程的沟通和协调，负责车辆维修质量检查；
(6)负责向客户交送车辆，并结清相关账款。

5. 维修小组、钣金小组、烤漆小组

直接上级：售后服务经理；
直接下属：无。
日常工作职责：
(1)实施服务顾问或售后服务经理的派工任务和紧急抢修、车辆救援工作；
(2)负责工位设备及工具的维护管理；
(3)负责维修质量的自检和互检；
(4)向售后服务经理或服务顾问汇报作业进度及异常；
(5)负责本工位区域环境的清洁和保持以及工具、设备的保管与保养。

6. 索赔员

直接上级：售后服务经理；
直接下属：无。
日常工作职责：
(1)接待客户投诉或索赔，诊断投诉与索赔问题；
(2)负责索赔手续的办理和沟通工作，处理赔偿单据，做赔偿总结；
(3)索赔旧件的管理。

7. 售后技术经理

直接上级：服务部总监；
直接下属：无。
日常工作职责：
(1)接受汽车生产厂商的新技术培训，并对本公司服务人员实施技术培训或指导技术培训师对相关服务人员实施技术培训；
(2)监控公司技术能力并提出相关建议，对相关信息跟踪及反馈；
(3)相关技术资料的收集和保密。

8. 零配件经理

直接上级：服务部总监；
直接下属：零配件计划员、零配件库管员、精品销售员。
日常工作职责：
(1)制定配件计划，负责建立合理的备件存库量；
(2)指导库管员对库房的分类与管理；
(3)负责紧急件与进口件的进货管理；

(4)贯彻执行汽车生产厂家有关配件方面的规定。

(三)客服部

1. 客服部总监

直接上级:总经理;

直接下属:客户回访员、客户档案管理员。

日常工作职责:

(1)制订部门工作目标和计划,组织进行客户满意度调查,并进行分析;

(2)管理好客户档案,做好定期客户回访工作,跟踪客户投诉等。

2. 客户回访员

直接上级:客服部总监;

直接下属:无。

日常工作职责:

(1)在客服总监的指导下,完成客户满意度调查,完成客户接待工作,保持客户接待区干净整洁;

(2)协助分析汇总销售和售后服务回访过程中客户满意度的调查结果;

(3)对客户进行不定期回访,主动预约客户,了解客户的不同需求,满足客户需求,做好记录分析,及时反馈给客服部总监。

3. 客户档案管理员

直接上级:客服部总监;

直接下属:无。

日常工作职责:

管理好各类客户文档,做好相关信息收集与传递工作。

【任务实施】

分小组,采用不同的方式(实习考察、网上查资料、做调查问卷等)对某一4S店的组织架构与岗位设置进行调查,呈现该4S店的组织架构与岗位设置,对其合理性进行分析,并以报告的形式说明。

【任务评价】

序号	考核项目	评价	分值	实际得分
1	小组分工是否明确		20	
2	成员是否积极参与任务实施	20		
3	调查方式是否多样		20	
4	小组团队合作能力		20	
5	总结汇报是否完善		20	
总体评价与得分				

任务2 汽车营销人员业务素质要求

【任务描述】

小李在学习市场营销相关理论知识后，对自己的工作有了新的理解，他想既然各行各业都有其职业及从业人员素质的相关要求，那么汽车营销人员也不例外。王经理作为企业新人培训讲师，将为小李以及新进员工讲解汽车营销人员应遵守的职业规范及应具备的从业素质。

【学习目标】

(1)了解汽车营销人员必备素质；
(2)掌握汽车营销人员的职业道德；
(3)能够通过正确的途径不断提升自身专业素质。

【学习准备】

(1)汽车营销人员基本素质要求；
(2)汽车行业从业人员职业道德规范基本要求。

【知识讲解】

汽车营销人员职业规范不仅是从业人员在职业活动中的行为要求，而且行为应对社会所承担的责任和义务。汽车营销人员要遵守职业规范，对所属企业和服务客户做到"双负责"。

一、汽车营销人员应具备的基本素质

(一)高尚的职业道德

职业道德是与人们职业活动紧密联系的符合职业特点所要求的道德准则、道德情操和道德品质的总和。职业道德不仅是从业人员在职业活动中的行为标准和要求，而且是本行业对社会所承担的道德责任和义务。职业道德是社会道德在职业生活中的具体化，无论从事什么样的职业，都应该有良好的职业道德。作为一名汽车营销人员，必须具有高尚的职业道德，诚实严谨、恪尽职守的态度，廉洁正派、公正无私的作风。汽车的价值很不但高，而且是一件复杂商品，如果汽车营销人员欺骗顾客，顾客会受到较大的经济损失，同时还可能给汽车销售商带来更多的经济损失。汽车营销人员的一言一行都代表着公司，公司的形象是靠汽车营销人员来向社会大众展示的。汽车营销人员要通过自己优质的服务，为公司塑造良好的企业形象，以达到社会效益与企业经济效益的统一。

(二)良好的心理素质

心理素质渗透在人们的各种活动中，影响着人们的行为和活动质量，要做成一笔交易，并不是一帆风顺的，这就对汽车营销人员的心理素质提出了更高的要求，主要包括以下几个方面：

(1)自信的心理。汽车销售人员要有充分的自信心，这是决定汽车营销工作能否成功的内在力量。汽车销售人员无论是对公司、产品，还是对自己，都要充满信心。不能将自己的工作认为是求别人购买商品，要想着自己是为他人提供需要的产品，要抱着“为客户服务的心态”去做好工作。汽车营销人员具备了自信心，才能正视自己，从而激发出极大的勇气和毅力，最终创造良好的销售业绩。当然，汽车营销人员的自信是建立在周密调查研究、全面了解情况的基础之上的，而不是盲目自信。

(2)热情的心理。汽车营销人员与人、与车打交道，其工作对象主要是顾客，其次是车。这就要求汽车营销人员必须对工作充满极大的热情，凭借热情的心理来与各种各样的人打交道，结交众多的朋友，拓展工作渠道。热情的心理是想象力和创造力的基础，汽车营销人员应有浓厚的汽车职业兴趣，有开拓进取的精神。

(3)开放的心理。在信息交流、人际互动日益加强的现代社会，汽车营销人员要想做好销售工作，要善于接受新事物；善于学习别人的长处，善于学习新知识；不断解放思想、更新观念；勇于进取，不因循守旧，开拓创新，不墨守成规。具有开放心理的人，能宽容地接受各种各样与自己性格、志向和脾气不同的人，并能“异中求同”，与各种类型的顾客、同事建立良好的人际关系，能冷静地对待和处理工作中所遇到的困难和挫折。

(三)强烈的公关意识

公共关系意识是一种综合性的职业意识，是汽车营销从业人员应具备的素质的核心。因为良好的公共关系意识能促使汽车营销人员的行为处于主动和自觉化的状态，使他对环境变化、人员变化有一种能动、开放、创造性的适应机制，能创造性地完成汽车营销任务。汽车营销人员必须具备强烈的公关意识，具体要求是：

(1)对汽车市场新事物、新情况的敏感性。汽车营销和管理人员必须对汽车市场的新事物、新情况具有敏感性，能及时觉察汽车市场微妙的变化，能从历年销售资料和有关数据中看出趋势，从平静的市场表象中看出潜伏的危机和有待挖掘的潜力，要善于把握一些信号传递的信息。汽车市场营销人员必须具备灵敏的头脑，及时捕捉身边的信息，预测竞争方向，使自己的企业及时采取对策。

(2)善于捕获灵感，抓住时机。一个成功的汽车营销人员往往会把营销工作组织得新颖生动、别具一格，使顾客(公众)产生深刻的印象。这是汽车营销人员所追求的理想境界。许多创新的销售手段、宣传手法使人印象深刻，善于捕捉灵感，及时抓住时机，会使工作更富有创造性。

善于捕捉灵感，及时抓住时机，要求汽车营销人员在工作实践和日常生活中做到以下两点：进行长期的知识积累；珍惜最佳的时机和环境。

许多事例证明，灵感大都是在思维长期紧张后的暂时松弛时得到的，或睡前，或起床后，或散步，或乘车时。要善于观察，在其他的事物中得到启示，从而获得灵感。总之，汽车市场营销人员要具备强烈的公关意识，做有心人，抓住灵感，把握时机，推陈出新。

(四)合理的知识结构

汽车产品属于大件的耐用消费品，为理性消费品。这类产品的价格较高，购买次数较少，顾客在购买时多持慎重的心态，一般经过深思熟虑后才会购买此产品，如果汽车营销人员拥有合理的知识结构，对汽车产品各方面的知识以及销售环节、汽车保养等知识十分熟悉，往往在推销的过程中能够让顾客对产品及企业增加信心，促使客户产生购买行为，反之，汽车营销人员相关知识欠缺，答非所问或者支支吾吾，这样就会打消顾客购买产品的积极性。汽车营销人员需具备的知识体系见表 1－1。

表 1－1 汽车营销人员的知识体系

知识储备	知识类型	具体内容
市场与行业知识	一般市场及行业知识	熟悉市场行情、价格、费用，了解税收、保险、购置、税费、付款等一系列业务、政策规定等基本知识。熟悉汽车交易程序相关知识并能熟练帮客户办理相关事项
	经济学相关知识	市场营销相关知识；经济波动对货币和汽车行业的影响。（后附推荐书籍）
企业相关知识	企业基本知识	企业的发展历史、企业文化、规模经营现状、股东情况等
	企业发展前景	企业的发展优势、未来的发展方向与战略目标。（营销人员对自己企业归属感的表现会直接影响到顾客的决策）
产品相关知识	生产知识	制造商的具体情况，原材料的使用，主要性能以及如何保证质量，识别真伪等
	车辆知识	汽车品牌，汽车产品的结构与原理，竞争的优势与卖点，车辆的构造、性能、使用、维修等特点
	交易知识	所有的售后服务知识，汽车贷款知识、汽车保险知识、汽车维修与保养知识、汽车驾驶知识等
其他知识	公共关系知识	公共关系的概念、要素及观念。如何处理不同环境，不同群体中的关系
	社交礼仪知识	良好的个人形象，一定的沟通与谈判能力，正确规范的商务礼仪知识
	客户心理知识	营销人员需具备一定的心理知识，能从客户外表神态、言谈举止、挑选商品过程来分析客户的购买需求
	汽车专业英语知识	能看懂外文汽车说明书，有一定的外语沟通能力

二、汽车营销人员常犯的几个错误

（一）与顾客进行争辩

与客户发生争辩是汽车营销人员工作中的“大忌”。每位顾客的性格不尽相同，有时候当某些顾客的态度与营销人员期望不一致的时候，营销人员没有很好地控制住自己的情绪，可能因为一点小事与顾客产生争执，影响产品的销售和自己工作前途。另一种情况，当客户对产品有误解，汽车营销人员有可能为了纠正客户的看法而与客户产生争执，客户不了解产品或者对产品有自己的见解是很正常的事情，营销人员可以通过事实或者“曲线救国”的方式来影响客户对产品的看法，但正面的反驳有可能会使客户对营销人员产生不好的看法或觉得自己面子上挂不住，这只会增大产品卖出的难度。

（二）情绪都写在脸上

每个人都不可能每分每秒都怀着开心喜悦的心情，工作中有时候不免会有个人情绪。但是作为一名专业的汽车营销人员，绝对不可以带着负面的个人情绪去接触客户。人与人接触，笑容是最好的见面礼，如果你一开始给客户的影响就是“面如冰霜”，客户还愿意与你继续打交道吗？如果确实有事情影响自己的心情，专业的营销人员在工作的时候也应该调整心情，抛开负面情绪，找机会调整好自己的情绪后，以专业的姿态迎接客户。

（三）言不符实

汽车营销人员在推销产品的时候要通过一些营销活动来影响顾客的购买欲望，但是如果在营销产品的过程中不讲求措辞，会容易给顾客留下“言不符实”的不好印象，在顾客购买产品的过程中造成不好的影响。一是以大公司大品牌自鸣得意，言谈之中充满了优越感，会让顾客留下不好的感觉。二是对产品的性能、质量过分吹捧，让顾客觉得你言过其实。

（四）推销太过热情

试想一下，如果你是一名客户，在毫无防备的情况下，汽车营销人员冲到你面前，不断地问你有什么需要，给你讲解车型，你会有什么样的感受？

美国心理学硕士邓肯说过：“1.2 米是人与人之间的安全距离。除非是你特别信任、熟悉或者亲近的人，否则无论是说话还是其他的交往，逾越了这个距离，都会让你产生不安全的感觉。”当人们的私人空间被人侵占后，人们会本能转移自己的注意力，下意识的抗拒周围环境。所以，作为一名专业的汽车营销人员，应该与初次见面的客户（新客户）保持 1.2 米至 2.1 米的社交距离，给顾客留有自己的舒适区。

【任务实施】

每 4 人一组进行客户看车过程的模拟训练，1 人扮演销售顾问，1 人扮演客户，其余 2 人根据实际情况打分；然后互换角色训练，每个小组派一名学生上台进行总结发言，根据是否体现汽车营销人员专业的业务素质和心理素质两方面对每个小组进行点评。

【任务评价】

序号	考核项目	评价	分值	实际得分
1	是否体现了汽车营销人员应该具备的业务素质	25		
2	是否体现了汽车营销人员应该具备的心理素质	25		
3	是否积极参与任务实施	20		
4	整体模拟效果	30		
总体评价与得分				

任务3 汽车营销人员商务礼仪知识的运用

【任务描述】

某汽车销售服务有限公司王经理约见了一个重要的客户方经理。见面之后，客户就将名片递上。王经理看完后随手将名片放在桌子上，两人继续谈事。过了一会儿，服务人员将咖啡端上桌，请两位经理慢用。王经理喝了一口，将咖啡放在了名片上，自己却没有察觉。客户方经理皱了皱眉头，没有说什么。王经理的这种行为为什么会使对方经理不悦？在交换名片的时候要注意哪些礼节？

【学习目标】

(1)熟悉汽车销售的基本商务礼仪；
(2)了解正确运用商务礼仪的重要性；
(3)正确运用商务礼仪接待顾客。

【学习准备】

(1)汽车销售顾问商务礼仪；
(2)汽车销售顾问的常用销售工具准备。

【知识讲解】

在汽车营销活动中，为了体现相互尊重，需要通过一些行为准则去约束人们在营销活动中的方方面面，其中包括仪表礼仪、言谈举止、电话沟通等方面。所谓汽车营销礼仪是指礼仪在汽车营销活动中的运用，是营销人员在汽车营销活动中为表示尊敬、善意、友好等一系列道德、规范、行为的一系列惯用形式。

汽车营销人员作为企业"第一印象"的呈现者，必须具备一定的商务礼仪知识，以专业、得体的形象与客户进行沟通交流，这样才能有效提高企业的核心竞争力。

一、塑造良好的汽车销售人员职业形象

(一)仪容仪表礼仪的三个层次

1. 天然去雕饰

是指个人的先天条件出众，天生丽质。尽管以貌取人并不合理，但是先天美好的相貌身段，无疑会使人赏心悦目，产生想接近的感觉。

2. 仪容修饰美

仪容修饰美是指依照规范与个人条件，对仪容实施必要的修饰，扬其长，避其短，通过设计和塑造来提升自身仪容，塑造美好的个人形象，这样在人际交往中会给人留下尊重他人的

感觉，同时显得自己准备得很好，也体现了汽车营销人员的专业性。

3. 心灵内在美

是指通过学习，不断地提升自身文化素养、艺术素养和思想道德，培养出高雅的气质和美好的心灵，做到秀外慧中、表里如一。

如果这三个方面能够高度统一，那将达到美的最高境界，其中仪容修饰美是仪容仪表礼仪关注的重点。当然人无完人，任何一方面的不足，都可以通过不断的学习、提高和改进来完善。

(二)仪容与仪表

营销人员给人的第一印象往往非常重要，汽车营销人员应该特别注意自己仪容仪表，以求给顾客留下美好的第一印象，让顾客感觉受到尊重。

1. 修饰仪容的基本规则——美观、整洁、大方、典雅

包括以下几个方面：

(1)头发的修饰。要干净、常理发、常洗头、常梳头、常整理；长短要适宜，男士头发一般7厘米左右，不能遮住前额、耳朵和衣领；女士短发不能长于肩膀，女士长发要做一定的处理，常见的是盘发，这样会显得比较精神，做事情也会方便很多；发色要自然，忌将头发染成五颜六色或发型标新立异，发型的选择一定要时尚、大方、得体。

(2)胡须的修饰。在正式场合中，男士留着乱七八糟的胡须，一般会被认为是非常失礼的，而且会显得整个人不精神、不整洁。有些女士可能会因为内分泌的原因长出比较重的类似胡须的汗毛，也需要做一定的清洁和处理。

(3)鼻毛的修饰。鼻毛不要外露，鼻腔里要随时保持干净，不要让鼻涕或别的东西充塞鼻孔，如果有鼻毛长到鼻孔外面，需要经常性的修剪一下，保持整洁。

(4)清洁的口腔。牙齿洁白，口无异味，是对口腔干净最基本的要求。所以汽车营销人员一定要养成早、中、晚刷牙的好习惯，吃了味道比较重的东西要及时漱口，在见顾客前，要避免进食韭菜、大蒜等气味过重的食物。

(5)手部的修饰。手是汽车营销人员使用得最多的肢体部分，汽车营销人员需要完成各种各样的手势，需要引导客人，所以一双干净、好看的手，会给自己增分不少。男士手部指甲长度应控制在0.5毫米以内，干净整洁，勤洗手，洗手后用手霜护理；女士指甲避免涂抹颜色鲜艳、五颜六色的指甲油，不留过长指甲，定期对指甲进行适当护理，勤洗手，洗手后涂抹护手霜。

2. 汽车营销人员着装的基本要求

(1)文明大方

在正式场合，忌穿过露、过透、过短、过紧的服装。身体部位的过分暴露不但有失自己的身份，而且也失敬于人，会使他人感到不舒服。

(2)搭配得体

要求着装的各个部分相互呼应，精心搭配，特别是要恪守服装本身及鞋帽之间约定俗成的搭配，做到整体上看起来尽可能和谐、舒服。

(3)略有个性

汽车营销人员在穿着打扮的时候可以考虑自己的年龄、身形等，做到扬长避短，稍微可以展现自己的个性特征或独有风格。

3. 着装规范

	男性着装 标准要求： 保持衬衫、西服干净平整； 口袋无杂物。 操作规范： 对镜子自己检查着装； 定期干洗西服，每天更换衬衫； 定期熨烫衬衣、西服，裤子有腰线； 衬衫纽扣全部扣好、衬衫摆于裤内
	领带 标准要求： 长度齐皮带环； 整洁、无污渍、无破损、无褶皱； 领带结不宜太大或太小，打温莎结； 定期更换领带
	女性着装 标准要求： 上下配套，衣着整齐、干净、平整； 根据季节更换服装； 穿西装外套时，丝巾系成蝴蝶结； 衬衫袖口不要卷起。 操作规范： 套装熨烫平整、长裤有腰线； 衬衫领子放在套装之外

4. 汽车营销人员着装常见错误

男性常见错误

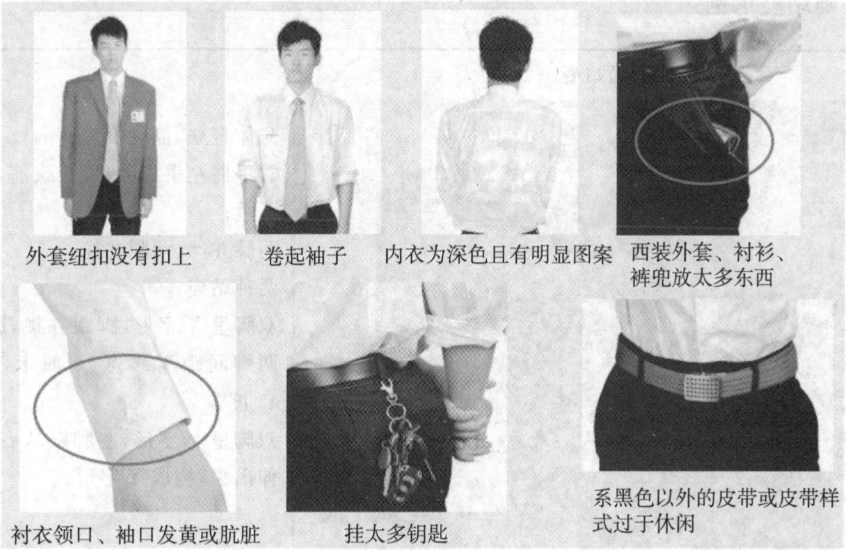

女性常见错误

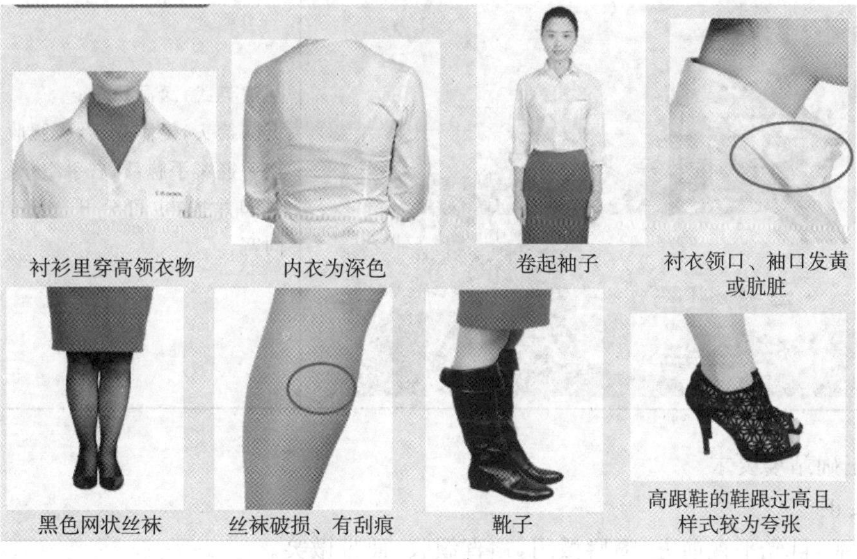

【课堂讨论】

请列出在商务中3种最让你欣赏和3种最让你厌恶的男(女)性穿着打扮。

____

____

____

(三)个人仪态规范

1. 站姿

(1)正确站姿示例

女性正确站姿 	身体直立,挺胸收腹; 右手握左手指尖,置于腹前,也可自然下垂; 两膝并严、两腿并拢。 两种站姿: 双脚呈 V 字形,脚跟并拢,脚尖微张,两脚间距离约为 10 厘米,张角约为 45 度。 双脚呈 Y 字形,左脚跟从右脚中部斜伸出去,构成 Y 字形。
男性正确站姿 	刚健英武,潇洒稳重; 挺胸抬头,挺髋立腰,吸腹收臀; 左手握右手腕部,右手空拳; 双脚并拢,也可分开,分开时与肩膀同宽。

(2)正确站姿要求

① 头正

头顶平,目光平视前方,嘴唇微闭,颈直颌收,面带微笑。

② 肩平

双肩放松,平正后微微下沉,身体自然向上。

③ 胸挺

挺胸收腹,避免驼背。

④ 腿直

双腿立直,站累时脚可以向后或身前半步,但上体仍需保持立直,切忌不可东倒西歪。

2. 坐姿

(1)正确坐姿示范

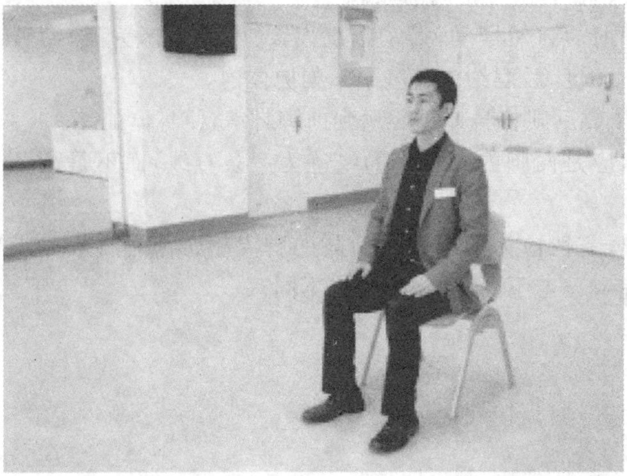	男性坐姿 坐定以后，头部和上半身的要求和站姿一样。具体的坐姿有： ① 双腿、双脚并拢，形成“正襟危坐”。 ② 双腿、双脚可以张开一些，但是不能宽于肩部。
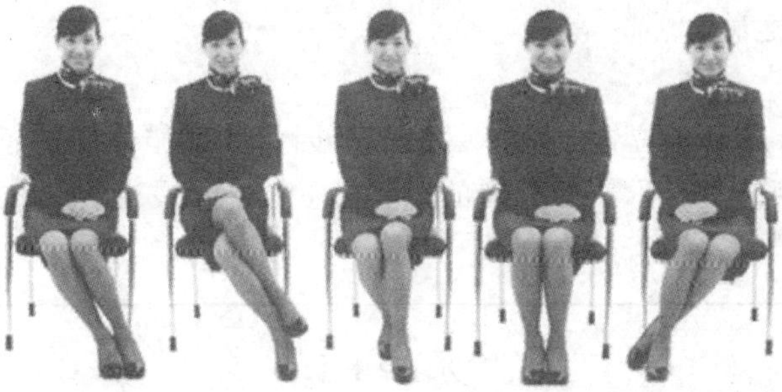	女性坐姿 女士落座后，头部和上半身要求与站姿一样，但更强调要双腿并拢，具体的坐姿有： ① 双腿、双脚并拢，“正襟危坐”。 ② 双腿并拢，双脚“V”字形或“T”字形“正襟危坐”。 ③ 双腿并拢，双脚并拢或者呈“V”字形、“丁”字形，双膝向左或向右略微倾斜。 ④ 一条腿压在另一条腿上，上面的腿和脚尖尽量向下压，不能翘得过高，否则有失风度。

(2)入座要求

① 入座时讲究先后顺序，礼让尊长，切勿争抢；在较为正式的场合，或者有尊长在座的情况下，一般坐下之后不应坐满座位，大体占据 2/3 的座位。

② 一般从左侧走到自己的座位前，转身后把右脚向后撤半步，轻稳坐下，然后把左脚与右脚并齐。

③ 穿裙装的女士入座，通常应先用双手拢平裙摆，再轻轻坐下。

3. 行姿

走姿是站姿的延续动作，是在站姿的基础上展示人的动态美。无论是在日常生活中还是在社交场合，正确的走姿往往是最引人注目的身体语言，也最能表现一个人的风度和活力。

(1)行姿的基本要求

① 上体正直，眼平视，挺胸、收腹、立腰，重心稍向前倾。

② 双肩平稳，双臂以肩关节为轴前后自然摆动，摆动幅度以30～40厘米为宜；两臂以身体为中心，前后自然摆动。前摆约35度，后摆约15度，手掌朝向体内。

③ 脚尖略开，脚跟先接触地面，依靠后腿将身体重心送到前脚脚掌，使身体前移。

④ 步位即脚落在地面时的位置，应是两脚内侧行走的线迹为一条直线，而不是两条平行线；

⑤ 步幅，即跨步时两脚间的距离，一般应为前脚跟与后脚的脚尖相距为一脚或一脚半长。但因性别和身高不同会有一定差异。着不同服装，步幅也不同。

(2)行走时注意事项

① 双臂切忌做左右式的摆动。

② 切忌左右摇摆或摇头晃肩。

③ 切忌走外八字或内八字。

④ 不要低头后仰，更不要扭动臀部。

⑤ 在人群之中乱冲乱闯，甚至碰撞到他人的身体，这是极其失礼的。

⑥ 在比较静的公共场合不要穿带有金属鞋跟或带有金属鞋掌的鞋子。

⑦ 步履蹒跚、腿伸不直、脚尖首先着地等不雅步态，要么使行进者显得老态龙钟、有气无力，要么给人以嚣张放肆、矫揉造作之感。

4. 蹲姿

蹲姿是人在处于静态时的一种特殊身体位置。汽车营销人员因为其工作性质的特殊性，当他(她)蹲下来为顾客介绍车辆时，必须掌握正确的蹲位，这样才能展现自己的专业性。

	男性蹲姿 标准要求： 面带微笑，上身保持挺直； 双腿适度分开，一高一低； 右(左)腿支撑身体； 与客户保持适中距离。 操作规范： 下蹲时高腿位侧对客户； 不突然蹲下，相距一臂远； 蹲下时，臂部落后于后侧小腿位置； 伸出示意手势。

	女性蹲姿 标准要求： 面带微笑，上身保持挺直； 双腿靠紧，高腿对着客人； 注意与客户之间的距离。 操作规范： 下蹲时手抚裙摆，两腿靠紧，动作优雅； 两脚前后错开，步子适中； 不要突然下蹲，高腿对着客人； 一只手放在膝盖上，另一只手做指示； 目光正视客人，展示优雅自信专业形象。

5. 手势礼仪

古罗马政治家西塞罗曾说："一切心理活动都伴有指手画脚等动作，手势恰如人体的一种语言，这种语言甚至连野蛮人都能理解。"作为礼仪的重要组成部分之一的手势，如果能够正确地运用，会起到意想不到的、好的效果，反之，则有可能令客户反感。

几种常用的手姿如下：

(1)正常垂放

① 自然垂放式。双手指尖朝下，掌心向内，在手臂伸直后分别紧贴于两腿裤线之处。

② 腹前叠放式。双手展开后自然相交于小腹之处，掌心向内，一只手在上、一只手在下叠放在一起。

③ 腹前相握式。双手展开后自然相交于小腹之处，掌心向内，一只手在上、一只手在下地握在一起。

(2)手持物品

持物时要求平稳、自然。拿小的东西时，用拇指和食指捏住，其他三指握到掌心，切忌其他三指翘起来。

(3)递接物品

递物时先调整好物品(带文字的物品要正面面对对方，带尖、带刃的物品则朝向自己或朝向他处)再主动上前，用双手递给对方，以便对方接拿。接物时要用双手或右手，绝不能单用左手。

(4)招呼顾客

① 横摆式

常用来表示"请""请进"。具体做法是：一只手五指并拢，手掌自然伸直，手心向上，肘微弯曲，腕低于肘。以肘关节为轴，手从腹前抬起向外侧摆动至身体侧前方，并于身体正面呈45度时停下，同时脚站成丁字步。头部和上身微向伸出手一侧倾斜，另一只手自然下垂或背在背后，目视宾客，面带微笑。

② 双臂横摆式

用来招呼较多顾客，动作较大一些。具体做法为：两手从腹前抬起，手心向上，同时向身体外侧摆动，摆至身体侧前方，上身稍前倾，微笑施礼，向大家致意，然后退到一侧。

③ 斜摆式

用来请客人就座，手臂应摆向座位的地方。具体做法是：手先从身体一侧抬起，到高于腰部后，再向下斜摆过去，使大小臂成一弯曲线。

④ 前摆式

如果左手拿着东西或扶着东西，这时候要对顾客做向右“请”的手势，可以用前摆式手势语，具体做法是：右手五指并拢，手掌伸直，手臂弯曲，以肩关节为轴，自身体左前侧由下向上抬起，抬到腰的高度后，再水平向身体右前方摆到距离身体15厘米左右时停止。

(四)汽车营销人员交往礼仪

1. 握手礼仪

在汽车营销人员与顾客的交往中，文明得体的礼仪显得尤为重要。握手是交际礼仪中使用的最频繁的一种交往礼节形式。行握手礼时，距离顾客约一步，上身稍前倾，两足立正，伸出右手，四指并拢，拇指分开向受礼者握手，并轻轻向下摇2～3下，礼毕即松开，行握手礼时应注意以下几点：

(1)见到女士、长者、身份高者，不应主动伸出手来，可先行问候礼，待对方伸出手后再握。

(2)与男士或者熟悉的客户握手力度可适当重一些，以示感情深厚，但不适宜太久。

(3)与男士握手时，应该将帽子、手套除掉；在社交场合，若女士戴薄纱手套，则不必将手套摘下。

2. 接待礼仪要点

(1)热情迎接顾客进门

如果公司有保安，迎接顾客入门的工作一般由保安完成，如果没有保安，最好是由销售顾问专门负责迎接。即使销售人员碰到再伤心、再生气的事情，只要来到销售现场，销售人员都必须面带微笑、语气温和；否则，销售顾问干脆不要来上班，以免影响形象。

如果在看到顾客走向公司时，销售顾问必须主动帮忙拉开公司的大门，面带微笑，并致欢迎词：“您好，欢迎光临！”其次，致欢迎词的目的除了礼貌迎接顾客外，还可起到提醒其他销售人员作用；如果顾客在门外观望，可主动打招呼：“您好，请进！”如果是雨雪天气，销售顾问还必须帮助顾客收拾雨具、放置衣帽，等等。

一名优秀的汽车营销人员，在顾客进门后三分钟之内一定会向顾客提供顾客喜欢的或合适的饮品，在中国，比较常见的是倒上一杯茶水。这些行为都是在告知顾客，欢迎您的到来，请您放松身心，这里会如同家里一样舒适。

(2)吸睛的自我介绍

自我介绍一般包括公司、职位、姓名、年龄、从业经历、特长等内容。一般销售顾问在初次接待客户时,只用做简单的自我介绍就可以了,例如:“先生/女士您好! 欢迎光临广本武汉景田4S店,我是销售顾问王佳,请问您需要什么服务?”一个热情的问候和自我介绍,可以拉近与客户之间的距离,同时还体现了销售顾问的专业和礼貌。

销售顾问在为他人作介绍时,应掌握介绍的先后顺序:先向身份高者介绍身份低者,先向年长者介绍年幼者,先向女士介绍男士等。在展厅内,客户就是特别受尊重的人物,在销售顾问向客户介绍店内其他工作人员时,应该先为客户介绍店内工作人员,然后再向工作人员介绍客户。例如:“陈先生,给您介绍一下,这是我们店的售后服务顾问李蓓。”

优秀的销售顾问会想办法通过自我介绍给顾客留下深刻的印象。吉尼斯世界纪录的汽车销售高手乔治·吉拉德在每一次递名片的时候,他都对自己的名字做一个简单解释:“我叫乔治·吉拉德。这是一个意大利名字,不太好记,叫我乔就可以了。”他的许多顾客在回忆与他交往的时候都会提到,虽然弄丢了他的名片,但是却永远不会忘记这个叫乔的汽车销售人员。

作为一名追求卓越业绩的汽车销售顾问,要对自己的名字开发出新的介绍方法。自我介绍的方式也体现了销售人员的经验、专业性以及销售人员替顾客考虑的程度。

(3)全程微笑

在销售接待礼仪中,微笑有着非常重要的作用。微笑是处理好人际关系的一种重要手段,面对不同场合、不同情况,如果你能用微笑来接纳对方,以诚相待,可以反映出你良好的职业素质和修养。微笑是调节融洽的交往氛围的有效手段,微笑所表现出的温馨、亲切的情感,能有效地缩短双方的距离,给对方留下美好的心理感受,从而形成融洽的交往氛围。

但微笑如果不得当,也能引起相反的结果。如微笑表达过度会使人感到生硬、虚伪,笑不由衷。微笑表达不充分时会使人感到过于冷淡,如果当顾客走进店内,你面部毫无表情,当顾客走近你的时候,你马上露出笑容,就有可能不太自然,给人带来“皮笑肉不笑”的感觉。

(五)汽车营销人员电话礼仪

电话是现代人之间沟通交流的重要工具,通过电话销售,可以提高公司整体的工作效率,在日常工作中,正确规范地使用电话语言非常重要,汽车营销人员需要掌握基本的电话礼仪和接听技巧,并熟练地运用到工作中去。

1. 接电话礼仪

(1)左手接听

接听电话应用左手。大多数人习惯右手接听,但与顾客的通话中往往需要做一定的文字记录,若写字时将话筒夹在肩膀上面会影响工作效率和顾客的通话感受。

为了消除这种不良现象,应提倡左手拿听筒,右手写字或操作计算机,这样方便与顾客交流。

通常在电话铃声响过两到三遍之后就应该及时接听电话并向对方主动问好。

(2)确认来电者身份

汽车营销人员在接听电话后应快速准确地确认来电者身份。如果接听者没有问清楚来电者的身份,在转接过程中遇到问询时就难以回答清楚,导致浪费时间,有可能给顾客留下不好的印象。

(3)听清楚来电目的

听清楚来电目的,方便对该电话采取合适的处理方式。电话接听者必须弄清楚以下基本问题:①本次来电的目的;②是否一定要指名谁亲自接听,可否代为转告;③是一般性电话销售还是电话来往。公司每个员工都应该积极承担接听电话的责任,不能因为不是找自己的电话就心不在焉,并对通话做好记录,方便后期工作。

电话接听完毕之前,记住要复诵一遍来电要点,尽可能地避免错误,高效及时地帮助顾客解决实际问题。

(4)注意表情、语调和姿势

① 让自己处于微笑状态,微笑地说话,声音也会传递出愉悦的感觉,传递到顾客耳朵里自然就会增加亲和力。面带笑容,对方虽然看不到你的面容,但通过电话也能感受到汽车营销人员的专业和耐心。

② 营销人员在通话过程中的情感会通过语调传递出来,语速适中,声调微微上扬,声音温柔动听,用语礼貌,自然会增加顾客对公司的好感度,这需要通过不断的练习获得。

③ 接电话过程中要注意保持正确姿势。保持端坐姿势,不要东倒西歪或趴在桌面,使丹田受到压迫而影响发声。练习运用丹田发声,这样既能使声音富有磁性又不会伤害喉咙。

2. 打电话礼仪

(1)选好时间

打电话时,如果不是紧急重要事件,尽量避开顾客休息、用餐时间,尽量不要在节假日打扰顾客。

打电话前要搞清楚地区时差以及各国工作时间的差异,以免影响顾客休息;即使顾客将家庭电话留给你,也最好不要往顾客家中打电话。

(2)掌握通话时间

情况允许之下,打电话之前,想好要讲的内容,以便节约通话时间,不要边讲边想,逻辑混乱。通常一次通话在三分钟左右比较合适。

(3)电话留言

无法及时回电在商业投诉中极为常见。作为汽车营销人员,应尽快对电话留言给予答复,一般 24 小时以内必须对电话留言给予答复,即使打过去对方没有接听到,也要留言(信息留言说明情况)表示你已经回过电话了;如果自己无法亲自回电,应委托他人代办。

3. 电话禁忌

(1)用语不礼貌,声音过大或过小。

(2)场所、时间不对。

4. 电话应对标准话术

(1)接电话话术

顺序	基本用语	注意事项
拿起话筒,礼貌告知自己姓名	“您好,XXX4S 店销售部 XX”;“早上好”“下午好”;“让您久等了,我是 XXX4S 店销售部 XX”	电话铃响 2～3 声接听;准备好记录工具;告知对方自己的姓名
确认对方	“王先生/小姐,您好!”	必须对对方进行确认
听取对方来电用意	“是”“好的”“清楚”“明白”等回答	及时记录;谈话时不要偏离主题
重述来电要点并确认	“请您再重复一遍”“明天上午 10 点,在 XX 地方见面,对吗?”	确认时间、地点、对象和事由;转达事情必须清楚到位
结束语	“请放心”“我一定转达到位”“谢谢”“再见”	
挂断电话		等对方先挂断电话后再轻轻将听筒放回电话机

(2)打电话话术

顺序	基本用语	注意事项
准备		确认要拨打电话对象的姓名、电话号码; 准备好通话内容及所需相关资料、文件; 明确通话目的
问候、告知姓名	“您好,我是 XX4S 店 XXX。”	用语礼貌;一定要告知自己姓名
确认电话对象	“请问 XX 部 XXX 先生/小姐在吗?”“麻烦您。请找一下 XXX 先生/小姐。”“您好,请问是 XXX 先生/小姐吗?”	必须确认通话对象; 如要找的人接通电话后,需重新问候
通话内容	“我想向您推荐 XX 品牌 XX 车型”	先讲重点; 繁杂的事情分条理说,关键信息仔细传达; 有需要的话说完后可总结要点
结束语	“谢谢”“麻烦您了”“打扰了”	
挂断电话		

(六)汽车营销人员名片使用礼仪

1. 递送名片礼仪

正确的做法 【右手的拇指、食指和中指合拢,夹着名片的右下部分,使对方好接拿,以弧状的方式递交于对方的胸前】	起身站立,走上前 双手或右手拿名片 正面对着对方 外宾,将英文的一面对着对方 递名片时,应说:"请多指教""多多关照""常联系",或作自我介绍 与多人交换名片,由近而远,由尊而卑 交换次序:位卑者应当首先将名片递给位尊者
错误的做法	左手递名片 名片背面对着对方 名片颠倒着面对对方 名片举得高于胸部 以手指夹着名片给对方

2. 接受名片礼仪

正确的做法 【双手接拿,认真过目,然后放入自己名片夹的上端。同时交换名片时,可以右手递名片,左手接名片。】	起身站立,面含微笑,目视对方 双手捧接,或以右手接过 接过名片后,从头到尾认真默读一遍,意在表示重视对方 接受他人名片时,应使用谦敬语,如"请您多关照""请您多指教"
错误的做法	无反应 只用左手接过 接过名片后看也不看 手头把玩 弃之桌上 装入衣袋 交予他人 接受名片时,一言不发

3. 名片存放方法

(1)参加交际应酬之前,提前准备好名片,进行必要的检查。

(2)放在专用的名片包、名片夹里,也可以放在上衣口袋里,不要放在裤袋、裙兜、提包、钱夹里。自己的公文包及办公桌抽屉里,常备名片。

(3)接过他人的名片并看过之后,精心地放入自己的名片包、名片夹或上衣口袋内,不能放在其他随意地方。

二、汽车销售顾问常用销售工具准备

销售顾问在接待客户的过程中,有时需使用各种工具来提高工作效率,加深对客户品牌的印象。一般来说,销售顾问在接待客户之前需要准备以下工具:

(1)名片、名片夹、公司简介、产品宣传单页、计算器、纸、笔(红黑各一支);

(2)竞争对手分析表、当日库存报表、试乘试驾协议书、保险说明书、合同;

(3)小礼品、订书机、公司获奖证明、产品获奖证明、各地区销售数据;

(4)其他业务相关的资料等。

销售顾问应定期检查以上工具,如有缺失应立即补充,以提高工作效率,给客户留下良好的印象。

【任务实施】

每 2 人一组进行商务礼仪演练训练。商务礼仪训练考核见表 1-2。先将表中的空项填上,1 人扮演销售顾问,1 人扮演客户,然后互换角色训练。

表 1-2　商务礼仪演练记录表

序号	考核任务	动作是否规范 记录问题	所占分值	实际得分
1	站姿		10	
2	坐姿		10	
3	行姿		10	
4	蹲姿		10	
5	微笑		10	
6	手势		10	
7	视线		10	
8	自我介绍		10	
9	交换名片		10	
10	握手礼仪		10	

【任务评价】

序号	考核项目	评价	分值	实际得分
1	着装是否规范		20	
2	礼仪是否标准、规范		20	
3	演练内容完成度		20	
4	演练过程中的课堂纪律		20	
5	小组的团队合作能力		20	
总体评价与得分				

【学习评价与反馈】

一、学习过程评价

(1)汽车销售人员的岗位职责有哪些?

(2)如果你是一名汽车营销人员,结合自身实际情况,谈一谈自己的优势和劣势,并谈谈如何提高自己的专业素养。

(3)请画出汽车 4S 店销售部门组织架构图。

根据上述任务实施资料,以小组为单位,对上述问题回答情况实行成果展示与反思,在成果展示过程中进行小组间互评和教师点评,评价标准见下表。

评估等级 评估指标	好	一般	差
实训准备 (10 分)	能够通过各种渠道对汽车销售中异议处理环节的相关内进行精心准备	能够事先对汽车销售中异议处理环节的内容准备,但是不够充分	无准备
学习参与度 (20 分)	小组成员积极主动参与活动,学习热情高涨	小组成员积极主动参与活动情况一般,学习热情一般	小组成员缺乏积极主动性,学习热情较差
服务礼仪 (10 分)	能够按照汽车 4S 店服务要求礼貌待客,取得顾客的好感	基本能按照汽车 4S 店服务要求礼貌待客,但有所欠缺	不符合汽车 4S 店服务要求,缺乏热情

（续表）

评估等级 评估指标	好	一般	差
知识运用 （40分）	能够认真聆听顾客情况，帮助顾客解答问题，结果让顾客满意，回答问题正确率在80%以上	基本能够认真聆听顾客情况，帮助顾客解答，结果让顾客比满意，回答问题正确率在60%以上	不能认真聆听顾客情况，不能帮助顾客解答，结果让顾客不满意，回答问题正确率在60%以下
表达分析能力 （20分）	表情诚恳、逻辑关系清晰、行为举止自然规范、语言表达能力强、知识面宽	表情诚恳、逻辑关系较清晰、行为举止比较自然规范、语言表达能力较强、知识面较宽	表情不诚恳、逻辑关系不清晰、行为举止不自然规范、语言表达能力较弱、知识面较窄

二、学习效果评价

（一）根据本任务所学知识，做出正确的选择和判断

1. 销售人员和客户要成为朋友，要做到（　　）。

A. 赞美客户　　B. 寻找与客户的共同点，拉近距离

C. 真诚　　D. 以客户为中心

2. 优秀的销售顾问应具备的素质有（　　）。

A. 有持续的热情　　B. 以客户为中心

C. 有坚定的信念　　D. 谦虚诚实，信守承诺

3. 作为一个优秀的销售顾问应该做到（　　）。

A. 为客户排忧解难　　B. 以客户的立场，为他介绍产品

C. 把客户当成朋友，将心比心　　D. 对客户要有耐心和恒心

4. 收取名片时应该（　　）。

A. 用左手　　B. 用右手　　C. 用双手　　D. 都可以

5. 汽车销售顾问不仅是汽车的销售者，而且是一个演员。（　　）

6. 勤于思考，善于总结，是成为一名优秀汽车销售人员的必备条件。（　　）

7. 销售人员不该在客户面前扮演演员，不该以博得客户的感动为目的。（　　）

（二）根据本任务所学知识，谈谈你的看法（案例分析）

斯伯利奇是微型轿车的发明人，当年他在福特公司任职时，就提出了自己的设想，但是福特公司并没有采纳，由于他的执着，他被福特公司解雇了。后来，克莱斯勒公司聘用了斯伯利奇，并于1983年推出了微型车，此车型一经推出就在当年销售了50万辆，在市场上占据垄断地位。这则故事体现了斯伯利奇哪方面的素质？汽车销售人员应该具备哪些基本的素质？

（三）情景演练

1. 背景资料

陈靖和林辰夫妇第一次来大众4S店展厅看车，销售人员小李接待了他们。在看车的过

程中，林女士对时尚感十足的尚酷比较感兴趣，而陈先生则更喜欢稳重大气的途昂，因此两人还起了小小的争执。通过对争执内容的判断，小李对消费者有了初步的了解。小李通过近 20 分钟的沟通了解到陈先生夫妇家庭情况、经常出入的地方以及消费导向等，考虑到和陈先生夫妇一起生活的有两个老人和一个孩子，小李向他们推荐了途昂。空间大，适合家庭出行，并且在本月购置有额外优惠。最终，陈先生夫妇都表示会好好考虑下小李推荐的车型，小李也给他们准备了车型相关资料和贷款需要的资料。

2. 演练要求

根据上述案例提供的背景内容，对陈先生夫妇看车的过程进行情景演练。

(1)将全班学生分组，三人一组。每一组的学生分别扮演陈先生、林女士与汽车销售人员小李，根据情景进行模拟。

(2)每个小组模拟演练时，其他小组要认真观看。

(3)上台演练的同时，其他同学请认真观察和听讲，并记录演练中不正确的地方。

(4)所有小组模拟演练结束后，小组讨论分析自己小组和其他小组模拟演练过程。

(5)每个小组派一名学生上台进行总结发言，根据是否体现汽车营销人员专业的业务素质和心理素质两方面对每个小组进行点评。

3. 学习评估

各小组演练完毕之后，由指导老师带领其他小组一起参与演练过程的讨论和点评，相关评估标准，见表 1-3。

表 1-3 学习评估表

评估重点	满分	得分	原因分析
是否体现了汽车营销人员应该具备的业务素质	25		
是否体现了汽车营销人员应该具备的心理素质	25		
是否积极参与任务实施	20		
整体模拟效果	30		

学习情境二　潜在客户开发与管理

知识目标

(1)掌握潜在客户开发的原则和方法；
(2)了解潜在客户管理的方式和具体方法。

技能目标

(1)掌握潜在客户开发的技巧；
(2)能够对潜在客户实施管理。

情境导入

最近刚刚上岗的实习销售顾问小李,通过岗前培训和自己的不断学习,对自己所从事的岗位有了一定的了解,但是销售主管告诉她,在转为正式销售顾问之前,她需要通过自己的努力开发一定数量的潜在客户,并将这些客户转化为正式客户之后,才能转正。通过本情景的学习,小李将学会如何对潜在客户进行辨别和开发,并通过对潜在客户的跟踪管理,为自己能早日转成正式销售顾问打下基础。

任务1　潜在客户开发

【任务描述】

销售主管告诉实习销售顾问小李,要在实习期内开发一定数量的潜在客户并将其转化为正式客户后,才能转正。可是小李除了在展厅内接电话、接待来店客户,不知道还有什么有效的办法能将客户发掘出来,而且接电话、接待客户似乎效率也不高,很多人问了一下就走掉了,为了尽快转正,小李开始琢磨怎样才能获得更多的潜在客户。万事开头难,潜在客户开发是汽车额销售的第一个环节,小李能不能转正,就得从有效的客户开发开始。

【学习目标】

(1)掌握判定潜在客户的方法；
(2)熟悉潜在客户开发的方法。

【学习准备】

(1)潜在客户的判定。
(2)潜在客户开发的方法。

【知识讲解】

一、认识潜在客户

“潜在客户”就是那些准备购买汽车的人,他们对汽车有需求,并且具有一定的购买能力。

但是准备买车的人不会把“我要买车”写在脸上,所以汽车销售顾问就要学会分析,看客户是马上就买还是刚有买车的想法,是打算买高档车、中档车还是低档车,是商用还是乘用。一切有需求的人或者单位,都可能是我们的潜在客户,而有效的判定和不断的接触,才能创造出销售的机会。

二、潜在客户的判定方法

要开发潜在客户,汽车销售顾问需要给自己所销售的产品进行定位,明确目标销售群体,一个想要购买飞度轿车的顾客,销售顾问最好不要期待他会付钱购买奥迪轿车。

1. 准确判断顾客的购买欲望

想要判断顾客的购买欲望,可以从以下几个方面考虑:

(1)对产品的了解程度:价格、配置、款式、性能等；

(2)对服务的关心程度:服务质量、付款方式、合同条款、售后等；

(3)对品牌的信赖程度:企业品牌、质量、口碑等。

一般来说,对产品了解越详细,对服务要求越仔细的客户,购买欲望会比较强烈,对产品和品牌认同度越高的客户,购买的可能性也会更高,这些信息,都是从跟客户的沟通交流中得出的。

2. 准确判断客户的购买能力

想要判断客户的购买能力,可以从以下几个方面考虑:

(1)客户身价:通过观察,我们可以从客户的穿着打扮,初步判断他的购买能力,一个全身名牌服饰鞋包的客户,购买中高档车的可能性相对较高,穿着简单朴素的客户,购买经济型轿车的可能性会比较高。然后,通过交谈,我们可以大致知道客户的职业和身份地位、婚姻状况等信息,一般来说,收入高的客户,购买中高档车的可能性也会较高。

(2)支付计划:通过交谈询问,我们可以得知客户是期望一次性付款,还是分期付款,以及分期付款的首付金额是多少,从而判断客户的购买能力。

当我们经过客户购买欲望和购买能力的初步判断以后,基本就能得知客户的购买时间,从而制定下一步计划。

3. 潜在客户的判定法则

每个销售顾问,都会接触到大量的潜在客户,所以,我们需要学会有效地利用时间和精力,力求在最短的时间内获得最高的销售业绩。于是,辨别最有价值的潜在客户,就成了每个销售人员必须练就的基本技能。通常,我们使用"MAN法则"来评价潜在客户的价值。

M(Money)代表"金钱",指我们需要考察客户是否有足够的购买力。有时我们会发现客户不断的询问高档车的性能参数,却没有足够的钱去买该产品,最后买了中低端车,有时我们也会发现,客户本来打算一次性付款购买20万左右的车,但是如果使用贷款,有足够的能力买更贵更好的车。在销售过程中,我们需学会判断客户是否真的有足够的资金来购买汽车。

A(Authority)代表"决定权",指我们需要判断出自己极力说服的客户是否有购买决定权。如果一对年轻夫妻来看车,通过观察了解他们购买力是足够的,销售人员往往会凭经验认为男士更爱车懂车,于是着重给他介绍,然而辛苦之后,男士却回头对女士讲:"老婆,你是教汽车专业的,你觉得呢?"可见,该家庭的购车决策权在懂车的老婆身上,销售人员此前精彩的介绍全部白费,而此前被他忽略的太太往往会心生不悦,如果销售人员不尽力挽救,这笔生意成功的希望渺茫。综上,找到关键人士才会事倍功半。

N(Need)代表"需求",指存在于人们内心对某种目标的渴望。影响需求的因素很多,关键是我们所销售的汽车用途和性能能否符合顾客的需要,例如带儿童一起来看车的父母,就会对车的安全性有较大需求,而时尚前卫的年轻人,就会对车的外观、性能有更大的需求。一个优秀的汽车销售人员,必须能发觉客户的需求并及时满足,有时候,还可以创造需求来给客户惊喜。

而潜在客户,必须要同时满足以上三个条件。如果只缺少其中一项,我们只需要采取适当的策略,仍然可以让他成为我们的潜在客户。

【想一想】

当一对年轻人带着一位老人来看车时,我们该怎么处理呢?

____

____

____

三、开发潜在客户的方法

1. 潜在客户的开发流程

潜在客户是一种资源,众汽车品牌对这种资源的竞争相当激烈,谁拥有更多的潜在客户,谁就占领了市场竞争的先机。

开发潜在客户的首要任务，就是要详细了解我们所销售的汽车产品，然后结合产品定位，去寻找合适的客户群体，进而进行后续操作，如图 2-1 所示。

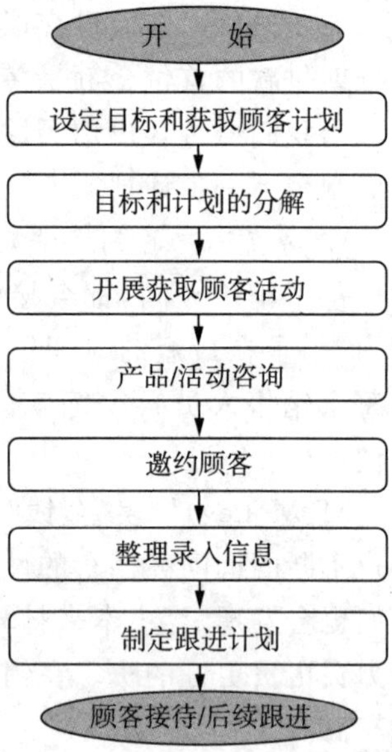

图 2-1 潜在客户开发的流程

2. 潜在客户的开发渠道

开发潜在客户，是所有汽车品牌进行销售的第一步。通常，汽车厂家和经销商在销售区域内，会通过各种渠道开发符合本产品的客户群体，例如车展，车型上市发布会，在电视台、网站、报纸等媒体上发布广告，或者与驾校、各大企业合作宣传等。但是针对销售顾问，主要有以下渠道来获取潜在客户：

(1)展厅获取

① 展厅电话呼入；

② 展厅电话营销；

③ 交车时询问；

④ 来店维修客户；

⑤ ________________________。

(2)介绍获取

① 老客户或亲朋好友介绍；

② 品牌之间介绍；

③ 车友俱乐部介绍；

④ 自驾游俱乐部介绍；

⑤ 各种运动健身俱乐部介绍；

⑥ ________________________。

(3)活动获取

① 车展、新车发布会等；

② 各种促销活动；

③ 市场调研活动；

④ 社区活动；

⑤ 其他行业展览；

⑥ ________________________。

(4)内部情报获取

① 保险公司客户名单；

② 加油站客户名单；

③ 区域企业排行榜；

④ 纳税大户名单；

⑤ ________________________。

(5)网络媒体获取

① 汽车论坛；

② 自建 QQ 群、微信群等；

③ 与当地汽车媒体合作；

④ ______________________。

(6)随机获取

① 出行打车；

② 亲友聚会、同学聚会等；

③ 企业联欢；

④ 身边谈话；

⑤ ______________________。

总之，不管以什么样的方式获取的潜在顾客，都是非常宝贵的资源，都需要使用“MAN法则”来进行判断，看哪些应该优先处理，哪些可以循序渐进。

【任务实施】

每 4 人一组进行潜在客户判定训练。训练考核见表 2-1，先将表中的空项填上，1 人扮演销售顾问，1～2 人扮演客户，其余人根据实际情况打分，然后互换角色训练，最后比较大家的得分情况。

客户扮演参考情况：

(1)年轻女性(男性)独自来看车；

(2)夫妇二人携一名 5 岁儿童前来看车；

(3)年轻夫妇携父母前来看车；

(4)两名年轻女性(男性)一起来看车；

(5)中年客户前来看车。

表 2-1　潜在客户判定训练考核

序号	考核任务	潜在客户判定（要点）	分值	实际得分
1	客户的购买欲望		25	
2	客户的购买能力		25	
3	客户购买的决定权		25	
4	客户需求		25	

【任务评价】

序号	考核项目	评价	分值	实际得分
1	是否准确判断客户的购买欲望		25	
2	是否准确判断客户的购买能力		25	
3	是否准确判断客户的决定权		25	
4	是否准确判断客户需求		25	
总体评价与得分				

任务2　潜在客户管理

【任务描述】

实习销售顾问小李通过对潜在客户的开发，已经获得了一定数量的潜在客户，但小李不知道怎么维系这些客户，该先联系谁呢？用什么样的方式联系比较好呢？如果做的不及时，客户被其他品牌抢走变成战败客户，那么前期辛苦的挖掘工作就白费了。通过本任务的学习，小李将学会如何对潜在客户进行有效的管理和跟进，促使潜在客户变成正式客户。

【学习目标】

(1)能对潜在客户进行分级判断；
(2)建立潜在客户档案并进行管理；
(3)能够对潜在客户实施有效跟进；
(4)了解潜在客户战败的原因。

【学习准备】

(1)潜在客户的管理方式；
(2)潜在客户跟进的具体方法；
(3)潜在客户的战败原因。

知识点	
技能点	

【知识讲解】

一、潜在客户的管理方式

汽车销售顾问在开发和初步评估潜在客户后，就需要对潜在客户进行有效的管理和跟进，否则，潜在客户就有可能转化为战败客户。

1. 分级管理

分级管理是指根据一定的标准，将潜在客户分为不同等级，这样就可以有针对性地对不同级别的客户进行有目标、有计划的跟进，力求早日将潜在客户转化为正式客户，表 2-2 为潜在客户的分级标准。

表 2-2　潜在客户分级标准

序号	客户分级	成交周期	跟进标准
1	H 级	7 天内	24 小时内首次电话跟进，此后每天跟进一次
2	A 级	1 个月内	24 小时内首次电话跟进，此后每 3 天跟进一次
3	B 级	3 个月内	3 天内首次电话跟进一次，此后每 7 天跟进一次
4	C 级	6 个月内	7 天内首次电话跟进一次，此后每 30 天跟进一次
5	N 级	新接触客户	7 天内首次电话跟进一次，此后每逢节假日短信问候

【想一想】

以下几种情况（表 2-3），你认为分别属于哪个级别的客户呢？空出来的地方，请同学们互相出题考考大家吧。

____

____

____

表 2-3　案例分析

序号	情况说明	客户级别判定
1	王先生与张小姐将于 6 个月后举行婚礼，张小姐的妈妈想买一辆车给女儿当作嫁妆。	
2	陈先生是一名公务员，已上班两年，有女友，暂未打算结婚，每天上下班都要花一个多小时坐公共汽车，想买辆代步车方便上班和约会。	
3	开打印店的李老板因店铺扩张，经常穿梭于两家分店进行管理，同时他经常与客户谈生意，原有的飞度轿车明显不够气派，想置换一辆更有面子的新车。	

世界每天都在变化，客户的级别也是会随时变化的，昨天的 H 级客户，可能今天炒股失败就变成了 C 级客户，而昨天的 B 级客户，也可能今天找朋友聊天听说了一些新闻，就立马变成了 H 级客户。一般来说，客户等级会受到销售顾问服务水平、经销商促销策略、客户周围环境、政府相关政策等因素的影响，所以，销售顾问不能忽视任何一个潜在客户的跟进。

2. 建立潜在客户档案并对其进行管理

销售顾问在和潜在顾客接触的过程中，需要将客户所有有价值的信息都记录下来，因为这些信息可以给让你和客户之间迅速找到共同话题，拉近距离，例如，第一次接触时，客户无意间提到喜欢某款小吃，第二次他再来时你特地准备了这款小吃请他品尝，那么他一定会觉得，你很尊重他、重视他，从而对你增加了许多的信任，认为你对他买车的需求肯定也很重视，找你买车准没错。

而潜在客户数量巨大，我们不可能记住每个客户的小细节，于是档案的建立和管理就显得尤为重要了。常见的“客户信息卡”就是现在4S店建立客户档案的第一步（表2-4、表2-5）。

表2-4 客户信息卡正面

客户信息卡　　编号：

销售商						销售顾问		
牌照号码			领牌日期			车辆用途		
顾客资料	行驶证登记名称					创立日期		
	使用人姓名		身份证号					
	移动电话		出生日期	年　月　日		E-MAIL		
	使用人联系方式	1. 行驶证地址				电话		
		2. 住所地址				电话		
		3. 办公地址				电话		
		4. 其他				电话		
	职业或单位			职位				
车辆信息	车型		付款方式			购买类型	□新购　□本牌换购　□增购　□他牌换购　□其他	
	配置		现金					
	颜色		分期	银行		信息来源	□开拓　□来店　□展会　□来电　□介绍（介绍人及电话＿＿＿＿＿＿）　□其他＿＿＿＿＿＿	
	VIN			期数				
	生产年份			月付				
	交车日期			到期				
相关信息	适合拜访场所	□行驶证地址　□住所　□办公室　□其他	指定邮寄地址	□行驶证地址　□住所　□办公室　□其他		邮编		
	适合拜访时间	□白天　点——　点	车辆价格		新车保险			续保
		□晚上　点——　点	车辆售价		险种			□第二年
	兴趣		实际售价		金额			□第三年
	之前使用汽车品牌＿＿＿＿＿＿		牌照价格		承保公司			□第四年
	家庭信息	姓名	关系	生日	其他		其他	□第五年
					客户自费加装配件品名及售价		销售顾问赠送配件品名及售价	
		备注						

表 2-5　客户信息卡背面

客户信息卡　编号：

<table>
<tr><td colspan="8">意向追踪、推广活动通知纪录</td></tr>
<tr><td rowspan="2">序号</td><td rowspan="2">日期</td><td colspan="2">类别</td><td rowspan="2">纪要</td><td rowspan="2">销售顾问</td><td rowspan="2">审核</td><td rowspan="2">是否参加活动</td></tr>
<tr><td>追踪</td><td>推广</td></tr>
<tr><td>1</td><td></td><td></td><td></td><td></td><td></td><td></td><td></td></tr>
<tr><td>2</td><td></td><td></td><td></td><td></td><td></td><td></td><td></td></tr>
<tr><td>3</td><td></td><td></td><td></td><td></td><td></td><td></td><td></td></tr>
<tr><td>4</td><td></td><td></td><td></td><td></td><td></td><td></td><td></td></tr>
<tr><td>5</td><td></td><td></td><td></td><td></td><td></td><td></td><td></td></tr>
<tr><td>6</td><td></td><td></td><td></td><td></td><td></td><td></td><td></td></tr>
<tr><td>7</td><td></td><td></td><td></td><td></td><td></td><td></td><td></td></tr>
<tr><td>8</td><td></td><td></td><td></td><td></td><td></td><td></td><td></td></tr>
<tr><td>9</td><td></td><td></td><td></td><td></td><td></td><td></td><td></td></tr>
<tr><td>10</td><td></td><td></td><td></td><td></td><td></td><td></td><td></td></tr>
<tr><td rowspan="5">成功/战败分析</td><td rowspan="5" colspan="3"></td><td rowspan="5">推荐购买纪录</td><td>客户姓名</td><td>购买车型</td><td>备注</td></tr>
<tr><td></td><td></td><td></td></tr>
<tr><td></td><td></td><td></td></tr>
<tr><td></td><td></td><td></td></tr>
<tr><td></td><td></td><td></td></tr>
<tr><td rowspan="2">回厂纪录</td><td>公里数</td><td colspan="6"></td></tr>
<tr><td>回厂日期</td><td colspan="6"></td></tr>
<tr><td>其他事项记录</td><td colspan="7"></td></tr>
</table>

见表 2-4，销售顾问在获得了以上信息后，为了避免遗忘，应及时、准确地记录下客户相关信息，且务必真实。后面每次与客户联系、跟进的情况也需实时补充到表 2-5 中，以便更好地记录客户级别变化情况，在关键时刻能得到同事和领导的支持。

此外，在信息化高速发展的今天，用纸质的《客户信息卡》记录客户信息显然并不是最高效的，在销售顾问填写了客户信息卡后，一般需要交给 4S 店的管理专员，由他们将客户信息录入专门的汽车经销商管理系统（DMS，Dealer Management System），然后在系统中设置不同级别客户的跟进周期，到了规定时间，系统就会自动提醒销售顾问进行客户跟进等任务，这样，就能进一步提高销售顾问和经销商管理人员分析、保管客户信息的效率，力求不错过任何一个将潜在客户转化为正式客户的机会。

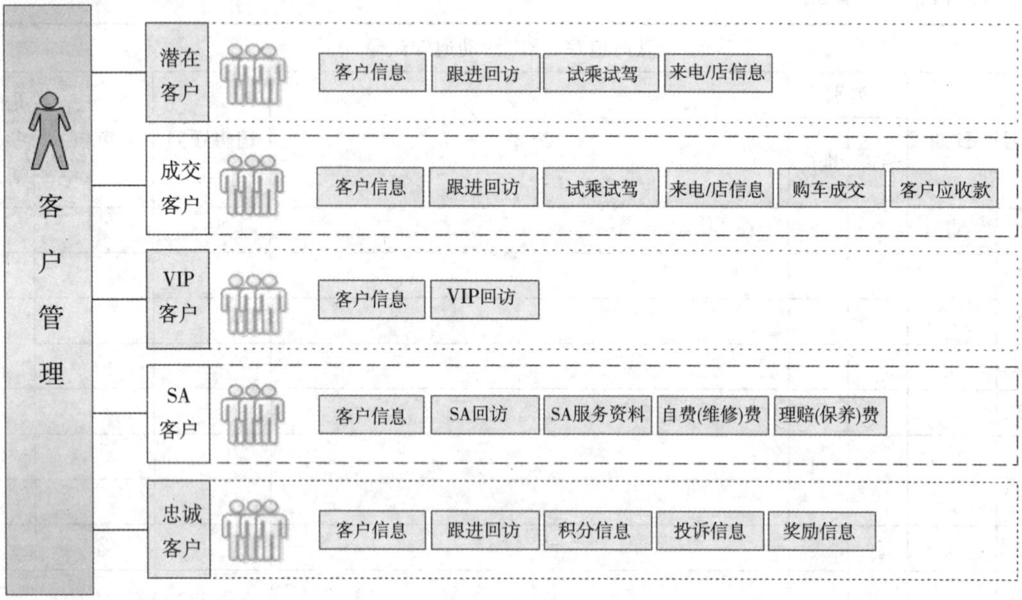

图 2-2　DMS 系统功能导航图

二、潜在客户跟进的具体办法

在建立了客户档案后，我们需要及时、有效地跟客户进行沟通，不断跟进，了解客户的实际购车需要，以便调整客户级别，达成购买目的。客户跟进的方法很多，但结合日常工作经验，最有效的跟进方法主要有以下几种，如表 2-6 所示.

表 2-6　潜在客户跟进的方法

序号	跟进方式	行动目的
1	发短信	刷存在感，表达问候，观察客户反应
2	打电话	了解客户动向，通知客户优惠活动
3	发 E/mail	传递车辆信息，促销活动
4	接听电话	表达重视程度，体现职业素养，了解客户意向
5	寄快递	传递产品信息，送出祝福和惊喜
6	上门拜访	验证客户意向，了解客户动态
7	展厅约见	详细介绍车辆信息，促销活动，增加客户信任
8	QQ/微信	传递车辆信息、促销活动，表达问候，观察客户反应

【案例分析】

何先生 35 岁，某软件公司项目经理，12 月初第一次来武汉景田广本 4S 店看雅阁轿车。销售顾问小俞当时就对何先生、何太太一行进行了热情周到的接待，从谈话中得知，他们想近期买一辆中型车，何先生对雅阁较感兴趣，但何太太表示，他们刚从附近福特4S店过来，她觉得福特蒙迪欧比雅阁看上去动感时尚，当场就反对购买雅阁。看了一会儿，何先生留下电话就离开了。最终，销售顾问小俞通过近两个月的跟进，于2月初成功将广本雅阁2016款2.0L CVT豪华版销售给了何先生。

我们以广本销售顾问小俞成功销售广本雅阁2016款2.0L CVT豪华版为例，学习如何开展潜在客户跟进相关事项。

1. 发短信

短信的特点是既能及时有效传递信息，又不需要接收者立刻做出回答，对接收者打扰较小，更符合中国人"含蓄"的心理特点。通过短信进行广告、营销，是一种正常合法的商业行为，价格便宜、效果良好。但是若使用不当，也会使客户反感甚至投诉。因此要掌握好"度"，不能太过频繁，使顾客感觉厌烦，还得掌握好时机，不能打扰客户的正常工作和休息，否则都达不到预期效果。

【案例分析】

潜在客户何先生当天离开广本4S店大约半小时以后，销售顾问小俞给何先生发去了第一条短信：感谢您的到访，很高兴为您介绍广本汽车，如有不周，请您多多包涵。我的电话是138xxxxxxxx，如有需要，请随时与我联系，一有最新优惠信息，我将立刻通知您。祝您生活愉快！武汉景田广本4S店销售顾问小俞。

这条短信不仅表达了销售顾问的专业素养，同时提醒客户不要忘记广本的销售顾问小俞，并通过短信告知了销售顾问的电话号码，若客户有意继续了解，就会把该号码存在手机中，一旦有需要，就能立刻找到小俞。若暂时没有继续了解的意向，也无需着急，销售顾问在日常客户跟进的过程中，遇到节假日、各种促销活动、天气突变等情况，也可以给客户发短信，以表示对客户的关心与重视。例如："武汉景田广本4S店温馨提醒您，我市今晚至未来3天温度骤降并伴随雨雪天气，请您出行注意人身及财产安全，如遇紧急情况需要帮助，请拨打138xxxxxxxx。"这样，即表达了对客户诚挚的关心，同时也在客户面前"刷了一波存在感"。

2. 打电话

打电话给潜在客户，是为了获取更多的客户需求和信息。但是在打电话跟进之前，我们需要做充分的准备，首先，销售顾问必须熟知车辆信息，包括车型、功能、车体颜色、库存状况等；其次，回访内容要能引起对方兴趣，不要仅仅围绕着车，那样时间长了就会无话可说；第三，打电话的目的是为了吸引客户来店详谈，所以绝对不能说出最低价格、特别详细的信息等，当客户需要详尽信息时，就可以预约客户来店详谈，或确定时间登门拜访；第四，打电话跟发短信一样，要注意时机，如果客户说不方便，应跟客户约定下次交谈时间，如"您看我是明天上午还是下午再跟您联系"等此类封闭式问题。

【案例分析】

两天后，销售顾问小俞给何先生打了第一个电话："何先生您好，我是武汉景田广本4S店销售顾问小俞，您上次来我们展厅看车，我个人感觉您是比较喜欢雅阁这款车的，虽然您太太刚开始有点不喜欢，但我们广本雅阁跟福特蒙迪欧各有千秋，上次您二位非常关心汽车的安全性问题，您走后，我专门收集了这款车安全方面的资料，准备发到您的邮箱，让您和您太太对这款车有更全面的了解，您的电子邮箱是？”

通过电话交谈，小俞的初步判断的确没错，何先生十分喜欢雅阁，但是太太还不太了解，所以无法接受外形。但通过观察，何先生夫妇对汽车安全性格外重视，于是小俞通过电话引起了何先生的兴趣，两人有了进一步交流并成功索要到了何先生的 E-mail 地址，小俞的认真和专业同时也取得了何先生进一步的信任。

【想一想】

什么时间段给客户打电话会比较合适呢？周一适合给客户打电话吗？

____

____

____

3. 发 E-mail

利用 E-mail 进行客户跟进和产品宣传，既节约又便捷，内容可以非常丰富。文字、图片、动画、短视屏等均可通过 E－mail 传递到客户眼前。细节上要注意的是：发送时需设置客户看到电子邮件之后给予回执，并及时短信或电话通知客户邮件已发送，请客户查收，若没有收到，可以再次发送，体现销售顾问敬业负责的工作态度。

【案例分析】

根据何先生的需求，小俞整理了一套完整的广本雅阁车辆资料，并在里面着重介绍了车辆的安全性，分两次发送给了何先生。希望何先生收到资料以后，可以回家跟何太太做做工作，改变何太太对广本雅阁的印象，同时强化何先生对雅阁的信心。

4. 接听电话

对销售顾问来说，如果客户主动给你打电话，说明客户已经开始认可你了，所以接听电话不光是增进沟通的桥梁，更重要的是可以进一步提升客户对销售顾问的信任。接电话时，要注意接听礼仪，认真对待，如果中途需要查找资料或有另外的客户来找，最好先礼貌地挂断电话，告知客户稍后就打回去。若判断出是 C 级以上客户，应将客户电话存在手机通讯录中，来电一看即知，例如，何先生雅阁 2.0 豪华。

【案例分析】

在销售顾问小俞发送邮件的第二天，何先生给小俞打来了电话。小俞一看来电显示：何先生雅阁 2.0 豪华，立刻清了下嗓子，接听来电：“何先生您好！”何先生很惊讶地说：“你怎么知道是我的电话？”小何答到：“何先生的电话我早就存进手机了，这样才能更好地为您随时服务啊！”何先生听了很开心。此次沟通，了解到何先生已经说服了他太太，自己也在考虑当中。随后，何先生表示，想要做按揭，请小俞把购车的相关费用及按揭的几种方案列个明细给他。此时，小俞表示资料较多，用电话和 E-mail 难以说清，请何先生来店详谈或留下地址整理好后以快递的形式寄给何先生。何先生听后表示工作繁忙，暂无时间来店，但留下了单位详细地址。

【想一想】

你在展厅接到陌生客户的电话，客户询问了车辆的款式、配置、是否有现货等信息后，问最低价及其他优惠力度，你该如何回答呢？

____

____

____

5. 寄快递

寄送快递，就是以实物为代表跟客户进行接触，寄送的内容可以有产品资料、车型目录、车辆参数、小礼物、活动邀请卡等，客户愿意将地址留给销售顾问，证明已经对这个销售顾问有了充分的信任，通过快递，不但可以把一些在电话中不方便说，展厅介绍来不及说的资料发送给客户，更可以给客户创造意想不到的惊喜。

【案例分析】

根据何先生的要求，销售顾问小俞给何先生用顺丰快递当日达寄送了一份详细的贷款购车按揭预算，里面不光计算了不同首付后，12 个月、24 个月、36 个月的每月偿还金额，还列举了近期银行提供的按揭免手续费、低利息等活动，同时还附带了按揭购车流程图和按揭购车要求列表。此外，小俞还给何先生赠送一张精美的祝福贺卡和一本车主杂志。何先生收到快递后，表示小俞是他见过的最用心的汽车销售顾问，他对小俞准备的资料非常满意。

6. 上门拜访

根据统计资料显示，上门拜访是成功率最高的一种客户跟进办法，但成本相对较高：首先，上门拜访时间消耗久，乘坐交通工具、等待客户、交谈都需要很长时间；其次，费用开支大，交通费、停车费、餐费等合起来是一笔不小的开支；第三，不确定性较大，塞车、客户临时事急外出等各种意外都可能出现，经常会打乱拜访计划，但是若上门拜访会见顺利，那就离成功不远了。上门拜访需要注意自身礼仪形象，还需要找好拜访理由，细心观察客户办公室摆设及风格，了解客户习惯，透过现象来分析客户的购买能力等。

【案例分析】

到 1 月上旬，得知何先生这几天正在公司处理事务，且接近新年，工作相对轻闲，销售顾问小俞决定去实地拜访何先生。当快到何先生写字楼时，小俞打电话给何先生："何先生，我现正在您这附近办完客户的转款手续（找个借口），看时间还早，想拜访您一下，占用您几分钟时间。自从您上次到过展厅，虽然通了好几次电话，但再也没有见过您呢，您今天方便吧？"何先生一听小俞就在楼下，就很自然的接受了见面。到何先生写字楼一看，装修得较简单时尚，虽是软件公司，但没有想象中的杂乱，且是中心区写字楼，卖价不低，心中大概就有数了。接下来，二人相谈甚欢，小俞表示等何先生喜欢的车型及颜色到了就通知他到展厅去看。

显然，这次拜访为展厅约见打下了良好的基础。

7. 展厅约见

展厅约见是销售顾问跟潜在客户用各种方式进行跟进的主要目的，客户既然愿意如约来到展厅，证明他对本品牌以及相应车型已经有了相当的购买意愿，展厅则是销售顾问和潜在客户实现成交的最佳场所。因此，在客户来展厅之前，销售顾问应仔细想一想客户可能会提出哪些问题，以及合适的应对策略。此外，销售顾问还应就此客户的基本情况跟销售主管做一个详细的介绍，以便关键时刻主管配合顾问达成交易。

【案例分析】

2月初，何先生所期待购买的黑色广本雅阁2016款2.0L CVT豪华版轿车到货，于是小俞通知何先生到展厅看车。经过近两个月的跟进，小俞已判断出如果何先生对颜色满意，就会交款签合同了。所以，他特别重视此次的展厅洽谈，事先跟销售主管作了沟通，判断客户来展厅洽谈的焦点就是价格问题了。何先生来展厅试驾后，果不其然，情况与小俞的预料一致，于是采取事先准备好的话术和策略，顺利成交。

8. QQ/微信

在网络如此发达的今天，QQ、微信这些即时通信软件也成为销售顾问跟进潜在客户的重要工具，首先，销售顾问可以经常在QQ空间或微信朋友圈发车辆信息、促销信息等广告让客户收看；其次，当客户任何时间遇到车辆相关问题想询问时，都可以通过这些软件与销售顾问进行有效沟通；第三，这些通信软件往往都具备发送图片、文件等功能，在跟进的时候，沟通起来非常方便，逢年过节给客户发个小红包，也是在客户面前“刷存在感”的极佳方式哦。

总之，不同的客户有不同性格，对车辆的需求也不一致，所以销售顾问应该综合分析客户的需求和特点，对不同的客户有针对性地采取不同的跟进方式，或者多种方法灵活应用，相信一定会有不少潜在客户逐渐转化为正式客户。

三、潜在客户的战败

潜在客户的战败是指潜在客户已不会选择从某一经销店购买其产品的行为。再优秀的销售顾问，战败也是无法避免的，而作为销售顾问，更多的是要学会从战败中找出失败的原因，从中吸取教训，从而不断提升自己的销售能力和销售技巧。

潜在客户战败的原因主要有以下几种情况（表2-7）：

表2-7 潜在客户战败的原因

序号	战败原因	情况分析
1	已在其他店购买同一品牌	客户在其他经销店购买同品牌车辆，可能是本店优惠力度不强、服务质量不够高、地理位置不够方便等原因。
2	已购买其他品牌	客户放弃本品牌而购买其他品牌，这可能由品牌形象、车辆性能、配置、价格等多方面原因造成的。
3	放弃购买	客户没有找到最合适的车型、预备款挪作他用、工作换到其他城市等原因都有可能。

（续表）

序号	战败原因	情况分析
4	地域限制	有些车辆产地的价格会更优惠，或者各地经销策略不一致，导致客户想方设法异地购买。
5	无法联系	客户无法联系原因很多，可能留的假电话号码、客户已换号、停机等原因。

虽然潜在客户战败无法避免，但是作为经销商，应隔一段时间就进行一次战败客户原因分析，并会根据结论制定改进措施，例如改变经销策略，或对销售顾问进行相关培训等。同时，战败客户对销售顾问来说也是一种资源，他这次没有购买你的产品，不等于他对你的服务不满意，说不定他会推荐对你产品感兴趣的亲戚朋友前来购买，或下次买车首先考虑前来找你。所以专业而用心的销售顾问，每天的工作都会不断吸引客户前来。

【任务实施】

根据表 2－3 提供的信息，每 4 人一组进行潜在客户管理训练。潜在客户管理训练考核见表 2－8。先将表中的空项填上，1 人扮演销售顾问，1～2 人扮演客户，其余人根据实际情况打分，然后互换角色训练，最后比较两组的得分情况。

表 2－8　潜在客户管理训练考核

序号	考核任务	潜在客户管理的规范做法（要点）	分值	实际得分
1	潜在客户级别判定		25	
2	客户信息卡填写		25	
3	潜在客户跟进		25	
4	潜在客户战败分析		25	

【任务评价】

序号	考核项目	评价	分值	实际得分
1	潜在客户级别判定准确性		25	
2	客户信息卡填写完整性		25	
3	潜在客户跟进有效性		25	
4	潜在客户战败分析		25	
总体评价与得分				

【学习评价与反馈】

一、学习过程评价

(1)开发潜在客户对于汽车销售顾问来说,有哪些好处?
(2)你认为与哪些媒体合作,开发潜在客户的效果会比较好呢?
(3)潜在客户管理的方式有哪些?

根据上述问题,以小组为单位,讨论问题的答案与建议,然后进行小组间互评和教师点评,评价标准见下表:

评估等级 评估指标	好	一般	差
实训准备 (10 分)	能够对各种开发潜在客户的方法和程序进行精心策划和准备	了解开发潜在客户方法和流程,但不能灵活运用	无准备
学习参与度 (20 分)	小组成员积极主动参与活动,学习热情高涨	小组成员积极主动参与活动情况一般,学习热情一般	小组成员缺乏积极主动性,学习热情较差
服务礼仪 (10 分)	能够按照汽车 4S 店服务要求礼貌待客,取得顾客的好感	基本能按照汽车 4S 店服务要求礼貌待客,但有所欠缺	不符合汽车 4S 店服务要求,缺乏热情
知识运用 (40 分)	能够针对不同类型的客户采用不同的开发和管理方法,得到客户的信任,回答问题正确率在 80%以上	基本针对不同类型的客户采用不同的开发和管理方法,给客户留下良好印象,回答问题正确率在 60%以上	开发和管理客户的方法与流程有误,客户厌烦,回答问题正确率在 60%以下
表达分析能力 (20 分)	表情诚恳、逻辑关系清晰、行为举止自然规范、语言表达能力强、知识面宽	表情诚恳、逻辑关系较清晰、行为举止比较自然规范、语言表达能力较强、知识面较宽	表情不诚恳、逻辑关系不清晰、行为举止不自然规范、语言表达能力较弱、知识面较窄

二、学习效果评价

(一)根据本任务所学知识,做出正确的选择和判断

1. 一个公司把客户一般分成(　　)。

A. 正式客户　　B. 大客户　　C. 潜在客户　　D. 男客户

2. 销售顾问与潜在客户联系的技巧应按(　　)进行。

A. 优先排序→明确目标→电话预约
B. 明确目标→电话预约→排序
C. 电话预约→优先排序→明确目标
D. 优先排序→电话预约→明确目标
3. CRM 要兼顾(　　)的利益。
A. 客户　　B. 竞争对手　　C. 公司自身　　D. 社会
4. 下面哪些是造成客户流失的原因(　　)。
A. 同行恶性竞争　B. 服务效率低下　C. 客户维护不力　D. 服务态度不好
5. 下列说法哪些不正确(　　)。
A. 名人介绍法适用于寻找具有相同消费特点的客户
B. 委托助手法是委托推销员全权代理推销业务
C. 利用个人观察法寻找顾客,受到推销员个人观察能力和判断能力的限制
D. 广告搜寻法常用于市场需求小、覆盖较窄的商品或服务推销

(二)案例分析

让老客户帮助你寻找新客户

乔·吉拉德(Joe Girard)是世界上最伟大的销售员,连续 12 年荣登吉斯尼记录全世界销售第一的宝座,他所保持的世界汽车销售纪录:连续 12 年平均每天销售 6 辆车,至今无人能破。乔的推销业绩如此辉煌,他的秘诀是什么呢?

乔认为,干推销这一行,需要别人的帮助。乔的很多生意都是由"猎犬"(那些会让别人到他那里买东西的顾客)帮助的结果。乔的一句名言就是"买过我汽车的顾客都会帮我推销"。

在生意成交之后,乔总是把一叠名片和猎犬计划的说明书交给顾客。说明书告诉顾客,如果他介绍别人来买车,成交之后,每辆车他会得到 25 美元的酬劳。

几天之后,乔会寄给顾客感谢卡和一叠名片,以后至少每年他会收到乔的一封附有猎犬计划的信件,提醒他承诺仍然有效。如果乔发现顾客是一位领导人物,其他人会听他的话,那么,乔会更加努力促成交易并设法让其成为猎犬。实施猎犬计划的关键是守信用——一定要付给顾客 25 美元。乔的原则是:宁可错付 50 个人,也不要漏掉一个该付的人。猎犬计划使乔的收益很大,1976 年,猎犬计划为乔带来了 150 笔生意,约占总交易额的三分之一。乔付出了 1400 美元的猎犬费用,收获了 75000 美元的佣金。

(以上内容摘自:https://zhidao.baidu.com/question/541281431.html)

看完以上案例,你得到了怎样的启示与结论?

(三)情景演练

1. 情景背景

9 月 14 日,客户王先生,30 岁,来广本展厅看车,意向车型是广本雅阁 2016 款 2.0L CVT 豪华版,销售顾问李小雷接待了他,在沟通中得知,王先生目前开着一辆标致 206,准备"十一"车展时以近期最低价按揭购买换一辆 20 万左右的车,朋友极力推荐广本雅阁,但王先生看过了丰田双擎凯美瑞,还有 2017 款 EcoBoost 发动机的蒙迪欧,都觉得很不错。

2. 提出演练要求

(1)全班分成 5 人一组,选取小组长,在组长的带领下根据案例背景进行讨论分析;

(2)各小组对需要实施的项目利用10分钟时间准备；

(3)准备完毕后，各组长收集组员制作的客户信息卡，并安排组员相互进行检查；

(4)检查结束后，指导老师给出客户信息卡参考模板；

(5)项目一实施结束后，各小组利用20分钟时间对项目二进行准备；

(6)准备结束后，各小组选出2名同学分别扮演销售顾问和潜在客户，用不同的方法进行潜在客户跟进的模拟演练；

(7)演练结束后，小组之间互相点评，然后由指导老师进行总结。

3. 进行演练

(1)建立潜在客户档案(10min)

①《客户信息卡》的填写；

② DMS信息录入。

(2)潜在客户跟进的实施进进度及方法选择(表2-9)

表2-9 潜在客户跟进模拟

跟进方式	内容纪要	客户评级	下次预估

4. 学习评估(2-10)

表2-10 评估标准

评估重点	满分	得分	原因分析
客户信息填写准确度	15		
跟进时的仪表及礼仪	20		
跟进方式选择的合理性	20		
短信跟电话脚本的科学性	25		
小组的团队合作能力	20		

学习情境三　接待准备

知识目标

(1)掌握展厅环境布置的要点；
(2)掌握接待人员应具备的能力。

技能目标

(1)能根据展厅环境进行展厅布置；
(2)明确销售顾问需掌握的基本能力。

情境导入

刚入职一个月的实习销售顾问小李，通过自己的不断努力积累了一定数量的潜在顾客，销售主管认为她表现良好，要求她开始在展厅参与顾客接待工作。每天上班之前，小李都需要提前 30 分钟到达展厅做准备工作，那么，这半小时的时间里，她都需要准备些什么呢？

任务 1　展厅销售环境准备

【学习目标】

(1)能够根据展厅销售环境的特点进行展厅布置；
(2)能够根据展车展示的相关规范进行展车布置。

【学习准备】

(1)展厅环境的准备；
(2)展厅展车的准备；
(3)展厅其他销售工具的准备。

知识点	
技能点	

【知识讲解】

一、展厅环境的准备

展厅环境是汽车展示品牌形象的窗口，是向客户提供购车超值服务的平台（图 3－1）。良好的设施，优美的环境，适宜的温度，不但能够让客户享受轻松看车、选车、购车的美好过程，同时能够从视觉、触觉、听觉等各方面给客户以全新的感受，进而超越客户期望值，为创造客户满意度打下基础。

图 3－1　某 4S 店展厅环境

展厅环境的关键区域主要有以下几个：

1. 店面总体环境

（1）外部环境（图 3－2）

① 展厅前无遮挡物，灯箱设在醒目位置；

② 场区内设有明显的区域指路牌，道路合理通畅；

③ 旗杆不应遮挡展厅正立面，旗帜干净、规范；

④ 展厅正门及幕墙应每天清洁以保持明亮，遮阳板整齐、无锈蚀，标识齐全；

⑤ 外墙颜色应统一，以主机厂规定的颜色为标准。

（2）停车区

① 场区内停车场应划分为客户停车场、待修车辆停车场、竣工车辆停车场及库存车停车场；

② 各区域有明显标志和停车线；

③ 客户停车区要有专人负责管理，协调、指示客户车辆入位，防止出现碰撞和剐蹭。

图 3-2　某 4S 店展厅外部环境

2. 展厅销售区

(1)展厅内部总体环境

① 展厅内区域布置应界限清晰，不能互相交叉，例如：不能将备件精品销售区放置在车辆展示区内；

② 柱廊表面不能有污渍、脱皮、褪色等现象，灯具如有损坏，应立即维修；

③ 展厅墙面标牌等应采用品牌标准颜色涂料及材料，墙面应干净，无污渍、脱皮等现象；

④ 家具布置及数量应符合标准，并确保其完好无损，一旦损坏应马上更新；

⑤ 为增强展厅的开放性，办公区朝向展厅一面应采用落地的玻璃隔断，办公区内布置应简洁实用。

(2)展厅内的装饰物

① 展厅内的宣传画主要布置在新车交车间、客户休息室、楼梯间、洽谈室等客户经常光顾的区域，画面内容应与汽车产品有关；

② 已经污损或者过期的促销广告必须立即从展厅撤除；

③ 资料架上资料应摆放整齐，及时补充和更新，确保每种资料的数量不得少于 10 份；

④ 为了增加展厅的活力，展厅内应增添活力化元素，这些元素应简洁、明快，能体现汽车文化，并随季节、节日的变化而更新。

(3)销售接待区(图 3-3)

① 在展厅进门的一侧设置销售接待前台，以方便客户咨询；

② 在销售前台上应摆放前台标识牌；

③ 前台接待员穿着制服，展示给客户非常专业的形象；

④ 当客户进行咨询时，前台接待员的用语要规范，耐心讲解并做出正确的引导。

图 3-3　某 4S 店销售接待区

(4)客户洽谈区(图 3-4)

① 为使客户看车方便,应在展车旁按照规定摆放休息桌椅;

② 洽谈桌上可配有桌布,摆放鲜花、烟灰缸,并保证其清洁;

③ 客户离开洽谈桌后 3 分钟内,应完成对洽谈桌椅的重新摆放和清洁;

④ 洽谈区内桌椅摆放应保持一定距离,以避免两组客人同时进行洽谈时相互干扰。

图 3-4　某 4S 店客户洽谈区

(5)儿童游戏区(图 3-5)

① 儿童游戏区应设置在展厅内车辆不能达到的安全区域内;

② 儿童游戏区内应选择柔软、鲜艳、环保的用具、玩具及装饰物；

③ 所有娱乐设施均以保证儿童安全为前提，娱乐设备无锐利棱角；

④ 儿童游戏区有儿童玩耍时，必须有专人负责陪护儿童。

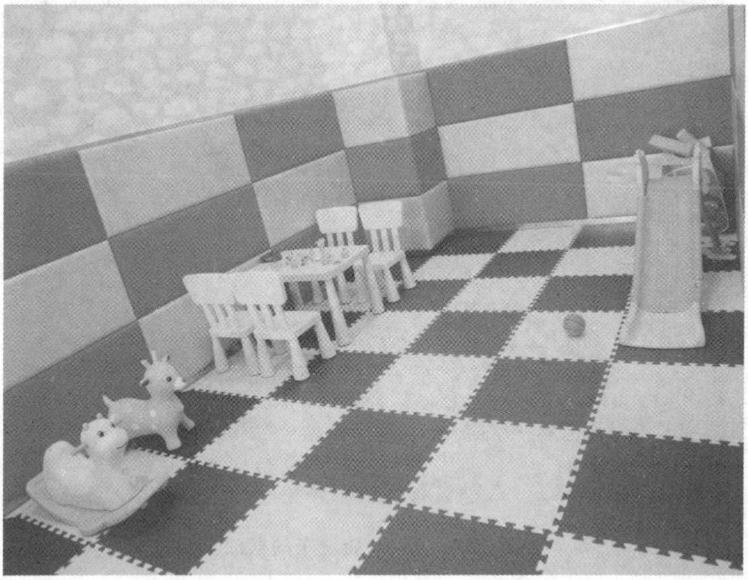

图 3－5　某 4S 店儿童游戏区

(6)办公区

① 对于办公区域，不同的区域有清晰的标志牌；

② 办公区内物品摆放整齐，墙面整洁、地面干净并配有绿色植物，使用品牌汽车标准门牌编号。

(7)卫生间

① 销售经理定期检查保洁员的工作质量，检查结果与清扫人员绩效考核挂钩；

② 洗手间应标识清晰，使用汽车品牌标准标识。

二、展车的准备

1. 展车摆放的原则

(1)对正在进行促销和广告的主力车型，摆放在主展车位置；

(2)车型的选择涵盖本品牌所有的各个不同层次的产品；

(3)展车的颜色、数量、款式及车况须符合现有市场的需求且应定期调整车辆展示设计方案，摆放路线需能够引导客户参观所有车型；

(4)展车定期更换，保持新鲜感(基本为半月一周期)；

(5)要便于移动车辆。

2. 展车摆放的要求(图 3－6)

(1)展厅车辆之间有足够的空间，便于客户自由观赏；

(2)每部车辆的展示场地至少应有 35 至 40 平方米；

(3)主展台车辆能够从各个角度、各种距离观赏；

(4)库存车、滞销车应放置于展厅入口的左侧，以吸引客户的注意。

图 3-6　某 4S 店展车的摆放

3. 展车的清洁与维护(表 3-1)

表 3-1　展车清洁与维护标准

序号	部位	标准
1	外观	① 展车应始终保持清洁，无手纹、尘土(如图 3-7 所示)； ② 漆面要光滑光亮，车身无划痕，定期上蜡； ③ 玻璃内外应擦拭干净，确保无水纹及手痕，玻璃胶条要保持完整、清洁； ④ 车辆的轮胎、轮毂应无损、胎压正常，车轮的品牌标识应始终保持水平，保持轮胎导水槽整洁、无异物、无小石子； ⑤ 内轮弧擦拭干净，上轮胎蜡，还须配备有品牌标识的车轮垫； ⑥ 车身各种装饰条、车型标识、标牌应齐全无损； ⑦ 中控门锁、遥控门锁应开关正常，四门两盖应开关灵活； ⑧ 前车窗全部摇下、后车窗全部关闭、钥匙取下，车门不能上锁
2	内部	①内饰、仪表板、车门内饰板、顶棚、座椅、地毯应清洁无破损，如图 3-8 所示； ② 座椅塑料罩与方向盘保护套应去除，方向盘上品牌标识保持水平； ③ 各项电器设施使用正常，电瓶需有电； ④ 车内气味保持清新； ⑤ 驾驶座椅调到腿部空间适当距离，音响系统音量适中； ⑥ 预设频道全部有设置，有不同曲风的 CD 可供试听； ⑦ 展车内设置专用脚垫； ⑧ 发动机保持干净，无灰尘，无油渍，排水沟需擦拭干净； ⑨ 行李箱干净、整洁，无杂物，与展车无关的物品应全部清除

（续表）

序号	部位	标准
3	维护	①展厅备有专门的专业擦车布，每日晨会后对展车进行擦拭； ② 展车的备件要齐全（如：备胎等），工具包、三角牌、点烟器、车主手册等配件要集中管理； ③ 展车内严禁吸烟，定时使用空气清新剂，夜间打开车窗通风，确保车内无异味； ④ 仪表板、座椅、脚垫等车内设备应每日清洁，轮胎垫定期清理，检查电器设备，确保车内照明及各种灯光功能完好，音响及空调系统工作正常； ⑤ 车辆外观与内部清洁：在客户赏车离开后，所造成的指印、指纹，应尽速清理，座椅归定位，并检查车内有无客户遗漏的物品； ⑥ 定期对所有展车进行全面化保养

图 3-7　某 4S 店展车外部展示效果

图 3-8　某 4S 店展车内部展示效果

三、展厅其他销售工具的准备

除了展车以外,展厅里还有许多宣传物品都能够帮助客户方便、快捷地获取到购车相关信息,也可以提高销售顾问在客户接待中的工作效率。

1. 资料架

资料架通常放置于车辆展示区、客户洽谈区、展厅入口等便于客户取用的地方,资料架上应拜访各种宣传册、宣传单页、汽车杂志等能吸引客户的资料,销售顾问需保证资料信息及时准确、纸张平整、摆放有序,且当单页一旦低于 10 页时,应立即补充。

2. 色板展示架

色板展示架是汽车外观和内饰颜色的展示架,展厅内的展车不可能显示出所有颜色,有需要时,客户可以根据色板展示架上的颜色进行比较和选择。销售顾问必须保证色板无污渍、无破损,以免影响展厅形象和客户的选择(图 3-9)。

图 3-9　色板展示架

3. LED 显示屏

为了加大宣传力度,提高展厅内氛围,给客户营造视觉体验,很多展厅内安装了 LED 显示屏,通常 LED 显示屏都装在展厅或者客户休息区,用来播放品牌宣传片、车辆新闻、车辆广告等视频。销售顾问必须保持显示屏的干净整洁、无污渍,一旦播放出现卡顿,应立即处理,以保证客户观看的舒适度和完整性。

【任务实施】

每 4 人一组进行销售准备训练。销售准备训练考核见表 3-2。先将表中的空项填上,分小组进行考核任务的完成,组与组之间互相打分,然后互换角色训练,最后比较各组的得分情况。

表 3-2 销售准备训练考核

序号	考核任务	接待客户的规范做法（要点）	所占分值	实际得分
1	展厅维护与清洁		20	
2	展车维护与清洁		20	
3	展厅氛围的营造		20	
4	销售顾问自身仪容仪表整理		20	
5	销售工具的准备		20	

【任务评价】

序号	考核项目	评价	分值	实际得分
1	展厅准备		30	
2	展车准备		30	
3	销售工具准备		40	
总体评价与得分				

任务2 销售顾问自我准备

【学习目标】

(1)掌握销售顾问应具备的基本能力；

(2)掌握应该如何准备销售顾问的常用销售工具。

【学习准备】

(1)汽车销售顾问的基本能力；

(2)汽车销售顾问的常用销售工具准备。

知识点	
技能点	

【知识讲解】

一、汽车销售顾问的基本能力

【想一想】

你认为自己具备哪些能力？作为汽车销售顾问应该具备哪些能力？

____

汽车销售顾问的能力是指汽车销售顾问为了完成汽车销售任务所必须具备的实际工作能力。它主要包括以下几个方面：

1. 察言观色的能力

汽车销售顾问如果不具备察言观色的能力，就无法对客户的表情、动作、言语以及心理活动等做出准确的判断。客户的一颦一笑、一举一动，甚至一个眼神，都是他心理活动的外在表现。例如，销售顾问在给客户介绍车辆经济性时，如果客户流露出认真的神情，这就表示他对你的介绍很感兴趣，此时就应该进一步详细介绍相关信息，如果客户表现出不耐烦的样子，就说明你需要赶紧转移话题，以减少客户的厌烦情绪，用其他话题吸引他的兴趣。只要销售人员足够细心，加上逐渐增长的经验，做到察言观色并非难事。

需要特别提醒的是，如果有多名顾客同时到店，谁是购买者，谁是决策者，谁是参谋，以及这些人之间的关系，一定不能弄错。

2. 记忆能力

汽车销售顾问需要记住的东西很多，比如车辆性能配置、价格，客户的姓名、外貌、职务、关系、爱好、上次洽谈的时间地点、对客户许诺的条件等。虽然有 DMS 系统的帮助，但上面所说的大部分内容，都需要销售顾问直接记在脑子里，而每天销售顾问接触的客户又不止一两个，所以记住所有客户的资料，对销售顾问来说，是一项挑战。而关键信息没记住，见到客户说错了称呼，或者弄错了客户之间的关系，除了表面上尴尬，销售顾问在客户心中的信任感和满意度也会随之下降，这会给销售工作增加阻碍。

所以，借助 DMS 系统，尽量详细地录入客户信息，并进行合理的分类管理，既有助于记忆，更能帮助销售顾问更好地给客户提供服务。

3. 沟通交往能力

沟通交往能力是指人们为了某种目的，运用语言等方式相互交换信息、实现人际交往的能力。汽车销售顾问在日常工作中会遇到各种性格、各种职业、各种年龄的客户，如何跟各式各样的人都能搞好关系，进行有效的沟通，则是汽车销售顾问的必备技能。

为了提高自身的沟通交往能力，汽车销售顾问一方面需要努力拓展自己的知识面，天文地理、电影游戏、甚至育儿等都需要略懂，否则无法在跟客户的沟通中找到有效的共同话题；另一方面，也需要销售顾问学会利用各种机会提高自己的社会交往能力，建立一个广泛的人脉关系，为自己寻找潜在客户以及成功销售奠定基础。

4. 思维表达能力

思维是人的理性认识活动，是在表象、概念的基础上进行的综合分析、判断、推理等认知活动的过程。汽车销售顾问需要具备全面的思维能力，要学会从不同的角度分析思考问题，例如当老师的客户往往考虑问题比较严谨，而做生意的客户往往更在乎车辆的性能和外观，当汽车销售顾问面对不同的客户时，就要学会站在不同的角度思考问题，然后准确地表述出来。逻辑清晰的思维，条理清楚、层次分明的语言表达，都能加深销售顾问及产品在客户心中的印象。

很多客户来展厅看车时，会问很多专业性问题，但由于客户专业知识有限，销售顾问如何能深入浅出地进行讲解，让客户轻松听明白，这也是销售顾问思维表达能力高低的体现。如果一个问题销售顾问解释了两三遍，客户还没有明白，那么可以肯定客户在此销售顾问手上买车的概率就会大大降低。所以，为了提升成交概率，每个汽车销售顾问都必须要锻炼自己的思维表达能力。

5. 应变能力

应变能力是指遇到一些意想不到的情况或突发事件时，销售顾问即时处理、扭转局面的能力。在销售过程中，客户的态度和需求都是在不断变化的，所以我们的销售方法也要随之改变。有时因店内销售政策突变，客户本来已经打算订购某款车，却因政策改变开始犹豫不决甚至想要放弃购买时，销售人员快速的反应能力和灵活的应变措施，则可能带来力挽狂澜的效果。俗话说，计划总是赶不上变化，只有具备良好的心态和技巧，销售顾问才能在不断的变化中从容应对，提升自己的销售业绩。

以上就是销售顾问从事汽车销售行业所需具备的基本能力，当然，还有谈判、说服、核算等能力就不　　列举了。任何工作想要做得漂亮，都需要我们在日常工作中不断积累、练习、总结，也只有不断对自己提高要求，才能更好地完成工作，给自己创造美好的未来。

【任务实施】

每4人一组进行销售准备训练。销售准备训练考核见表3-2。先将表中的空项填上，分小组进行考核任务的完成，组与组之间互相打分，然后互换角色训练，最后比较各组的得分情况。

【任务评价】

序号	考核项目	评价	分值	实际得分
1	展厅准备		25	
2	展车准备		25	
3	销售顾问自身仪容仪表整理情况		25	
4	销售工具准备		25	
总体评价与得分				

【学习评价与反馈】

一、学习过程评价

1. 展厅环境布置过程中有哪些环节被忽视?
2. 展车布置时哪些细节较难完成?
3. 你认为展厅布置时,哪些物品能够带给客户意想不到的惊喜?
4. 销售顾问准备好的销售工具,使用时突然出现故障该怎么办?

根据上述资料,以小组为单位,对上述问题回答情况时行成果展示与反思,在成果展示过程中进行小组间互评和教师点评,评价标准见下表。

评估等级 评估指标	好	一般	差
实训准备 (10 分)	能够对展厅布置及个人销售礼仪进行精心准备	能够事先展厅布置及个人利益进行准备,但是不够充分	无准备
学习参与度 (20 分)	小组成员积极主动参与活动,学习热情高涨	小组成员积极主动参与活动情况一般,学习热情一般	小组成员缺乏积极主动性,学习热情较差
服务礼仪 (10 分)	能够按照汽车 4S 店展厅布置和服务礼仪来完成	基本按照汽车 4S 店展厅布置和服务礼仪来完成	不符合汽车 4S 店展厅布置规范,礼仪细节不到位
知识运用 (40 分)	能够按 4S 店标准做好接待准备工作,回答问题正确率在 80%以上	基本能够按照 4S 店标准做好接待准备工作,回答问题正确率在 60%以上	无法按照 4S 店标准做好接待准备工作,回答问题正确率在 60%以下
表达分析能力 (20 分)	表情诚恳、逻辑关系清晰、行为举止自然规范、语言表达能力强、知识面宽	表情诚恳、逻辑关系较清晰、行为举止比较自然规范、语言表达能力较强、知识面较宽	表情不诚恳、逻辑关系不清晰、行为举止不自然规范、语言表达能力较弱、知识面较窄

二、学习效果评价

(一)根据本任务所学知识,做出正确的选择和判断

1. 关于汽车展示,下列说法正确的是( )。

A. 展车数量应该根据展厅的空间大小合理确定

B. 汽车的展示牌可以随意摆放
C. 展车要全面清洁，无手纹，无水痕
D. 出于成本考虑，可以用硬纸壳代替展车中的脚垫
2. 接受礼品时，下面哪项礼仪规范是正确的(　　)。
A. 接过礼品后，不能当着送礼人的面打开欣赏，以免让对方感觉没有礼貌
B. 接受礼品前应推辞再三才能接受
C. 一般情况下，对他人诚心赠送的礼品，只要不违法违规，应该大方接受
D. 在赠送者对礼品做介绍说明时，不可以对礼品表示任何态度
3. 下列行为中属于礼仪不规范的有(　　)。
A. 在公共场所吸烟
B. 在大庭广众之下高声讲话
C. 在商务交往中佩戴过多的首饰
D. 着装时上下装同质同色
4. 服务礼仪接待的基本要求是(　　)。
A. 文明　　B. 礼貌　　C. 热情　　D. 周到
5. 不属于从业人员的仪态仪表礼仪的是(　　)。
A. 容貌　　B. 言行　　C. 衣着　　D. 姿态

(二)情景演练

演练一：展厅(实训室)维护与清洁

1. 提出演练要求

(1)全班分成若干小组，选举小组长，根据指导老师分配的区域在实训室内模拟售前环境准备工作；

(2)小组之间互相检查展厅布置工作的完整度和展车清洁的完成度；

(3)指导老师对各小组演练结果实施检查与评估；

(4)各小组成员针对指导老师提出的评估结果进行进一步整改。

2. 进行演练

请各小组根据演练要求进行实地演练，注意实训室财产与个人安全，有问题及时与指导老师联系。

3. 检查表格(表3-2、表3-4、表3-5)

表3-3　展厅环境设施检查表

小组编号：　　组长：　　年　月　日

序号	项目	检查结果		
		合格	不合格	备注
1	展厅前无遮挡物			
2	展厅停车场有区域划分且有明显标志			
3	场区内有明显的指路牌，道路合理通畅			

（续表）

序号	项目	检查结果		
		合格	不合格	备注
4	展厅幕墙明亮，遮阳板整齐、无锈蚀，标识齐全			
5	展厅内区域布置界限清晰，无互相交叉现象			
6	展厅柱廊表面无污渍、脱皮、褪色等现象			
7	展厅墙面干净，无污渍、无脱皮等现象			
8	家具布置及数量符合家具要求			
9	办公区内物品摆放整齐			
10	资料架上资料摆放整齐			
11	资料架上每种资料的数量不少于10份			
12	色板架上的色板颜色能真实准确地展示车辆颜色			
13	资料架、色板架、海报架底座摆放平稳，表面无灰尘			
14	展车旁按照规定摆放了洽谈桌椅			
15	在洽谈桌上摆放了鲜花、烟灰缸，并处于清洁状态			
16	展厅所有的灯光系统都能正常照明			
17	洽谈桌椅摆放不会使两组客人同时进行洽谈时被相互干扰			
18	儿童游乐区设置在展厅内车辆不能达到的安全区域内			
19	儿童游乐区摆放了柔软、鲜艳、环保的用具及玩具和装饰物			
20	所有娱乐设施都能确保儿童安全地玩耍			
21	儿童娱乐区有儿童玩耍时，有专人负责陪护儿童			
22	展厅的玻璃幕墙保持清洁			

表3-4　客户洗手间检查表

小组编号：　　　　组长：　　　　　　　　　　年　月　日

序号	项目	检查结果		
		合格	不合格	备注
1	洗手间有明确的图示、文字标识			
2	地面、便器、梳妆镜、洗手台等确保无污垢、水汽、破损			
3	通风、除臭，摆放清香剂，排风扇保证运行正常			

（续表）

序号	项目	检查结果		
		合格	不合格	备注
4	清扫工具定置摆放			
5	洗手间应具备卫生纸、洗手液等用品，用品短缺立即补齐			
6	洗手间墙壁应布置小画等物品装饰			
7	洗手台建议摆放一束绿色植被或花束			
8	洗手间应保证足够照明，照明设备损坏应及时更换			
9				
10				

表 3-5　办公区域检查表

小组编号：　　　　组长：　　　　　　　　　　　　　　　　　　　　　年　月　日

序号	项目	检查结果		
		合格	不合格	备注
1	指示牌应保持完好、整洁			
2	办公家具无破损、摆放整齐、保持清洁			
3	桌面文件归类存放，文具摆放整齐			
4	办公设备、视听设备应保持完好、整洁			
5	地面干净，无纸屑、烟头等			
6	垃圾桶及时清理			

4. 学习评估（表 3-7）

表 3-6　评估标准

评估重点	满分	得分	原因分析
组员之间任务分配合理性	20		
本组演练完成度	20		
小组互评标准合理性	20		
小组团队合作能力	20		
对本任务知识点的掌握	20		

学习情境四　客户接待

知识目标

(1)了解客户接待的流程;
(2)掌握客户接待的方法和技巧。

技能目标

(1)能够根据相关标准和要求接待展厅电话客户;
(2)能够根据相关标准和要求接待展厅到店客户。

情境导入

销售顾问小李在熟知了接待准备的要求后,每天上班完成接待前的准备工作之后,就要正式在展厅接待客户了。根据公司展厅客户接待标准,销售顾问安排在不同的岗位上,分别是1岗、2岗、3岗。1岗,展厅门口的接待台,主要负责到店客户的接待;2岗,展厅内的前台服务区,主要负责来电客户的接待以外的工作;3岗,销售顾问办公室,主要用于销售顾问处理客户接待以外的工作,如客户的跟进和回访,客户车辆保险和上牌业务的办理等。那么在1岗和2岗的位置,小李该如何开展客户接待工作呢?通过本情境,同学们要学会如何在4S店展厅接待客户。

任务1　接待来电客户

【任务描述】

销售经理给汽车销售顾问小李布置来接待来电客户的工作任务,并给出接待的标准和要求:根据给出的顾客类型及标准,完成销售流程中的电话接待。在电话铃响3声内接听电话,接听时报店名、问候,并在接听期间选择恰当时机询问顾客称呼与联系方式,恰当地进行电话转接应对,能够回答销售店地理位置、交通线路,能够回答关于车辆大致功能配置、价格、颜色等基本情况的询问,电话结束前确认服务并表示感谢,并且等顾客挂上电话后,再挂电话。

【学习目标】

(1)能够掌握电话接待的核心流程;

(2)能够根据相关标准和要求接待展厅电话客户。

【学习准备】

(1)电话接听流程;

(2)电话接听要求。

知识点	
技能点	

【知识讲解】

一、来电客户的概述

来电客户是指通过电话渠道来进行业务咨询的客户。销售顾问通过热情、专业的解答,吸引客户到店咨询,从而实现成功销售的目的。

客户在购买汽车产品之前,有些通常会先打个电话,初步了解一些情况,比如4S店地址、产品优惠信息、产品性能等,能过电话的初步询问,从而判断是否值得到店赏车、洽谈。因此,对于汽车销售顾问来讲,接听客户来电是相当重要的。若电话接待得好,客户很可能会被吸引到展厅,增加销售成功的可能性。反之,若接听不当,出现解说不清、态度冷淡等情况,客户就可能选择其他经销商或其他品牌的汽车。电话接待的宗旨是邀约客户来展厅,然后才有销售的可能。因此,电话接待不仅可以增加销售顾问的潜在客户数量,而且一个标准的、优秀的电话接待可以提高经销商和销售顾问在客户心目中的印象,从而提升销售业绩。

二、来电客户的接待流程

一般在4S店里,销售顾问或前台接待在接听电话时,需要掌握标准的电话接待流程,只有这样,才能保证销售信息相互传到达,在电话里给客户留下深刻的印象,从而才有可能将来电客户转化为到店客户,进而促进成交,如图4-1所示。

电话接听目的如下:

(1)获取客户信息(姓名、电话、地址、现使用车辆信息、家庭信息等),确定需求。

(2)邀请客户来店参观、试乘试驾、详谈。

(3)电话接听过程中可报价但不谈价。

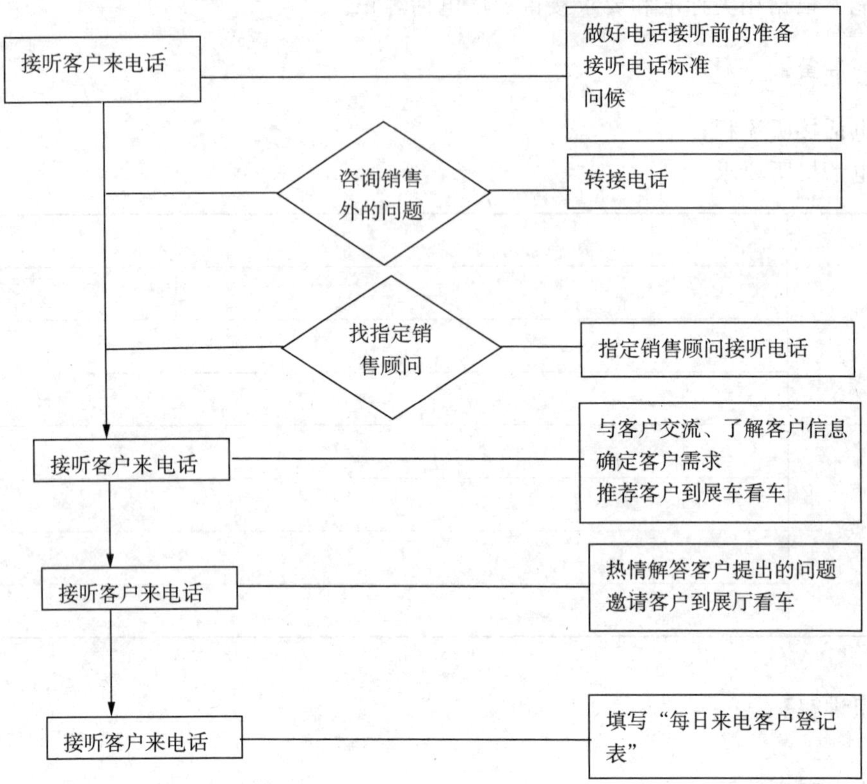

图 4-1　客户电话接待流程

(一)电话接听前的准备

每日来电客户登记表(表 4-1)、笔以及相关宣传资料。

表 4-1　每日来电客户登记表

序号	客户姓名	电话	地址	来电时间	销售顾问	拟购车型	客户信息来源	意向级别	接待经过	追踪后级别	结案情形
1											
2											
3											
4											
5											
6											
7											
8											
9											

(二)电话接听标准

汽车销售顾问电话接听标准见表 4-2。

表 4-2　汽车销售顾问电话接听标准

序号	工作事项	基本用语	注意事项
1	拿起电话听筒并告知对方自己的姓名	"您好,×××汽车 4S 店,我是销售顾问×××"	电话铃响三声之内接听,接电话时,不能说"喂",保特微笑、讲话声音适中,告知对方自己的姓名
2	确认对方	"请问您怎么称呼?""××先生,您好!"	必须对对方进行确认
3	听取对方来电用意	客户表明来电目的时,应说"很高兴为您服务",并用"是""好的"等回答	必要时应进行记录,对于客户的问题应热情地回答
4	重点事项进行确认	"请您再重复一遍""那么明天在××,10:00 点见""请问您还有其他问题吗"等	确认时间、地点、对象、联系电话和事由,如需传话必须记录下电话、时间和留言人
5	结束语	"请放心……""我一定转达""谢谢""再见"等	感谢客户的致电,邀请客户来汽来 4S 店参观或详谈,等客户说"再见"后再说"再见"
6	放回电话听筒	—	等对方挂断电话后再轻轻挂断电话

(三)注意事项

(1)即使熟悉的声音,也应进行确认,避免出错。

(2)电话来时若正与客户交谈,应优先接听电话,并事先向交谈客户致歉。

(3)接电话时,若有客户进店,销售顾问应起立、微笑、点头致意。

(4)若是转接电话,在 20 秒内顺利转接,并关注是否转接到位。

(5)若客户找的人不在,应及时告知,并主动征询客户是否能留言。

(6)打错电话要有礼貌地回答,让对方重新确认电话号码。

(7)对自己不了解且不能解决的问题,要做好详细的电话记录(表 4-3),然后转交相关人员处理。

表 4-3　客户来电记录

来电时间	客户名称	客户号码	来电事项	来电要求	来电答复	接听人

(8)电话中应避免使用对方不能理解的专业术语或简略语。

三、来电客户接待的类型和要求

1. 电话找人

遇到此类情况,应提示顾客稍客稍等,然后以最快的速度转接给客户要找的人。如当事人不在电话旁边、短时间内很难找到当事人或当事人正忙时,则在方便的情况下告知当事人的手机号或留下客户的联系方式,以帮助节省客户的时间,避免因等待时间过长,使客户产生烦躁的情绪,造成客户抱怨和投诉。

2. 电话回复

若前台接待接后要求销售顾问回复的,销售顾问在收到前台接待员的客户信息后,应立即回电话给客户,并在电话接通后主动自报家门和询问客户需求。如"××先生/小姐您好,我是景田4S店的销售顾问小李,请问有什么可以帮助您的呢?"

3. 售后咨询

如客户致电是为了咨询售后保养维修之类的,回答问题应尽可能准确明了,帮助客户解决有关问题。若遇到销售顾问或前台接待解决不了的相关问题时,应告知售后服务热线或让客户留下个人信息,由售后相关人员与客户取得联系。

4. 购车咨询

若顾客来电是想咨询汽车价格、配置等相关购车问题时,销售顾问一定要非常流利、专业地给予回答,若客户要求销售顾问在电话里做出报价时,销售顾问应遵循公司规定或销售顾问自己拟定的电话报价规划,切记不能在电话里把汽车的所有价格、促销全部告知客户,因为一旦销售顾问将价格全部报出,销售顾问就失去了主动权,会增加后期客户跟进的难度。记住,遇到此类客户的时候,销售顾问最终的原则就是邀约客户到店,只有客户到店了,来电客户才能成为我们的目标客户群体,才是我们真正的潜在客户。

销售顾问应该主动邀请客户来店赏车试驾,并尽可能留下客户的全名、联系方式、家庭和单位地址,但不能强求。电话挂断后,销售顾问还应该给客户发送一条短信,短信内容如下:

"尊敬的王先生/小姐/女士您好,感谢致电上海大众北京运通店,我是您的销售顾问李平,很高兴为您服务,感谢您对上海大众新帕萨特的关注,欢迎您随时来店赏车试驾,小李时刻恭候您的光临,祝您生活愉快。公司地址:×××××"

【想一想】

接待客户购车咨询电话时,为什么要给客户发短信?

____

____

____

短信发送完毕之后,销售顾问应立即在"展厅流量登记表"(表4-1)上进行客户信息的登记,随后进行客户信息卡的建立与DMS客户信息的输入,完成潜在客户档案的建立。

5. 其他事宜咨询

如果客户来电是想询问其他事宜，销售顾问应在回答顾客询问前先问“请问先生/女士怎么称呼呢?”，对客户提出的问题在必要时需要重复和确认客户的问题，以表示对客户的尊重。若无法回答客户来电咨询的问题，短时间内可以解决的，应请客户稍后，向同事问清楚后再回答客户，或请同事代为回答；若短时间无法回复，需要长时间等待或查证之后才能回复客户的，应留下客户的联系方式和称谓，待解决客户问题之后，再给客户回拨过去，并对客户说：“对不起，××先生，让您久等了，是这样的……”

挂断电话前，应主动询问客户“请问还有什么可以帮您的吗?”，在确认没有的情况下要对客户说一声“感谢您的来电，再见。”以示尊重和优良的服务。并且在客户挂完电话后，销售顾问再挂电话。

接听电话是很简单的举动，但接听销售咨询电话却是一门简单而又深奥的艺术，有的客户可能因为销售顾问在电话里传递的声音等信息而考虑是否继续他们的购买过程。因此，销售顾问一定要做好来电客户的接待工作。

【任务实施】

每 4 人一组进行电话接待训练。电话接待训练考核见表 4－4。先将表中的空项填上，1 人扮演销售顾问，1 人扮演客户，其余 2 人根据实际情况打分，然后互换角色训练，最后比较两组的得分情况。

表 4－4　电话接待训练考核表

序号	考核任务	接待客户的规范做法(要点)	所占分值	实际得分
1	拿起电话听筒并告知对方自己的姓名			
2	确认对方			
3	听取对方来电用意			
4	重点事项进行确认			
5	结束语			

【任务评价】

序号	考核项目	评价	分值	实际得分
1	完成电话接待			
2	电话接待流程运用情况			
3	电话接待技巧运用情况			
4	客户是否满意			
总体评价与得分				

任务2 接待到店客户

【任务描述】

整整一个上午，汽车销售顾问小李只接待了一个客户，而且话不投机，客户只是草草地和她说了几句话，就离开了，反而与销售经理老王谈得很好。小李感到很奇怪，于是在休息的时候，她找到老王。老王告诉她："客户接待工作还是有很大多方法和技巧的。对待客户要主动、热情，但不能过于亲热，你要了解客户进店时的心理。根据客户的人数、他们之间的关系、客户的性格类型、客户进店时的态度，在客户进店、看车、离开时选择不同的客户接待方法。"

【学习目标】

(1)能明确怎样在汽车展厅接待客户留下一个良好的印象。

(2)能够胜任汽车展厅接待工作。

【学习准备】

(1)客户进入展厅时的接待技巧。

(2)客户看车时的接待技巧。

知识点	
技能点	

【知识讲解】

一、展厅接待的目标

展厅接待的目标包括：顾客在第一次和经销商以及销售顾问接触时，通常从心理上存在紧张和惶恐的情绪，通过热情、真诚的接待来清除客户的疑虑和戒备，迅速拉近彼此距离，营造轻松舒适的购车环境，让客户感觉自己受到重视；努力与客户建立一种私人关系，使客户对经销商形成正面的印象；使客户愿意在展厅逗留更长时间，或愿与我们再联系，获得预约时间。

二、展厅接待的流程

图 4-2 为展厅接待流程图。

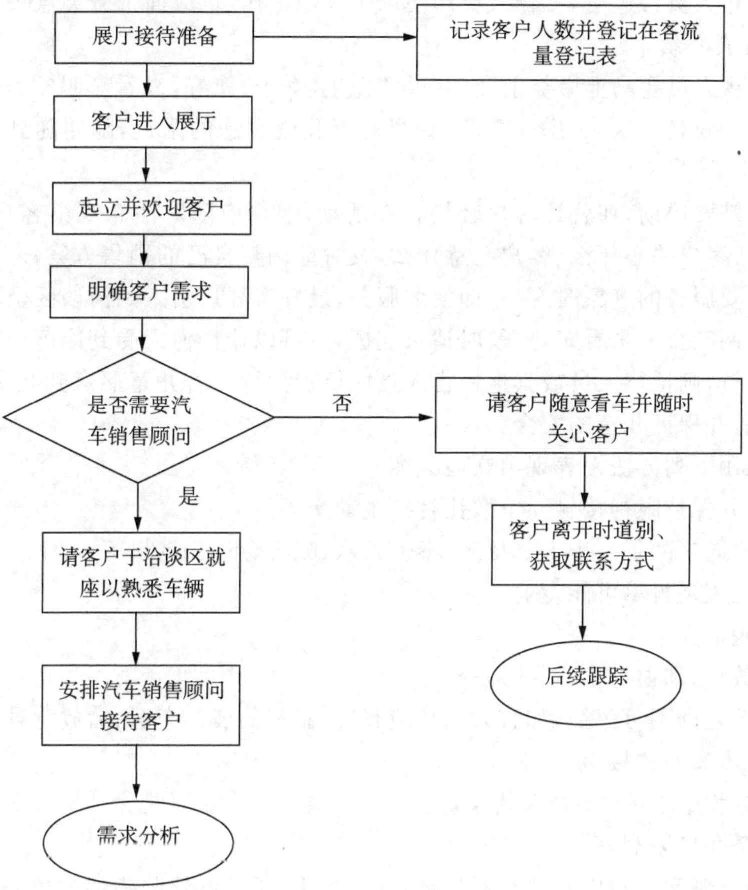

图 4-2　展厅接待流程图

三、展厅接待的操作及要点

(一)客户进入展厅时的接待

对于来店的客户,接待人员要主动热情地上前迎接。展厅会形成第一印象,客户到展厅主要是为了了解信息或进一步了解有关产品或购车相关信息。按照客户的步骤,如图 4-3 所示。

图 4-3　客户进入展厅时的接待

1. 迎接客户

随时注意有没有客户进入展厅。销售人员应随身携带名片和笔记本,以便随时记下客户的信息。

2. 主动打招呼

客户一进门，展厅销售人员要面带微笑，双眼注视客户，稍稍鞠躬并说“欢迎光临”。不要给客户造成心理上的紧张和压力。若是二人以上同行，则不可忽视对其他人的照顾。客户经过任何工作人员旁边时，工作人员即使忙于其他工作，也应面带微笑点头致意。

3. 主动自我介绍

值班的销售人员要马上微笑前迎，并说：“先生(女士)您好，来看车吗？”一边递上名片一边自我介绍说：“我是×××，您先看着，如果有事我就在您的附近，随叫随到。”接着应该离开客户。

若客户不需要协助，那就让客户轻松自在活动，但仍应随时注意观察客户的动态，比如客户在看什么、客户关心什么、客户在意什么，及时地调整自己的销售方案；若发现客户有疑问时或出现需要服务的迹象时，要立即上前服务，最好将客户引入到洽谈区坐下。

若同时有两三批人来看车，要及时请求支援，不可以让任何人受到冷落。

若儿童随行，则接待人员或其他销售人员应负责招待。若儿童愿意到儿童游乐区玩，则引导他们前往，并保证儿童的安全。

我们可以用下列方法来表现出欢迎顾客：

(1)微笑，并保持眼神接触。争取让客户主动交谈。

(2)与客户同来的每一个人都招呼，奉上茶水、咖啡、点心、糖果等。

(3)业务上表现得尽可能专业。

(4)不以貌取人。

(5)自然放松，和蔼可亲。

注意：细节之处不可忽视，如宜人的环境布置、温馨的展位布置、播放背景音乐等。

(二)客户看车时的接待

1. 客户要求自行看车或随便看看时

(1)从业务角度来观察

销售人员要观察客户围着汽车看什么，是看车头，还是看驾驶座旁的仪表盘。只有了解客户所关心、所重视的东西，才能在脑子里准备好应对策略。客户都喜欢货比三家，也许他来这里之前，已经去过其他的店了，他这个时候进来，可能只是进行一些细节上的比较。销售人员观察到这种现象之后，就可以有的放矢地准备营销策略了。

(2)从专业化角度来观察

销售人员观察客户的行为，了解客户喜欢什么、关心什么，这不仅可以很快地直接进入话题，而且客户会认为你十分专业，从而赢得客户的信任。对于一般客户来说，汽车被认为是一个很复杂的产品，由很多部件构成，涉及很多的专业知识。他买车只是为了使用，可能对保养、维修常识一窍不通，此时他与你接触后发现你是这方面的专家，从心理上讲，客户就信服你了，他认为你对他是有用的，以后的服务交给你是可以放心的。“我在你这儿买的车，我就找你”，很客户都是这样的心理状态。

【课堂讨论】

当我们作为消费者，走进一家商场，导购员一般会说什么？更多时候，我们又说什么？

2. 客户需要帮助时

(1)亲切、友好地与客户交流,回答问题要准确、自信、充满感染力。

(2)提开放式问题,了解客户购买汽车的相关信息,如××车给您的印象如何?您理想中的车是什么样的?您对××产品技术了解哪些?您购车考虑的最主要因素是什么?(建议开始提一些泛而广的问题,而后转入具体问题)

(3)获取客户的称谓"可以告诉我,怎么称呼您吗?"并在交谈中称呼对方(李先生、杨女士等)。

(4)主动递送相关的产品资料,给客户看车提供参考。

(5)照顾好与客户同行的伙伴。

(6)不要长时间站立交流,适当时机或请客户进入车内感受,或请客户到洽谈区坐下交流。

3. 客户在洽谈区

(1)主动提供饮用茶水,递杯时,左手握住杯子底部,右手伸直靠到左前臂,以示尊重、礼貌。

(2)充分利用这段时间尽可能多地收集潜在客户的基本信息,尤其是姓名、联系电话,如果请潜在客户填写"客户接洽卡",填写接洽卡的最佳时机是在与客户交谈了一段时间后,而不是见面后立即提出请求。可以说"麻烦您填一下这张卡片,便于今后我们能把新产品和展览的信息通知您。"

(3)交换名片时说:"很高兴认识你,可否有幸跟您交换一下名片?这是我的名片,请多关照""这是我的名片,可以留一张名片给我吗?以便在有新产品或有优惠活动时及时与您取得联系"。

4. 客户离开时

当客户准备离开时,汽车销售人员要表示感谢顾客的光临,尽可以地留下客户的信息和联系方式,并再次送出自己的名片。要把顾客送到门外,并说:"请慢走,欢迎下次光临。"目送客户或客户的车辆开出 30 米外,或车辆转弯方可回店。客户离开后,要及时将客户资料整理记录到《来店(电)客户登记表》《意向客户级别状况表》《销售活动日报表》《意向客户管理卡》中,以方便后续操作。

5. 客户离开以后

(1)车辆调整至最初规定位置,进行清洁。

(2)洽谈桌水杯、烟灰缸等卫生细节的清理、清洁。

(3)整理客户信息。

(4)自我着装、情绪调整到最佳状态,准备接待其他客户。

四、展厅接待的技巧

(一)给客户留下良好的第一印象

良好的第一印象需要有亲和力的销售顾问去创造,亲和力是销售顾问与客户建立信任和友谊的纽带。销售顾问留给客户第一印象的机会只有一次。销售顾问应该善于运用"MOT"去打动客户。销售顾问在接待客户时,需要注意以下几点:

(1)热情主动地问候;

(2)真诚的微笑;

(3)友善的肢体语言;

(4)营造积极的谈话氛围;

(5)牢记客户的姓名,并使用尊称"您";

(6)消除顾客的压力。

(二)突破安全领域

一般来说,顾客初次来到汽车展厅时,心理活动会有焦虑、担心、舒适三种状态(图 4-4),在顾客心里感到舒适时,最容易成交。所以,销售人员在接待客户时,首要问题是打消客户的焦虑和担心,了解客户的想法。

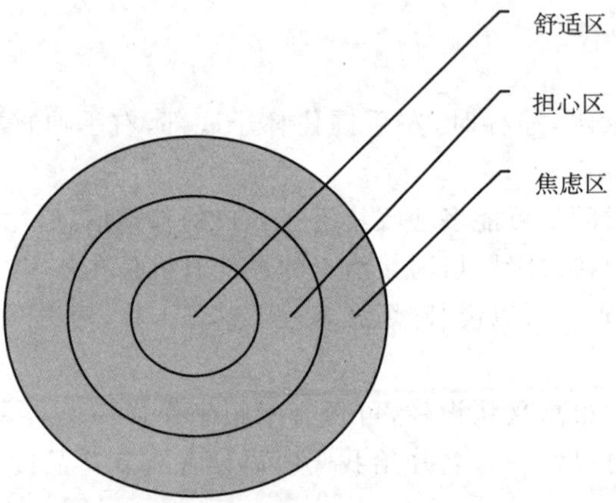

图 4-4　客户心理的三个区域

1. 客户的想法(图 4-5)

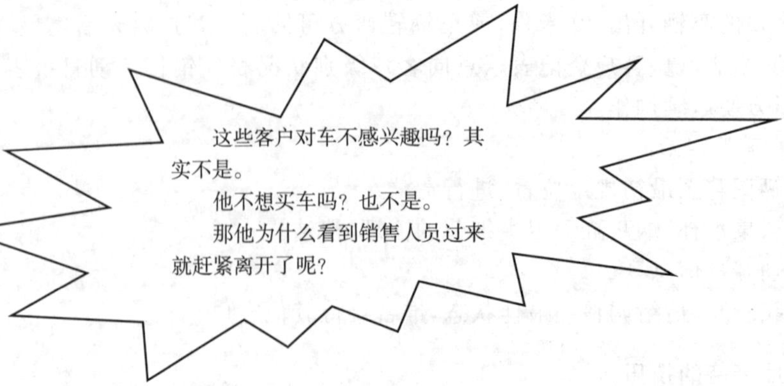

图 4-5　客户的想法

销售顾问在日常的客户接待中会遇到形形色色的客户，那么这些客户在进入展厅前的期望是什么呢？

我希望……

(1)经销商的位置容易找到，有明显的表示和指引，停车方便；

(2)经销商营销时间便利，我可以在方便的时间内到店看车；

(3)经销商展厅周围清洁，外观亲切、吸引人，展厅内要温度适宜、光线明亮、整洁干净、背景音乐舒适；

(4)展厅功能区划分清晰，互不干扰，洽谈区域充足、舒适；

(5)展厅内车型丰富，有多种配置车型和颜色供我参观，展车排列有序，外观干净整洁，能展示展车所有静态功能；

(6)展厅内设有儿童游乐区，设施整洁干净，能供我的小孩玩乐，让我安心的赏车。

我还需要这样的销售顾问……

(1)我一进经销商大门就有人问候，进入展厅立即有人接待；

(2)销售顾问和展厅接待人员着装统一，整齐合身，仪容干净自然；

(3)销售顾问热情主动地接待我，与我交谈，让我放松，觉得自在；

(4)销售顾问主动介绍自己递交名片，询问我的需求，根据我的需求向我提供服务；

(5)销售顾问能够关注我，并专注与我交谈；

(6)重视我的需求和喜好，根据我的需求和喜好向我介绍适合我的产品；

(7)主动向我提供茶水饮料，并有多种选择。

2. 客户心理分析

许多客户到展厅看车，都会显得比较紧张，那么，造成客户紧张的原因是什么呢？

(1)客户不信任销售顾问

客户进店以后，会产生一种紧张的心理状态。为了解决这些问题，很多汽车4S店的销售顾问想尽了一切办法来改善环境。作为销售顾问，改善环境的目的是缩短与客户之间的距离，尽快取得客户的信任。如果客户对销售顾问不信任，根本谈不上在这买车。客户为什么会这样呢？

在客户进展厅之前，都有一种期望，即花最少的钱买最好的产品，这是司空见惯的。客户担心其要求和想法不能得到满足，这也很正常。比如，客户要求现货交易，而有的时候店里没有现货，客户不得不等两天，有时客户需要的颜色也没有，要等两天；客户有时还会要求价格再降低一些，有时候也不能够得到满足。

(2)客户的自我保护意识

客户担心价格不是降到其希望的幅度，更担心受到欺骗，甚至认为按照设定的价格买了车以后，是不是被“宰”了。总之他越想越害怕，在这种情况下客户就有一种自然的自我保护意识。客户的自我保护意识主要表现以下两个方面。

一是有的客户进展厅看车的时候，看见销售顾问走过来，就赶紧掉头走人，这就是一种很自然的自我保护意识。二是当销售顾问向客户要联系方式的时候，回答往往是：“我就住在附近，我会主动联系销售顾问，有销售顾问的名片就可以了”之类的。客户之所以这么说，一方面是因为客户不信任销售顾问；另一方面是因为客户有自我保护意识，他不想让销售顾问不停地给他打电话，骚扰他。

(3)客户对销售顾问没有好感

虽然客户与销售顾问谈了，但是他对销售顾问并没有产生多少好感。在某些汽车销售展厅会有这样的工作安排，就是男客户进来以后，销售经理会安排女销售顾问上去接待，其目的就是想在最短的时间里让客户对销售顾问产生好感，尽快促成交易。

(4)客户害怕进入实质阶段

客户害怕时入实质阶段，特别是在付款的时候。当事情都谈得差不多了，该讨定金、签合同时，客户还是会犹豫，他总是在想"我还有什么地方没有弄清楚？我还有什么问题没有得到解决？销售顾问提供的价格到底是不是最低价等"。所以当销售顾问让客户付款的时候，绝大多数客户还会犹豫。

(三)学会寒暄与赞美

寒暄是建立人际关系的基石，也是向对方表示关怀的一种行为。

赞美是寒暄中最有效的方法，每个人都渴望得到别人的赞美，人一旦被认定其价值，总是喜不自胜。好话大家永远爱听，客户购车时当然也渴望听到销售顾问的赞美，如赞美客户的小孩、职业、旧车等。但赞美客户，一定要注意发自内心、实事求是，不能赞美客户过了头，销售顾问应该学会使用眼睛、面部表情、手、声音等肢体语言去和客户沟通交流。销售顾问在日常与客户接触的过程中，肢体语言的力量不可忽视！肢体语言在沟通交流方式中的比例，如图 4-6 所示。

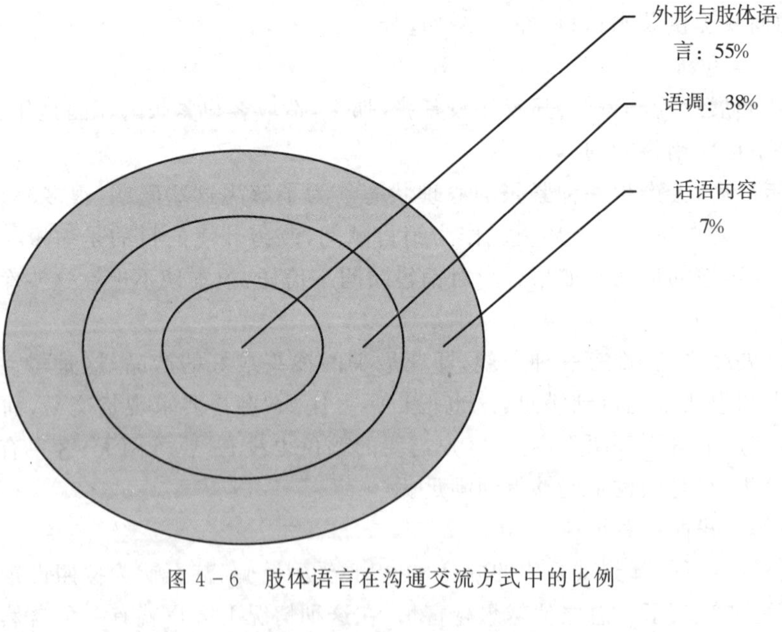

图 4-6 肢体语言在沟通交流方式中的比例

【想一想】

作为汽车销售顾问，可以从哪些方面赞美你的客户？

【任务实施】

每 4 人一组进行展厅接待训练。展厅接待训练考核见表 4－5。先将表中的空项填上，1 人扮演销售顾问，1 人扮演客户，其余 2 人根据实际情况打分，然后互换角色训练，最后比较两组的得分情况。

表 4－5　展厅接待训练考核表

序号	考核任务	接待客户的规范做法（要点）	所占分值	实际得分
1	客户进入展厅时			
2	客户看车时			

【任务评价】

序号	考核项目	评价	分值	实际得分
1	完成展厅接待			
2	展厅接待流程运用情况			
3	展厅接待技巧运用情况			
4	客户是否满意			
总体评价与得分				

【学习评价与反馈】

一、学习过程评价

（1）描述客户接待环节在汽车销售过程中的作用。

（2）讨论为什么客户对汽车销售人员存在戒备心理，如何缓解？

根据上述任务实施资料，以小组为单位，对上述问题回答情况进行成果展示与反思，在成果展示过程中进行小组间互评和教师点评，评价标准见下表。

评估等级 评估指标	好	一般	差
实训准备 （10 分）	能够通过各种渠道对汽车销售中异议处理环节的相关内容进行精心准备	能够事先对汽车销售中异议处理环节的内容进行准备，但是不够充分	无准备
学习参与度 （20 分）	小组成员积极主动参与活动，学习热情高涨	小组成员积极主动参与活动情况一般，学习热情一般	小组成员缺乏积极主动性，学习热情较差

（续表）

评估等级 评估指标	好	一般	差
服务礼仪 （10分）	能够按照汽车4S店服务要求礼貌待客，取得顾客的好感	基本能按照汽车4S店服务要求礼貌待客，但有所欠缺	不符合汽车4S店服务要求，缺乏热情
知识运用 （40分）	能够认真聆听顾客情况，帮助顾客解答问题，结果让顾客满意，回答问题正确率在80%以上	基本能够认真聆听顾客情况，帮助顾客解答，结果让顾客比较满意，回答问题正确率在60%以上	不能认真聆听顾客情况，不能帮助顾客解答，结果让顾客不满意，回答问题正确率在60%以下
表达分析能力 （20分）	表情诚恳、逻辑关系清晰、行为举止自然规范、语言表达能力强、知识面宽	表情诚恳、逻辑关系较清晰、行为举止比较自然规范、语言表达能力较强、知识面较宽	表情不诚恳、逻辑关系不清晰、行为举止不自然规范、语言表达能力较弱、知识面较窄

二、学习效果评价

（一）根据本任务所学知识，做出正确的选择和判断

1. 当客户来到汽车销售展厅时，客户想法是（　　）。

A. 我希望在我走进展厅时销售人员至少要招呼一声

B. 我希望能在专营店得到我所希望得到的服务，而不是被强拉着听车辆介绍

C. 我不希望在展厅参观车辆时，销售人员老是在我身旁走来走去，如果我有问题我会问的

D. 客户希望在自己需要的时候能够得到及时的帮助

2. 在汽车销售4S店接听电话时，如有急事需要对方等待时，正确的方式是（　　）。

A. 同时开始做别的工作

B. 保持沉默

C. 必须有所反应，如使用“是的、好的”等来表示你在听

D. 打断对方

3. 接听电话时，如果对方要找的人不在，不礼貌的用语是（　　）。

A. 请问您愿意记录他的手机吗

B. 不在

C. 您有什么事要我转告吗

D. 您方便稍后再打来吗

4. 接听电话时，如果对方在介绍自己的时候你没有听清对方的名字，应该（　　）。

A. 继续说其他事情

B. 等下次来电再说

C. 说对不起，并请问对方的名字

D.“你是谁，请再说一遍”

5. 当确认客户来店的目的是想看看某款车，并且只是想自己一个人看看时，汽车销售顾问应该(　　)。

A. 感谢客户的光临，递上你的名片以便提供进一步的帮助

B. 让客户自己随意浏览参观，销售人员行注目礼

C. 随时准备与客户交流。适当时递上茶，并说：“先生(女士)请用茶。”尽可能让客户留下联系资料，但不可强求

D. 紧紧跟随客户，随时准备为客户提供服务

6. 客户进店时，心理的三个区域是(　　)。

A. 混合区　　B. 担心区

C. 舒适区　　D. 焦虑区

7. 当客户准备离店时，汽车销售顾问最好是(　　)。

A. 让客户多待一分钟　　B. 留下客户的联系方式

C. 留下自己的联系方式　　D. 恭送客户离开

8. 若同时有两三批人来店看车，要重点照顾先进来的客人。(　　)

9. 当客户来店的目的不是买车而是要求和专营店的某人谈话时，当被访者不在的情况下，可以说：“××先生刚好外出，请您先坐一下，我们马上帮您联络。”(　　)

10. 几个客户来店看车时，汽车销售顾问一定要重点照顾买车者。(　　)

(二)根据本任务所学知识，谈谈你的看法(案例分析)

汽车销售顾问的不足

一位汽车4S店的经理要出去办事，当他经过该汽车4S店销售展厅时，不经意间发现在展厅洽谈区，一位汽车销售顾问正与一位40多岁的男子在谈论在什么。这位男子其貌不扬，裤脚有一个还是卷着的。经理没有太多在意就开车出去了。当这位经理办事出来后，看到他的车旁停着一辆脏兮兮的汽车，车主正是那位40多岁的男子。经理问道：“您刚才不是在景田4S店吗？为什么不把您的车洗一下？”

那位男子说：“其实我刚上看上2016款雅阁CVT豪华版车型款车了，只是谈得不好，所以我就到这里来了。”经理听后说道：“如果您有时间的话，请跟我回去，我帮您解决这个问题。顺便帮您洗一下车，行吗？”

(三)情景演练

1. 情境导入

内向拘束的王先王第一次购车，在网上也看过几款车了，今天独自一人来汽车城看车，你的店是首站，王先生进入展厅后觉沉默寡言，一言不发。此时正好轮到你接待他，你如何与王先生打开话题？

2. 演练脚本

销售顾问：您好，欢迎光临景田雅阁！(迎接客户进入展厅)

王先生：……(一言不发)

销售顾问：请问先生是来看车还是找人啊？

王先生:我看车。

销售顾问:那先生之前有来过我们店吗?

王先生:没有,第一次。

销售顾问:哦,好的,先生,我是这里的销售顾问×××,这是我的名片(递名片),请问先生怎么称呼呢?

王先生:我好王。

销售顾问:王先生今天想看看我们哪款车啊?

王先生:随便看看。

销售顾问:……哦,好吧,那您随便看看,我就在旁边,有需要您可以随时叫我。

王先生:好的。

(销售顾问独自一人退至离客户5米远的距离,王老生环顾了四周之后,朝一台展车走过去……外观欣赏了一圈之后,王先生打开主驾车门,坐了进去,销售顾问见机走了上去)

销售顾问:王先生,需要什么帮助吗?

王先生:这款车多少钱?

销售顾问:王先生,您还真有眼光,这款车是我们今年刚刚上市的新款,相对老款车型来说,不但价格有所下降,而且还加了很多配置。

王先生:我看路上这款车挺多的。

销售顾问:看来王先生平常也关注过我们这款车,这款车市面上挺多的,而且我们老客户使用下来评价都不错,并且这款车在全国的月销量基本都在2万台以上的。

王先生:嗯,这款车什么价位啊?

销售顾问:这样吧,王先生您看天气这么热,要么您先到那边坐一会,喝点饮料,我拿一份这款车的资料给您看看,我们再聊好吗?

王先生:来杯咖啡吧!

销售顾问:好的,您稍等。这是这款车的宣传资料,您先看一看。

王先生:好的,谢谢。

(销售顾问亲自去往吧台取咖啡)

销售顾问:王先生,您的咖啡,请慢用。

(销售顾问引导客户进入需求分析环节)

3. 情境演练

(1)全班分成3组,选举小组长,并推选小组两名成员分别扮演销售顾问和王先生;

(2)演练开始之前,由指导老师扮演客户王先生带领朗读脚本内容;

(3)朗读完毕之后,各小组在组长的带领下,进行小组内部的脚本演练,时间15min;

(4)各小组准备完毕之后,由各小组组长推选的两名小组成员分别上台进行演练,用时5min;

(5)上台演练的同时,其他同学请认真观察和听讲,并记录演练中不正确的地方。

4. 学习评估

各小组演练完毕之后,由指导老师带领其他小组一起参与演练过程的讨论和点评,相关评估标准,如表4-6所示。

表 4-6　评估标准

评估重点	满分	得分	原因分析
是否在对话过程中始终尊称客户“您”	20		
脚本内容的熟练程度	20		
演练过程中的小组纪律	20		
对演练过程和演练脚本的总结程度	20		
小组的团队协作能力	20		

学习情境五　需求分析

知识目标

(1)明确客户个性化需求的目标;
(2)掌握需求分析的流程;
(3)熟悉需求分析的方法与技巧。

技能目标

(1)学会客户需求分析和提供咨询的方法及技巧,完成客户需求分析工作;
(2)胜任汽车4S店汽车销售顾问工作。

情景导入

客户王先生最近打算购买一辆20万元左右的中级车,经过几番对比,王先生决定在新迈腾、凯美瑞、雅阁这三款车中选一款。今天,他带着一家人,打算现场看一看这三款车,经过实车比较之后再做决定。首站便来到了广本武汉景田4S店,销售顾问小李接待了他们。但是,小李对王先生购车行为和购车心理一概不知,那么该怎样开展自己的销售活动呢?通过本情境的内容,我们学会分析客户购车的真实需求。

任务1　确定客户个性化需求

【任务描述】

汽车销售顾问小李从老陈那里学到了接待客户的方法和技巧,终于得到了和客户深入接触的机会。当客户向她提出购车咨询时,她总是把自己心目中最新、最好的车介绍给客户,可是很多客户好像不是很感兴趣。带着种种疑问,她来请教老陈。老陈说:"汽车销售人员面对的客户形形色色,客户的需求也是多种多样。所以汽车销售顾问一定要通过客户需求分析为客户提供咨询服务,了解到客户的需求是什么,客户到我们这里来的真实目的是什么。只有通过客户需求分析,才能真正满足客户的需求。"

【学习目标】

能够根据相关需求分析清单的内容对客户进行需求分析。

【学习准备】

(1)进行需求分析的原因。
(2)客户需求分析的流程。
(3)客户需求分析的操作要点。

知识点	
技能点	

【知识讲解】

一、进行需求分析的原因

为了提高成交率,很多销售顾问会在提案成交环节投入大量的精力和时间,但是专业和优秀的销售顾问都会非常重视确立潜在客户个性化需求这一环节。后续的车辆展示、试乘试驾和提案成交等环节都要以这个环节得到的客户信息为基础。客户是否能够成交的决定因素往往不只是价格,真正的决定因素需要您在这个环节中找到,在很多情况下,客户都不会向销售人员坦白真实的需求,原因很简单:他不相信你,在不相信你真的愿意像朋友一样帮他,甚至怀疑你是否有能力帮助他。所以建立客户信任是我们工作的基础。

二、需求分析的内容

1. 通过客户表述的显性需求挖掘客户的隐性需求

面对各种各样的汽车,多数消费者处于知之甚少的状态。可遵照"冰山理论",因客户的需求有显性需求和隐性需求两种(图 5-1),可容易看出,即使客户本身也不能明确总结出自己对车辆的真正需求。所以对客户的购买意向做出明确判断,以便有效推荐真正符合其真正需求的产品与配备,从而提升销售的成功率是汽车销售人员真正赢得客户的法宝。

在整个购买的过程中,客户真的很清楚自己的需求吗?需求的"冰山理论"如图 5-1 所示。

显性需求指的是客户知道而且愿说出来的需求,隐性需求指客户知道但不愿意说出来或并不自知但内在需要的需求。

汽车销售顾问要学会创造需求,即客户的需求是需要销售顾问去激发和创造的,如连带

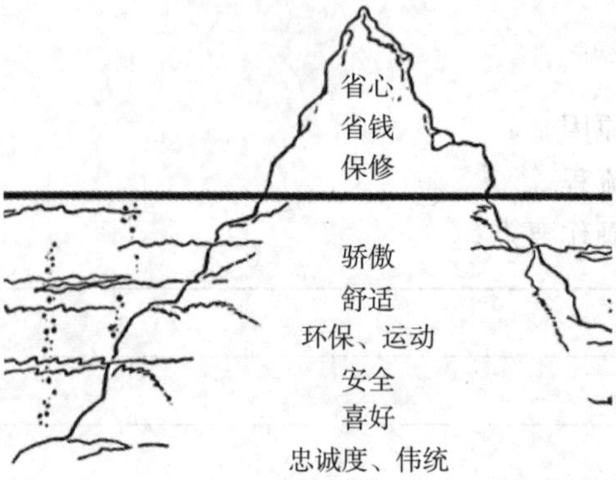

图 5－1　客户显性需求与隐性需求

销售的方式。

【课堂讨论】

(1)客户是否乐意告诉你他(她)的需求？

(2)客户是否乐意告诉你他(她)“真正”的 需求？

(3)客户能否清晰地说明他(她)的需求？

2. 填写需求分析清单

在需求分析过程中，有哪些信息是销售顾问必须从客户那里了解的？见表 5－1 所示。

表 5－1　需求分析清单

项目	信息内容	分析	主攻角度
购买愿望	对车辆造型、颜色、装备的要求	品牌、车型	时尚、声誉、舒适、安全
	主要用途	品牌、车型	底盘、发动机、操控性、安全、舒适、经济
	谁是使用者	品牌、车型	女:时间、操控便利、健康、舒适、安全、经济 男:操控性、动力性、安全、舒适、声誉
	对××品牌车的了解程度	品牌倾向	品牌价值、品牌口碑、品牌实力
	选购车时考虑的主要因素	购买动机	
个人信息	姓名、联系方式	——	——
	职业、职务	品牌、车型	声誉、赞美、感情投资
	兴趣爱好	品牌、车型	操控性、动力性、投其所好
	家庭成员	——	内部空间、后备厢、感情投资、舒适性
使用车经历	品牌、车型	品牌、车型	
	当初选购的理由	——	品牌价值、品牌口碑、品牌实力
	不满意的因素	品牌、车型	
购买时间	——	重要程度	早买早享受、价格已与国际接轨、后续跟踪

【想一想】

如果我们了解客户购车的用途，那么，客户应该关注汽车的哪些方面？

____

____

____

3. 分析顾客

(1)尽快确认谁是购买的决策者

不论是单位购车还是个人购车都很少是一个人，通常在整个销售过程中还会出现各种各样的人物(影响者)。这其中必然有一个(有时候也许不止一人，但这种情况并不常见)是达成交易的关键决策人，通常在最高权力拥有者、支付车款的人和车辆实际使用者这几个人中产生。销售顾问尽可能创造机会，让每一个来访者表达自己的观点和期望。只有确认了决策者，后期的工作才能围绕如何满足决策者的实际需求展开。

(2)分析客户的类型

充分了解客户，首先就要了解客户的大致类型。一天要接待大约10个顾客，不可能对每一个顾客都做到非常深入、透彻的了解。因此，通过两个方面来了解他们：一个是表达度，另一个是情感度。通过这两个指标可将顾客分为主导型、分析型、社交型。

① 主导型

性格开朗且喜欢做决定，他们时常处于中心地位，喜欢讨论他人，他们知道自己想得到什么，应该如何去得到。主导型的人喜欢赢，野心大，自信，以状态为导向。内心总是在想："你行吗？你敢和我斗吗？你有我一样优秀吗？"这种人总是以自我为中心，把自己和整个世界比较。但他对整个事情的大局很清楚，对详细细节相对较弱，他的购买动机常常是感性的。

② 分析型

性格内向，但也喜欢做决定。他们不对别人谈及他们的目标，但却暗中努力实现，他们对自己的工作准备充分，对细节十分关心。分析型的人非常主观，不好交流，但非常好批评，因为他进展厅之前已经有充分的准备和分析。这种人有时是非常难对付的。内心总是在想："您懂吗？""您准备好了吗？"你会和我一样有逻辑吗？这种人总喜欢寻找逻辑性的辩论和证据。分析型的人对细节很关心，但有时也会顾此失彼，看不到大局，在这点上说，主导型和分析型这两种类型的人刚好相反。

③ 社交型

喜欢跟随别人，性格有可能开朗或内向。这些人对想要达到的目标不明确。他们决定与反应都是跟着别人的，他们喜欢被其他人所喜爱。社交型的人害羞，不隐瞒，不喜欢做决定，有创造性且很合作，多变但有时太多变。他喜欢谈话，也是非常容易对付的人。他们内心常说的是："你喜欢我吗？你接受我吗？"社交型的人在决定购买的时候喜欢寻找感性、支援等，他的购买动机常常是感性的。

【想一想】

客户分为三种类型，主导型、分析型和社交型。假设现在有三个人邀约来4S店买车，他分别是这三种类型中间的一种，作为销售人员，你怎样去应对他们才是最佳的策略？

(3)客户类型的辨别与应对

类型行为	分析型	主导型	交际型
典型特征	"自由主张，不直接"	"自由主张，直接"	"开放，直接"
语言	轻而慢，讲话不多，只谈任务，注重资料、事实	快而大声，讲话多，只谈任务，注重资料、事实，有活力	快而大声，讲话多，讲究关系，注重有趣的事，有活力
身体语言	手喜欢合起，态度僵硬，表情不多	动作不大，喜欢用手指人，手合起，姿态僵硬，表情不多，直视	喜欢以手指指人，手掌张开，喜欢拥抱，表情丰富
个性	反应慢，不注重建立人际关系，守旧谨慎，追求准确，希望按部就班地解决问题	反应快，对人际关系不敏感，不愿接受不同意见，讲求快，目标明确，渴望取得突破现状，占据主导地位	反应快、热诚易冲动，注重直觉，追求有趣，快乐跳跃式行动，目标不专一
要求	稳定的工作程序，安定，安全，要求别人关注，并保证结果	有权威感，安定，主导，被尊重，获得直接答案	社会认同，对自己能力的认同
避免	突变，无准备的行为，失信	失面子，不能主导，浪费时间	厌烦独处、细节

三、掌握需求分析的工作流程

1. 需求分析的目标

需求分析的目标包括：了解客户真正的需求，以推荐最接近客户需求的一款车型；以需求分析结果为依据，有效地劝服客户做出购买决策；通过热情、细心、周到的服务，与客户建立良好的关系；体现科学、专业的服务品质，提高客户的满意度。

2. 需求分析的流程

需求分析的流程图如 5-2 所示。

四、确定客户个性化需求的操作及要点

1. 了解客户需求信息

汽车销售顾问要明确需要了解客户哪些需求信息，这是需求分流程的第一步。汽车销售顾问通过了解客户需求信息，进行客户需求分析。了解客户需求信息的内容(表 5-2)包括：

个人信息：客户时间安排表、兴趣爱好、家庭成员、联系电话等。

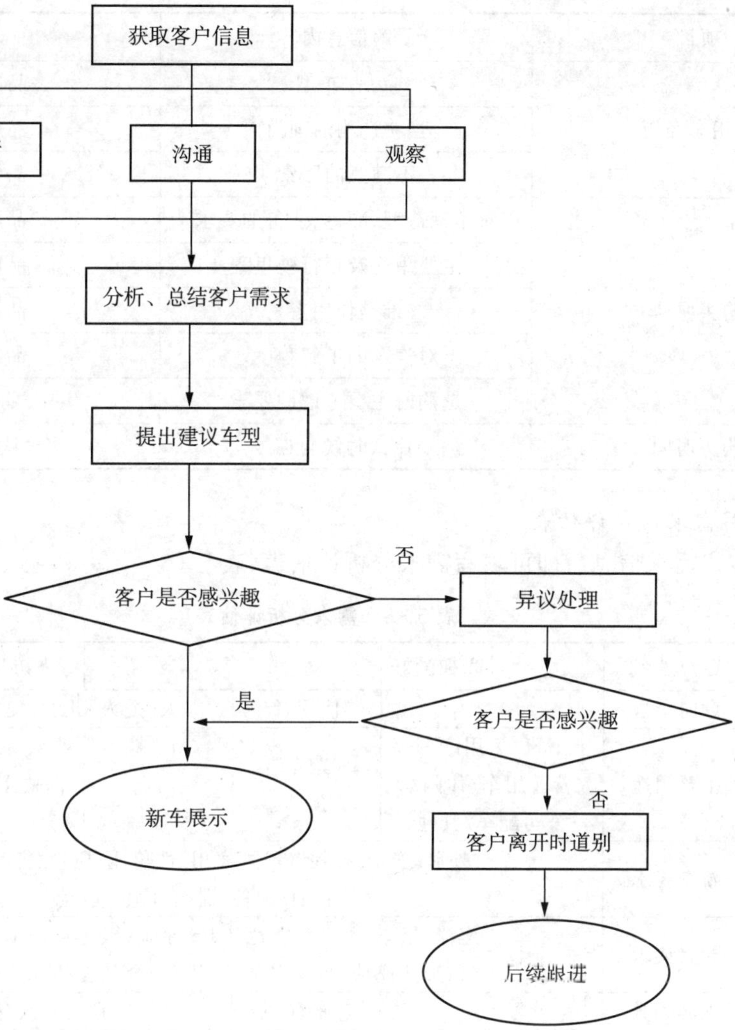

图 5－2　需求分析的流程

用车经历:选购车时考虑的因素、不满意的因素等。

购车愿望:主要驾驶者,喜欢的品牌、车型、新车必备的配置,主要用途,年行驶里程等。

购车时间:计划用车时间、什么时候购买。

表 5－2　需求分析清单

项目	了解信息内容	分析
个人信息	姓名、联系方式	/
	职业、职务	品牌/车型
	兴趣爱好	品牌/车型
	家庭成员	车型

（续表）

项目	了解信息内容	分析
使用车经历	品牌、车型	品牌/车型
	当初选购的理由	品牌/车型
	不满意的因素	品牌/车型
购买愿望	对车辆造型、颜色、装备的要求	品牌/车型
	主要用途及年行驶里程	品牌/车型
	谁是使用者	品牌/车型
	对汽车的了解程度	品牌/车型
	选购时主要考虑的要素	购买动机
购买时间	什么时候购买	确认购车意愿

2. 填写需求信息评估表

了解客户需求信息后即可填写需求分析评估表（表5-3）。

表5-3 需求分析评估表

基本信息	客户姓名		兴趣爱好			来访日期	
购买期望	意向车型			使用者	本人/爱人/儿女/父母/公务用车/其他		
	主要用途	上下班/家用/商务/营业用车/休闲/公司配车/其他		购车预算		行驶公里数	
	新车要求	外形/安全/操控/舒适/实用/性价比/质量/售后/服务/省油/配备/促销/优惠/其他					
	配置要求	皮座椅/铝车轮/倒车雷达/GPS导航/氙气大灯/DSG双离合/TST/加热座椅/自动空调/DVD/安全气囊/驻车加热器/其他					
	乘客人数			车的颜色	白/银/灰/黑/蓝/红		
	购买方式			预期首付		预期月付款	
用车经历	品牌、车型			选择的原因			
	不满意的地方			年限、里程			
备注							
总结分析（站在客户的立场上，总结至少三条客户购买动机，并获得客户的确认）							
外观/质量需求重点				安全需求重点			
动力性需求重点				舒适/实用需求重点			
推荐品牌及车型							

3. 进行客户需求心理分析

一般汽车消费者的需求心理有4种，分别是品牌心理、炫耀心理、从众心理和价值心理。

(1)品牌心理

产品的品牌在一定程度上可以左右人们的消费导向。不同品牌的产品在技术、质量及服务方面存在较大的差距，而知名品牌在某种程度上是消费者的一种保障，让消费者有一种安全感。

(2)炫耀心理

很多人都有炫耀心理,我们不能绝对地认为带着炫耀心理购车的客户就一定是很有钱的人,他们在实际交易的时候肯定也会考虑价格问题,但是价格的影响程度已经大大降低,他们更多的关注点是如何体现他们所追求的“分量”。因此,汽车销售顾问在销售过程中要充分掌握这一特点,不妨为客户推介档次高一点的车型,满足他们的心理需求。

(3)从众心理

从众心理存在于大多数人之中。这类客户不希望与别人有太多的不同,朋友圈里买什么车,他也会买相同层次的车,标新立异的事他是不会考虑的。

(4)价值心理

对于具有价值心理的客户来说,影响其购车的因素主要是产品的性价比,也就是说他会比较理智地去考虑所花的钱买这样一辆车值不值得。对于这类客户,提供详细的性能和价格对比分析是汽车销售顾问的工作重点。

【任务实施】

每3～4人一组进行“分析客户需求”模拟演练。一人作为销售顾问,其余的人扮演客户,然后互换角色训练。

某汽车品牌4S店走进一位客户。他在一款车前停住,抱着肩,不说话也不提问,一直在专注地看着一款车,推销人员小李见状急忙走上前说:“先生,您现在看的这款车的价格是19.8万元。您是为自己选车,还是为您的太太选车呢?”先生回答说:“我是给太太选车。”

以小组为单位,根据以上场景,如果你是小李,接下来需要做什么?如何完成客户的需求分析?一人扮演小李,一人扮演客户。

【任务评价】

序号	考核项目	评价	分值	实际得分
1	需求分析的流程		20	
2	需求分析的操作要点		30	
3	制作“客户需求分析评估表”		50	
总体评价与得分				

任务2　掌握需求分析技巧

【任务描述】

一天,某汽车品牌4S店走进一位客户。进入展厅后,他在一款车前停住,抱着肩,只顾看车,不说话也不提问,汽车销售顾问小李见状急忙走向他说:“先生,这款车雅阁CVT豪华版 24.9 万元，你想花多少钱买车呢？”先生没有回答，小李一边一上下打量着客户，一边用手指向旁边的一款车说：“这款车挺适合你开的。”先生苦笑着说：“我是给太太选车。”李天有些不好意思地说：“给你太太选车就看看前面那款吧。”只见先生说了一句“改天再看吧”，转身就要离开。这时，展厅里又来了一位客户，小李回了一声“好吧”就急忙招呼新来的客人去了，先生看着小李的背影，一脸无奈地走了。

【学习目标】

(1)能够对到店客户进行购买行为的观察；
(2)掌握开放式提问和封闭式提问的使用；
(3)能够对通过提问和倾听完成对客户车辆购买的需求分析。

【学习准备】

(1)仔细地观察；
(2)正确地提问；
(3)积极地倾听。

知识点	
技能点	

【知识讲解】

一、仔细观察

对客户的观察有助于汽车销售顾问掌握客户的特点和动机，从而能够在介绍商品的时候做到有的放矢，提高成交率。这种观察需要靠目测，主要是根据来访客户的外在形象对客户做一个初步的综合评价。观察的重点主要在 6 个方面，见表 5-4。

表 5-4　观察客户的重点

观察项目	反映情况	举例	应对方法
衣着、姿态	一定程度上反映经济能力、选购品位、职业、喜好	如果一个人穿着名牌衣服、戴着名贵首饰、姿态优雅，可以推断他可能会对较为高档的商品更感兴趣	判断客户的消费能力

（续表）

观察项目	反映情况	举例	应对方法
眼神	可以传达购车意向、兴趣点	假如客户在谈话时总是东张西望，目光游离不定，可以推断这个客户目前还没有强烈的购买意向，也许仅仅是为了闲逛或者了解一下商品而已	
表情	可反映情绪、选购迫切程度	假如客户面带怀疑的表情并经常习惯性地摆手，说明他对汽车销售顾问保持着戒备心理，持怀疑态度	
行为动作	可以传达购车意向、兴趣点、喜好	在假如客户在挑选汽车时犹豫再三仍无法做出选择，一般属于顺从性格，	这时汽车销售顾问应耐心周到地接待，帮助其挑车，并适当加以解释，以促成交易
随从人员	其关系决定对购买需求的影响力	假如客户和随从人员关系密切，汽车销售顾问除了了解客户的需求情况，还要关注随从人员的动态，以促成交易	
步行/开车	可传达购买的是不是首部车及其置换、预购车型等信息	如果是步行来的，需要进一步了解客户的需求信息；如果是开车来的，需要了解客户是什么品牌的车，为什么再购等	

二、正确提问

观察客户只是需求分析的第一步。要想了解和确定客户的真正的需求，更多的还是要和客户深入地交谈沟通。提问就是挖掘客户需求最有效的方法。

(一)提问的目的

1. 了解信息

通过提问，销售顾问可以了解到自己需要的一些与业务有关的重要信息，如客户的姓名、电话、地址、职业、关注车型、竞品、购车时间、预算等。

2. 引导话题

一般在双方谈话中，这时提问的人决定接下来的要谈论的话题，所以，提问可以帮助销售顾问与客户进行有效的沟通。

3. 让客户感觉被“重视”

通过提问让客户谈论自己，能让客户有被重视的感觉。

4. 获取信任

销售顾问能通过提正确的问题来获取更多的信心，从而可以更有重点的介绍产品的特点。

(二)提问的方式

1. 开放式提问

可能会产生很多种不同的回答,适用于希望获得大量信息时。客户信息了解得越多,就越有利于把握客户的需求。在需求分析过程中,销售顾问可以用“5W2H”分析法对客户进行提问。

- Who—请问这车将来谁开?
- When—请问您是近期购买还是打算再看看?
- Where—请问您主要在城区内使用还是经常跑长途?
- Why—您买车的用途是…?
- What—您最关注车辆的哪方面?
- How much—您的购车预算是多少?
- How to pay—您准备采用哪种付款方式

2. 封闭式提问

封闭式提问是指提出答案有唯一性、范围较小且有限制的问题,主要用“是”或“不是”,“要”或“不要”,“有”或“没有”等简单词语来回答的提问。(例如:先生是来看车的吗?先生您是选择高配还是低配呢?先生您要加装选装包吗?先生您之前有开过车吗?)

表 5-5 开放式问题与封闭式问题对照表

开放式问题	用“谁、什么、何时、何地、为什么、如何”等字句来进行提问 不用“是”“否”来回答	目的:收集信息
封闭式问题	用“是”“否”回答问题	目的:确认信息

选择性提问,例如:先生您是要银色还是黑色?先生您是交 5000 定金还是 10000 元定金呢?先生您是上午来还是下午来呢?是您自己去加油还是我陪您一起去?

探寻式提问,如“您今天要不要把车定下来呢?”

启发式提问,如“您觉得是不是红色的更加好看一点呢?”

假设式提问,如“如果您今天付定金的话,您是刷卡还是现金呢?”

(三)提问的顺序

1. 一般性问题

问过去的问题,了解购买动机。参考过去的经验,通过过去顾客的经验确定现在的情况,如“您过去开的什么车?”

2. 确定性问题

问现在的问题,了解购买需求。了解原因、需求背后理性动机和感性动机,如“你打算现在买一辆什么样的车?”

3. 联系性问题

问将来的问题,了解购买标准。把顾客的需求和产品的特性利益联系起来,让顾客知道产品的特性利益,并和他的需求结合起来。以此建立客户的信心,如“您觉得这款车怎么样呢?”

三、积极倾听

在交流过程中,说得最多的人,自然是了解他人最少的人。学会做一个擅于倾听的销售顾问,总是能够帮助我们更多地了解到客户的需求,为成功销售赢得更多的机会。

(一)倾听的方式

1. 主动地倾听

客户要买车,他需要买什么车,有什么样的顾虑,有什么样的要求,他都想告诉销售顾问,让销售顾问给他参谋。可是他发现你没有仔细听他讲,那个时候他就会心生不满,后果可想而知。

2. 被动地倾听

人们会主动去倾听与自己切身利益有关的信息,还有一种是被动地倾听,被动地倾听实际上是一种假象,例如很单位领导在台上讲话,员工就在下面装听,这种听法就是被动的听。

(二)倾听的方法

1. 注意与客户的距离

人与人之间的距离是很微妙的,有的客户对此很敏感。当你的视线能够看到一个完整的人,上面能看到对方的头,下面能看到对方的脚,此时的距离是安全的。

2. 注意与客户交流的技巧

在倾听对方的谈话时,不管对方的观点是否正确,只要跟买车没有原则上的冲突,就没有必要去否定他,跟他抬杠,汽车销售人员可以说:"对,您说得有道理。"客户站在他的角度上,自然认为自己说得对,汽车销售人员即使心理不认同也不要否定客户,反而还要点头微笑。这样的话,客户就会感到销售人员和蔼可亲。汽车销售人员还要学会将"那是啊"三个字经常挂在嘴边。这三个字说出来客户心理上的感觉就会非常轻松,感觉到自己被认同。

3. 善于应用心理学

作为销售人员,掌握心理学是非常重要的。从心理学的角度上讲,两个人要想成为朋友,一个人会把自己心里的秘密告诉另一个人,达到这种熟悉程度需要多少时间呢?权威机构在世界范围内调查的结果是:最少需要一个月。

再看看我们的周围,我们都有第一次进入新公司的经历。新员工和老员工交流、熟悉,即使天天在一起上班,能够达到互相之间把自己内心的一些秘密告诉对方所需要的时间可能还不止一个月。我们与客户之间的关系要想在客户到店里来的短短几十分钟里确立巩固,显然是很不容易的。在这种情况下销售人员要赢得客户,不仅是技巧的问题,还应适当掌握心理学的知识。

运用心理学进行销售时,我们要本着以客户为中心的顾问式销售的原则,本着对客户的需求进行分析,本着对客户的购买负责任的态度,本着给客户提供一款适合客户需求的汽车的目的,绝不能运用心理学欺骗客户。

4. 学会记录

汽车销售人员不但要会听,而且要会记录。记录会给汽车销售人员带来如下好处:

(1)表明你在认真听。

(2)让顾客感自己受到重视。

(3)便于归纳客户的真实意思。

(4)可以发现客户的漏洞,为将来处理客户异议做准备。

(5)避免遗忘。

(三)倾听的技巧

(1)与客户交谈情切、友好、回答问题准确、自信、充满感染力。

(2)与客户眼神接触,精力集中,表情专注,身体略微前倾,认真记录。

(3)适度地提问,明确含糊之处。

(4)让客户把话说完,不要急于下结论或打断他。

(5)将客户的见解进行复述或总结,确认理解正确与否。

(6)主动递交产品资料,供客户参考。

(7)站立时间不宜过长,找时机请客户进入车内感受,或请客户到洽谈区坐下交流。

(8)忘掉自己的立场和见解,站在对方角度去理解对方、了解对方。

(9)创造良好的倾听环境,没有干扰,空气清新,光线充足。

(10)用肢体语言积极回应、如点头、眼神交流和感叹词(啊、嗯)等。

【课堂讨论】

如何做好一名优秀的倾听者呢?

(1)同客户保持稳定的目光接触;

(2)要保持正确的倾听姿势;

(3)要参与谈话;

(4)要注意听出客户的“弦外之音”。

【任务实施】

每3人一组,分别扮演销售顾问、客户与观察员,客户与观察员共享一个剧本,销售顾问没有剧本,对眼前的顾客一无所知,时间为5分钟,演练完毕后,客户与观察员向销售顾问提出意见。

【任务评价】

序号	考核项目	评价	分值	实际得分
1	观察客户			
2	正确提问			
3	积极倾听			
4	客户是否满意			
总体评价与得分				

【学习评价与反馈】

一、学习过程评价

1. 描述“5W2H”的具体含义。

2. 练习开放式问句与封闭问句的提问方式。

3. 通过客户需求分析，汽车销售人员要了解到哪些信息？

根据上述资料，以小组为单位，对上述问题回答情况进行成果展示与反思，在成果展示过程中进行小组间互评和教师点评，评价标准见下表。

评估等级 评估指标	好	一般	差
实训准备 （10分）	能够通过各种渠道对汽车销售中异议处理环节的相关内容进行精心准备	能够事先对汽车销售中异议处理环节的内容准备，但是不够充分	无准备
学习参与度 （20分）	小组成员积极主动参与活动，学习热情高涨	小组成员积极主动参与活动情况一般，学习热情一般	小组成员缺乏积极主动性，学习热情较差
服务礼仪 （10分）	能够按照汽车4S店服务要求礼貌待客，取得顾客的好感	基本能按照汽车4S店服务要求礼貌待客，但有所欠缺	不符合汽车4S店服务要求，缺乏热情
知识运用 （40分）	能够认真聆听顾客情况，帮助顾客解答问题，结果让顾客满意，回答问题正确率在80%以上	基本能够认真聆听顾客情况，帮助顾客解答，结果让顾客比满意，回答问题正确率在60%以上	不能认真聆听顾客情况，不能帮助顾客解答，结果让顾客不满意，回答问题正确率在60%以下
表达分析能力 （20分）	表情诚恳、逻辑关系清晰、行为举止自然规范、语言表达能力强、知识面宽	表情诚恳、逻辑关系较清晰、行为举止比较自然规范、语言表达能力较强、知识面较宽	表情不诚恳、逻辑关系不清晰、行为举止不自然规范、语言表达能力较弱、知识面较窄

二、学习效果评价

（一）根据本任务所学知识，做出正确的选择和判断

1. 记录会给汽车销售人员带来如下好处（　　）。

A. 表明你在认真地听

B. 让顾客感到自己受到重视

C. 便于归纳客户的真实意思

D. 可以发现客户的漏洞，为将来处理客户异议做准备

2. 提问的顺序首先是(　　)。

A. 过去的情景——了解客户过去用车和生活状态的信息

B. 现在的想法——了解客户现在对用车的具体想法

C. 需求的确认——了解自己对客户所提问题的理解程度

D. 提高自己——顺便了解客户对自己理解能力的评价

3. 客户购车有六大动机包括(　　)。

A. 舒适　　B. 安全　　C. 性能

D. 颜色　　E. 经济　　F. 价格

4. 客户的隐性需求比显性需求要多。(　　)

5. 作为汽车销售人员,"听"比"说"还要重要。(　　)

(二)根据本任务所学知识,谈谈你的看法(案例分析)

倾听的重要性

某汽车公司的销售人员小赵正在接待一个女客户,这位女客户与他谈得非常愉快,谈着谈着就到了定金先付多少这个话题上了。这位客户说:"我看看我包里带了多少钱,如果带得多我就多付点,少我就少付点,我凑凑看,能凑两万我就把两万块全付了。"

这位客户一边打开包,整理钱,然后一边说话。因为这件事情基本上已经定下来了,她很开心,就把她家里的事情说出来了,主要是说她儿子考大学的事情。而这名销售人员在旁边一句没听进去。

这时又过来一名销售人员,就问他,:"小赵,昨天晚上的那场足球赛你看了没有?"

小赵也是个球迷,这两个人就开始在那里聊起昨天晚上的那场足球赛了,把客户晾在了一边。这位女客户愣了一会儿,把拉链一拉,掉头走了。

小赵感觉不对劲,他说:"这位女士,刚才不是说要签合同的吗?"

这位女客户一边走一边说:"我还要再考虑考虑。"

他说:"那大概您什么时候过来啊?"

"大概下午吧。"他也没办法,只能看着她走了。

到了下午三点钟,这位客户还没来,他一个电话拨过去,接电话的人说:"你要找我们总经理呀,你就是上午接待我们杨总的那位销售人员吧。"

销售人员就说:"是呀。她说好下午要来的。"

对方说:"我是上午送杨总过去的驾驶员。你就别想了,我们老板不会在你那儿买车了。"

小赵问:"为什么呀?"

对方说:"为什么你不知道啊,我坐在旁边都替你着急。我告诉你,我们杨总她儿子考上名牌大学了,她不仅在我们公司这么讲,只要一开心她见谁跟谁说,而你在那边聊足球,把她晾到旁边了,你没发现这个问题吧?"

小赵听了之后就傻了,煮熟的鸭子飞了。所以聆听是有很多学问在里边的。

(三)情景演练

1. 案例导入

销售顾问小李按照标准流程接待了王先生,并且小李已经发排王先生和王太太坐进了洽谈室，提供了饮料，小李将对王先生的购车需求进行分析。

2. 演练脚本

小李：王先生，您有没有了解过我们雅阁 CVT 豪华版这款车呢？

王先生：我在网上查过相关的资料，觉得还不错。

小李：是的，雅阁 CVT 豪华版上市到现在，销量一直特别好，路上我想您也会经常看见。

王先生：是的，我们单位就有好几辆。

小李：那我相信您的同事使用下来的感觉也一定不错。

王先生：我还看新迈腾和凯美瑞。

小李：那您买车预算是多少呢？

王先生：我打算买一辆 20 万元左右的，稍微超出一点也无所谓。

小李：那您买车注重哪些方面呢？

王先生：我嘛，现在开的这辆爱丽舍也好几年了，问题出现的也比较多了，所以我想买一辆安全性、配置都不错的车，关键一定要自动挡。

小李：是的，买德系车的人一般都对安全性要求很严格。

王先生：所以我今天第一站就来到你们店了。

小李：呵呵，那您对配置有什么具体的要求吗？

王先生：我想要一个带天窗的车。

小李：是的，带天窗还是有很多好处的，尤其春秋天的时候，用来换换气最好不过了，而且带天窗车也显得大气一点。

王先生：是的，买一个中级车不带天窗有点"寒碜"了。

小李：呵呵，是的是的，我们雅阁 CVT 豪华版卖得好的基本上都是高配的。

王先生：哎，对了，你们这里提供二手车置换吗？

小李：我们这边有专业二手车评估师，过会我让他来看看你的车，放心吧，一定会给您一个好价钱的。

王先生：好的，谢谢。

小李：那王先生您打算什么时候提车呢？

王先生：我这辆朗逸的保险下个月就要到期了，所以越快越好。

小李：哦，那是要快点了，定车到提车还要有一段时间的。

王先生：唉，最近工作比较忙，今天好不容易有空出来看车。

小李：王先生单位在哪里啊？

王先生：我单位在中南路那边的。

小李：哦？那也离我们店不远啊。

王先生：我做建筑设计的。

小李：哦？那很不错啊，我有好几客户都是从事这个工作的，他们对汽车外观的设计要求蛮高的。

王先生：职业特点吧？呵呵。

小李：呵呵，说得也是。那王先生，根据您的要求，我推荐您看一下 2016 款雅阁 CVT 豪华版这款车，售价是 205900 元，跟您的预算也差不多，而且配置也能满足您的需求。我带您去看看吧？

王先生：好的。带我去看看吧。

小李：嗯，好的，您这边请。

（销售顾问小李引导客户从需求分析环节顺利渡到产品介绍环节）

3. 进行演练

(1)全班分成3组，并选举小组长。

(2)演练开始前，指导老师扮演客户带领学生集体朗读脚本内容；

(3)各小组利用15min时间进行小组内部的演练，并按表5-4分析脚本内容；

(4)各小组组长选各小组2名成员，在脱稿的情况下推选组员将脚本轮流演练一遍，每组时间为5min；

(5)演练的同时，其他同学认真聆听，并记录演练人员的演练过程；

(6)演练完毕之后，由指导老师带领大家一起参与演练评估见表5-1。

表5-6 演练过程和演练脚本分析表

演练项目点评	原因分析
小李收集到的客户信息有哪些？	
小李通过什么方式了解客户信息的？	

4. 学习评估

指导老师根据小组演练过程和演练结果，对各小组学习成果进行评估，评估标准见表5-7。

表5-7 评估表

评估重点	满分	得分	原因分析
是否在对话过程中始终尊称客户“您”	20		
脚本内容的熟练程度	20		
演练过程中的小组纪律	20		
对演练过程和演练脚本的总结程度	20		
小组的团队协作能力	20		

学习情境六　车辆展示和新车推荐

知识目标

(1)掌握车辆的相关产品知识；
(2)了解车辆介绍的基本流程和技巧。

技能目标

(1)能够运用六方位介绍法和FAB介绍法为顾客展示和介绍车辆；
(2)能够根据客户要求推荐车辆。

情境导入

通过交流，销售顾问小李了解到客户王先生要买一辆价格在20万元左右的中级车，兼顾家用和偶尔的商务接待。经过分析对比，小李向王先生推荐了2016款雅阁CVT豪华版，价格和配置都符合王先生的用车需求，而且目前店里正好有该款车型的现车。现在，小李将要对王先生进行2016款雅阁CVT豪华版车型的介绍，那么该如何介绍好这款车才能让王先生下购买的决定呢？通过本情境的学习，你将学会如何对车辆产品进行相关介绍。

任务1　识别车辆的相关性能

【任务描述】

作为一名汽车销售，必须掌握车辆相关知识才能在销售过程中游刃有余。销售经理要求小李尽快对车辆的动力性能、操控性能、安全性能和主要参数指标等基本知识进行学习研究，并收集同一级别不同车型的相关数据，根据客户需求，通过比较分析级别、配置相近车型的相关参数，为客户选择最为合适的车型。

【学习目标】

能够通过学习、分析相关参数配置，为客户挑选最为合适的车型。

【学习准备】

(1)发动机相关知识的认识。

(2)变速箱相关知识的认识。

(3)底盘相关知识的认识。

知识点	
技能点	

【知识讲解】

一、汽车的动力性能

汽车动力性能主要表现在发动机和变速箱的相关特性上,发动机和变速箱的优劣往往可以通过一些参数来衡量。

1. 发动机

(1)功率

功率是指物体在单位时间内所做的功。功率越大转速越高,汽车的最高速度也越高,常用最大功率来描述汽车的动力性能。最大功率一般用公制马力(PS)或千瓦(kW)来表示,1PS 等于 0.735kW。

(2)扭矩

扭矩是发动机性能的一个重要参数,扭矩越大,发动机输出的“劲”越大,汽车的爬坡能力、起步速度和加速性也越好。但是扭矩随发动机转速的变化而不同,转速太高或太低,扭矩都不是最大,只在某个转速时或某个转速区间内才有最大扭矩,这个区间就是在标出最大扭矩时给出的转速或转速区间。最大扭矩一般出现在发动机的中、低转速的范围,随着转速的提高,扭矩反而会下降。

(3)转速

发动机转速是发动机在某一工况下发动机曲轴每分钟旋转的速度,这一速度必须和发动机的功率与扭矩联系在一起才有实际意义。

发动机的输出功率同转速关系很大,随着转速的增加,发动机的功率也相应提高,但是到了一定的转速以后,功率反而呈下降趋势。因此,发动机在达到最大功率时对应的转速称为最大功率转速。最大扭矩一般出现在发动机的中、低转速的范围,随着转速的提高,扭矩反而会下降。

以图 6-1 为例,发动机的最大功率为 118kW,发动机转速达到 5000rpm 时,发动机输出最大功率,换句话说,此时的车速达到最快;发动机的最大扭矩为 250Nm,发动机在 1500～4200rpm 这个区间范围内输出最大扭矩,此时车辆爬坡、加速能力最强,通俗地说就是最有力量。

通常情况下,如果发动机在低转速时能够输出高扭矩,说明发动机性能较强,油耗也相

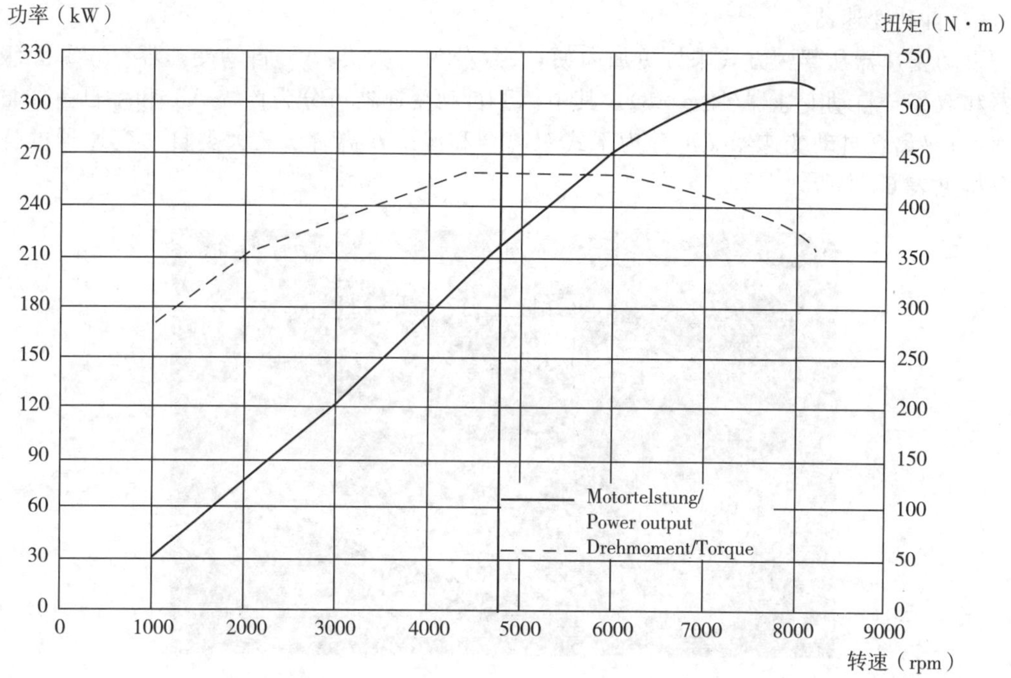

图 6－1　发动机转速、功率、扭矩示意图

对更低。现在的涡轮增压车型因为有涡轮的介入，使得发动机在单位时间内能够吸入更多空气，所以具备低转速高扭矩的特点，这也是涡轮增压车型更加省油的原因之一。

2. 变速器

(1)手动变速器

变速器主要有手动和自动两大类，手动变速器一般有 5 速和 6 速两种(图 6－2)，5 速手动变速器更为常见。手动变速器的优点是结构简单，故障率低；传动效率高，使用起来更加经济；对于操作比较熟练的司机以及喜欢享受驾车过程的司机来说，手动变速器可以让驾驶者更好地体会到人车合一的驾驶乐趣。缺点就是操作不方便，对于操作不是很熟练的司机来说，驾驶难度更大。

从目前的汽车发展趋势来看，手动变速器的配置正在逐渐减少。

(a) 5 速手动挡

(b) 6 速手动挡

图 6－2　手动变速器

（2）自动变速器

自动变速器从驾驶方式来说更加简便，大致分为三大类：AT 自动变速器、CVT 无级变速器和双离合自动变速器（图 6-3）。其中 AT 自动变速器可分为传统 AT 和手自一体自动变速器；双离合自动变速器又可分为干式双离合和湿式双离合。三大类自动变速器的优缺点分析见表 6-1 所列。

（a）AT 自动变速器

（b）CVT自动变速器

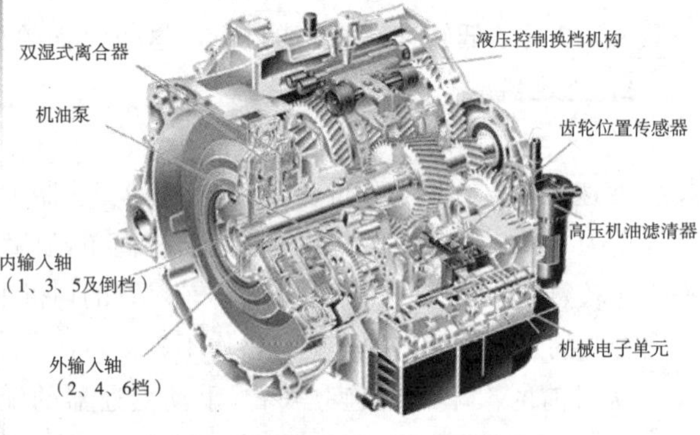

（c）双离合自动变速器

图 6-3 自动变速器

表 6-1 三大类自动变速器优缺点分析

序号	变速器类型	优点	缺点
1	AT 自动变速器	技术成熟，故障率低； 维修和保养成本较低	传动效率相对较低，油耗略高于另外两种自动变速器
2	CVT 无级变速器	换挡更加平顺，舒适性最佳； 传动精准，油耗也相对较低	钢带的附着力低，所以无法应用在需要大扭矩的车辆上。 后期维修成本较高

（续表）

序号	变速器类型	优点	缺点
3	双离合变速器	换挡快，提速迅速。 传动效率高，油耗较低。 制造成本较低	是稳定性较差、故障率高，特别是干式双离合变速器。 在换挡时，时常会出现顿挫感，影响车内人员的乘坐舒适性

汽车的动力系统包括发动机和变速器两大部件，二者能够很好配合才能使车辆的动力性能达到最佳，所以我们在判断车辆动力的好坏时，单独的发动机功率和扭矩的数据并不能作为唯一的参考指标，还要看发动机与变速器的匹配是否达到最佳，这也是在设计和制造车辆的工艺中，技术要求较高的部分之一。

二、汽车的操控性能

决定一辆车操控性能好坏的除了发动机和变速箱的配置以外，底盘悬架和转向系统也有着同样重要的地位，下面简单介绍一下车辆的底盘悬架和转向系统。

1. 底盘悬架

悬架是汽车的车架与车桥或车轮之间的一切传力连接装置的总称，一般来说，底盘悬架大致分为独立悬架和非独立悬架两大类。

(1)非独立悬架

非独立悬架又称半独立悬架，是两侧车轮由一根整体式车架相连，车轮连同车桥一起通过弹性悬架系统悬架在车架或车身的下面，当一边车轮跳动时，会带动整个车身振动或倾斜(图 6-4)。非独立悬架系统具有结构简单、成本低、强度高、保养容易、行车中前轮定位变化小的优点，但由于其舒适性及操纵稳定性都相对较差，在现代轿车中只有成本控制比较严格的车型才会使用，而且仅用在后轮上。但凡是皆有例外，法系车以底盘调校水平高而著称，但法系车很多车型都是采用的非独立悬架作为后悬架，而且行驶质感丝毫不逊于独立悬架车型，这也是好多车主喜爱法系车型的重要原因之一。

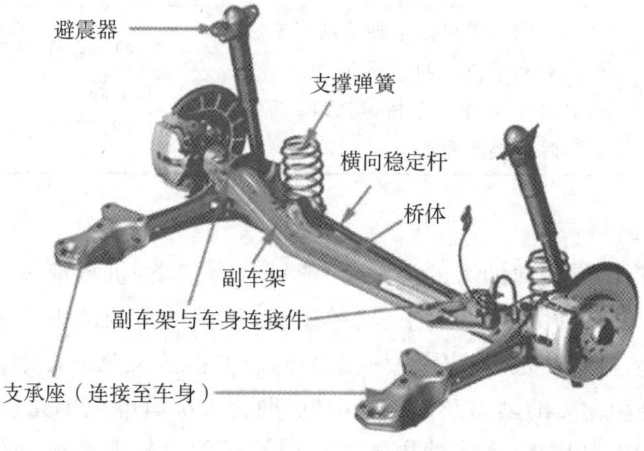

图 6-4　非独立悬架

(2)独立悬架(图 6-5)

独立悬架的每个车轮单独通过一套悬挂系统独立安装于车身或者车桥上,车桥采用断开式,中间一段固定于车架或者车身上;此种悬挂两边车轮受冲击时互不影响,而且由于该悬挂质量较轻,缓冲与减震能力很强,乘坐舒适。各项指标都优于非独立式悬挂,但该悬挂结构复杂而且还会使驱动桥、转向系变得复杂。

在实际应用中,前独立悬架通常采用麦弗逊式,后独立悬架采用多连杆式的较多。

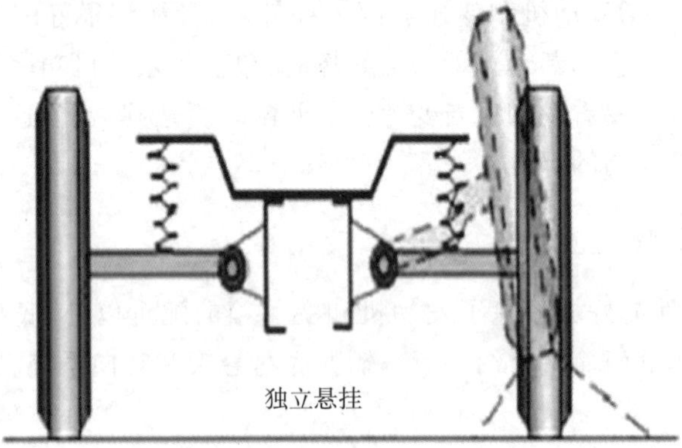

图 6-5 独立悬架

表 6-2 非独立悬架与独立悬架的优缺点对比

序号	悬架类型	优点	缺点
1	非独立悬架	(1)左右轮在弹跳时会相互牵连。 (2)在车身高度降低时还不容易改变车轮的角度,使操控的感觉保持一致。 (3)构造简单,制造成本低,容易维修。 (4)占用的空间较小,可降低车底板的高度	(1)左右轮在弹跳时,会相互牵连,而降低乘坐的舒适性及操控的安全性。 (2)因构造简单使设计的自由度小,操控的安定性较差
2	独立悬架	(1)两侧车轮可以单独运动互不影响, (2)有利于汽车的平顺性。 (3)采用断开式车桥,可以降低发动机位置,降低整车重心	(1)结构相对复杂,维护保养成本高。 (2)制造成本高

2. 转向助力系统

转向系统一般指的是转向助力的类型,一般可分为三类:机械液压助力转向系统、电子液压助力转向系统、电动助力转向系统。简单来说,机械助力的动力来源于发动机的转速,助力大小取决于发动机转速快慢;电子液压助力的动力也是来源于发动机转速,但助力大小由电控单元控制;电动助力的动力来源于电动机,助力大小由电控单元控制。目前市面上经济型轿车或 SUV 为控制成本,多半使用的是机械液压助力转向系统,而中高端车型则使用电子液压助力转向系统、电动助力转向系统的居多。

使用机械液压助力转向系统的车型，在车辆低速时方向盘转向较重，舒适性较差；高速时转向较轻，不利于安全行驶，但成本相对较低。

使用电子液压和电动转向助力系统的车型，在车辆低速时方向盘转向较轻，驾驶舒适；高速时转向较重，方向盘更稳，有利于安全驾驶，但成本相对较高。

三、汽车的安全性

汽车的安全分为主动安全和被动安全两大类。

1. 主动安全

汽车的主动安全，主要是指汽车防止或减少道路交通事故发生的性能，通俗地说就是对于交通事故防患于未然的能力。目前主流的主动安全配置有：ABS 防抱死制动系统、电子制动力分配系统、紧急制动辅助系统、牵引力控制系统、车身电子稳定系统等。

（1）ABS 防抱死制动系统

“ABS”中文译为“防锁死刹车系统”，它是一种具有防滑、防锁死等优点的汽车安全控制系统。ABS 是常规刹车装置基础上的改进型技术，可分机械式和电子式两种。现代汽车上大量安装防抱死制动系统，ABS 既有普通制动系统的制动功能，又能防止车轮锁死，使汽车在制动状态下仍能转向，保证汽车制动方向的稳定性，防止产生侧滑和跑偏（图 6－6）。

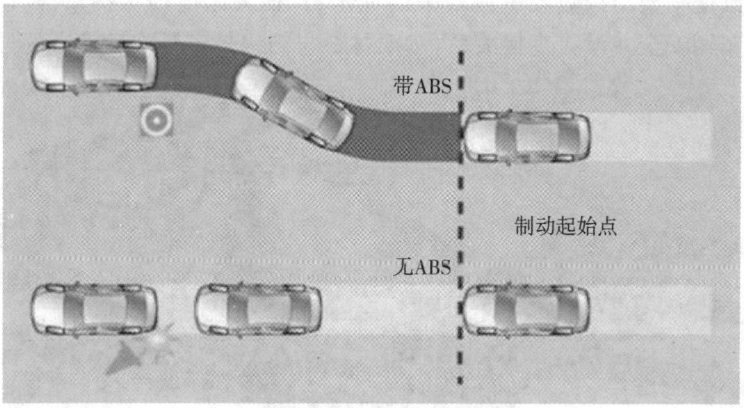

图 6－6　ABS 的作用

（2）电子制动力分别系统（EBD/CBC）

它只是 ABS 系统的有效补充，一般和 ABS 组合使用，可以提高 ABS 的功效。当发生紧急制动时，EBD 在 ABS 作用之前，可依据车身的重量和路面条件，自动以前轮为基准去比较后轮轮胎的滑动率，如发觉此差异程度必须被调整时，刹车油压系统将会调整传至后轮的油压，以得到更平衡且更接近理想化的刹车力分布。

（3）紧急制动辅助系统（EBA/BAS）

紧急制动辅助系统一般称为 EBA 或 BAS，它的工作原理是传感器通过分辨驾驶员踩踏板的情况，识别并判断是否引入紧急刹车程序。由此该系统能立刻激发最大的刹车压力，以达到可能的最高的刹车效果，达到理想的制动效果以制止交通事故的发生。

(4)牵引力控制系统(ASR/TRC/TCS)

牵引力控制系统也称为 ASR 或 TRC,它能防止车辆在雪地等湿滑路面上行驶时驱动轮的空转,使车辆能平稳地起步、加速。尤其在雪地或泥泞的路面,牵引力控制系统均能保证流畅的加速性能,防止车辆因驱动轮打滑而发生横移或甩尾。

(5)车身电子稳定系统(ESP/ESC/DSC)

该系统在保证车辆横向稳定性方面体现在当系统通过转角传感器、横向加速度传感器及轮速传感器的信号发现车辆发生了转向不足或过度时,系统会控制单个或是多个车轮进行制动,来调整汽车变换车道或在过弯时的车身姿态,使汽车在变换车道或是过弯时能够更加的平稳而安全。

此外,随着汽车技术的不断发展,目前还有并线辅助、车道偏离预警、主动刹车、夜视系统、疲劳驾驶提示、胎压监测等多种主动安全配置,更大程度地保障车辆的安全行驶。

2. 被动安全

汽车被动安全技术是指在交通事故发生后能尽量减小人身损伤的安全装置,包括对乘客和行人的保护。被动安全主要包括两大类,一是车身设计;二是车内装置。

(1)车身设计

汽车的车架是保护车内人员的核心部件,其中包括车架的结构设计、车架所使用的材料(图 6-7)。溃缩式车身是目前很多车架在设计上所追求的理念之一,当车辆发生碰撞时,溃缩式车身通过改变车架结构吸收事故带来的冲击力,最大限度的保护车内人员的安全。车辆钢板厚度与车辆安全并没有直接关系,车架材料与结构是车辆被动安全的最重要因素。

图 6-7 车架结构

(2)车内装置

车内安全装置主要指的是安全气囊和安全带,目前国内轿车和 SUV 基本都配有前排乘客各一个安全气囊,部分车辆有侧面安全气帘和膝部安全气囊(图 6-8)。安全带已经是国内轿车和 SUV 的标准配置,但并非所有车型都配有儿童座椅接口,所以如果接待对车辆安全品质要求较高的顾客,应向其强调侧面安全气帘、膝部安全气囊和儿童座椅接口等安全配置的实用性与重要性。

四、汽车的主要参数指标

1. 尺寸参数

(1)长、宽、高

长度是指从前保险杠到后保险杠之间的长度;宽度是指从车辆最左凸起到最右凸起之间的距离(通常为左右后视镜之间的距离);高度是指从车顶到地面的距离,包括行李架,但不包括天线。一般都以"mm"为单位表示,如 2016 款雅阁 2.0L 豪华版的长宽高表示为 4915/1845/1470。

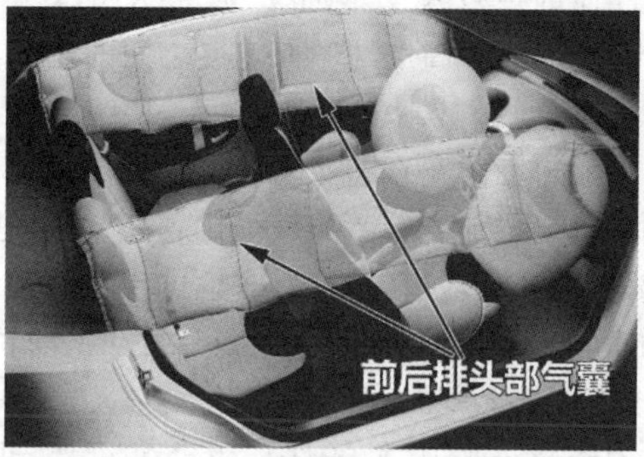

图 6-8　头部安全气囊(气帘)

(2)轴距

轴距是指汽车前轴中心到后轴中心的距离。在车长被确定后,轴距是影响乘坐空间最重要的因素,因为占绝大多数的 2 厢和 3 厢乘用车的乘员座位都是布置在前后轴之间的。长轴距使乘员的纵向空间增大,将大大增加影响车辆乘坐舒适性的脚部空间。虽然轴距并非决定车内空间的唯一因素,但却是根本因素。如图 6-9 所示为汽车尺寸参数。

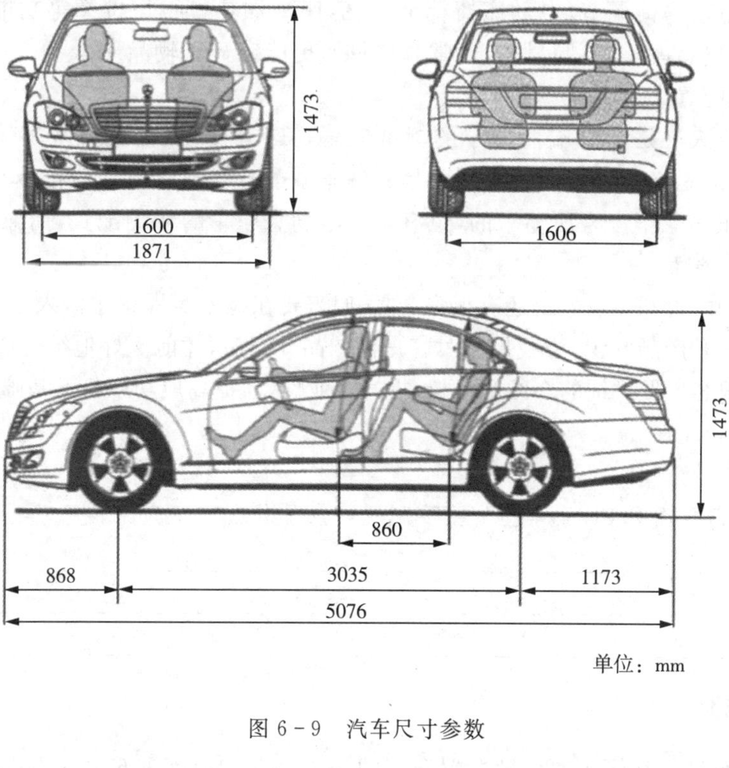

图 6-9　汽车尺寸参数

(3)轮胎规格

轮胎是车辆唯一接触地面的部件,在车辆行驶过程中起着非常重要的作用。每个轮胎都有相应的规格编号，例如 205/60 R16，其中 205 代表轮胎的宽度为 205mm，60 指扁平比，也就是轮胎胎壁高度与胎面宽度之间的比值，16 代表轮胎内径为 16 英寸，R 代表该轮胎为子午线轮胎。

轮胎台面越宽意味着轮胎与地面的摩擦力越大，抓地力越好，舒适性也更好，但相对来说油耗也会增加。轮胎的扁平比越高，胎壁越厚，车轮的缓冲性就越强，舒适性会较好；扁平比越低，路感越清晰，车轮对车辆的支撑性越好，车辆的操控性越好。一般注重舒适和商务型的轿车扁平比相对较高，操控和运动型的轿车扁平比相对较低。

2. 舒适性配置

对于轿车来说，舒适性配置非常重要，主要包括车辆内部配置、座椅配置和多媒体配置等。

(1)内部配置

中高配置的车辆，基本都配有多功能方向盘和电动四向调节，个别豪华品牌车型会有方向盘加热、方向盘记忆功能。HUD 抬头数字显示是很多运动型高配车型的配置，它可以让驾驶员不用低头看仪表盘就可以通过映射在风窗玻璃上的全息半镜，掌握车辆相关信息。

(2)座椅配置

商务车型很注重乘客舒适性的感受，好的座椅对于乘客的体验尤为重要。中高端配置车辆基本都有电动座椅调节，电动座椅调节记忆，座椅加热、通风、按摩等功能，座椅表面材料也有织物、仿皮、真皮等不同材质，通常真皮材质更能突显车辆品质。

(3)多媒体配置

中控台彩色大屏是中高端商务车的标准配置，其 GPS 导航功能、多媒体音乐、视频功能、蓝牙电话功能是必不可少的。个别豪华品牌车型配有车载电视和后排液晶屏，扬声器品牌与品质也是很多豪华车型所追求的，也有车主不满意原车的音响配置，而愿意花几万元对车辆扬声器进行改装。

关于车辆的配置和专业术语还有很多，同学们需要在技术类课程中深入学习并领会，只有掌握了大梁的汽车产品知识，当我们在对客户做产品介绍时，才能更好地结合产品特点和竞争对手的信息去跟客户做详细的介绍和分析，提升专业性，为提高成功率打下基础。

【想一想】

2016 款本田雅阁 2.0L 豪华型的主要配置特点是什么？与竞品相比它的优势有哪些？

____

____

____

【任务实施】

每 4 人一组进行车辆主要参数配置介绍的训练。考核训练表 6-3。先将表中的空项填上，1 人扮演销售顾问，1 人扮演客户，其余 2 人根据实际情况打分，然后互换角色训练，最后比较两组的得分情况。

表 6-3　车辆主要参数据配置训练表

序号	考核任务	参数介绍的准确度与规范度	所占分值	实际得分
1	对发动机相关参数配置介绍			
2	对变速箱相关参数配置介绍			
3	对底盘相关参数配置的介绍			

【任务评价】

序号	考核项目	评价	分值	实际得分
1	参数与配置介绍的准确度			
2	参数与配置的介绍流程			
3	沟通礼仪			
总体评价与得分				

任务 2　运用相关方法和技巧进行车辆介绍

【任务描述】

销售员小李经过与客户王先生的交流，认为王先生的购车需求与本公司所售的 2016 款雅阁 2.0L 豪华版车型非常吻合，但王先生对该车型并不了解，对是否购买该车型也非常犹豫。于是小李在经过客户王先生同意后对车辆进行了详细的介绍，使客户对车辆有了详细的了解，并针对客户需求特点，为客户量身选择其适合的车型，为进一步成交打下了良好的基础。

【学习目标】

(1)能够运用新车展示“6+1”介绍法为客户介绍车型。
(2)能够运用 FAB 产品介绍法为客户挑选最为合适的车型。

【学习准备】

(1)新车展示“6+1”介绍法的运用技巧。
(2)FAB 产品介绍法的运用技巧。

知识点	

技能点	

【知识讲解】

一、新车展示"6+1"介绍法

对汽车的产品介绍，应根据客户情况而定，通常有两种情况：一是客户对车辆有大致了解，并且有明显的兴趣点和用车侧重点，这时应根据客户需求，有针对性地介绍；二是客户对车不了解，而且没有明显的兴趣点，可以使用"6+1"法来介绍。

所谓"6+1"，6是指汽车的驾驶室，左前方、正后方、右侧、右后车内、正前方，1是指发动机室。无论站在车的哪个方位进行介绍，都要讲解三点：一是配置，二是优势、三是给客户带来的好处。

表6-4 展车"6+1"介绍主要内容

方位	介绍内容
左前方	展车品牌历史；前脸的整体外形设计
驾驶室	座椅和方向盘（如座椅的N向调节、环保面料、包裹性、硬度、方向盘的多向调节、触感等）；仪表盘（如清晰度、布局合理性等）；内外后视镜及门护板（后视镜调节、中控锁、音箱等）；配置（如安全、舒适及其使用功能等）；中控台所用材料、储物空间、杯架、遮阳板等其他人性化设计
正后方	车辆尾部造型特点；后尾灯设计、后挡风玻璃设计、后保险杠设计；打开后备厢，介绍后备厢开启关闭方式、容积、座椅放倒后的后备厢变化等
右侧	车身制造工艺（如车架设计工艺、激光焊接工艺、钢板安装设计工艺等）；油漆质量（如车身油漆喷涂工艺、油漆类型等）；底盘（如车轮设计、刹车设计、悬挂设计等）
右后车内	后排座椅，这时主要强调后排座椅的舒适性（如座椅面料、乘客的头部和腿部空间余量、中央扶手、后空调出风口、后排储物空间等）；后排乘客视野
正前方	车辆前部附件（如前大灯、进气格栅、保险杠、引擎盖、前挡风玻璃设计等）
发动机舱	演示发动机舱盖的开启方法，开启后介绍发动机舱内布局；发动机性能及主要参数；变速器类型及主要特点等

例如我们要介绍2016款本田雅阁2.0L豪华版驾驶室，如图6-10所示，我们可以按照以下话术来介绍。

座椅：现在我带您感受一下我们的驾驶舱是不是非常大气（请客户进入驾驶舱，问其感受如何）？我们前排主副驾驶座椅都为8向电动调节，真皮包裹座椅，带腰部支撑和座椅加热功能，您可以根据自己喜好找到非常舒适的坐姿，如果您开着它跑长途肯定不会很累。

方向盘:方向盘的握感非常舒适,无论是皮面质地还是粗细和造型都让驾驶者感觉比较合适,方向盘有多功能按键,定速巡航、多媒体控制、蓝牙电话、仪表盘控制等一切操作都可以通过方向盘上的多功能按键来完成,让驾驶者双手不用离开方向盘就能实现车辆控制,大大增强了车辆行驶的安全性。方向盘采用四向电动调节的模式,使驾驶者很容易就能找到舒适的驾驶姿势。

中控台:中控台的变化以简约流畅的风格为主,线条优雅,用料基本采用搪塑软质材料,非常显档次,最适合像王先生您这样成熟大气的车主了。仪表盘的造型非常立体,车辆各项行驶信息可通过该仪表盘完全掌握。中控采用双屏设计,上方较小屏幕主要用来辅助驾驶,下方较大屏幕则体现了多媒体汽车的最高享受,CarPlay 系统首次通过中控大屏安装到雅阁车型上,使驾驶者拥有了丰富的人机交互体验,外接音源、语音导航,甚至可以让车内人员随时通过网络查询到想要了解的一切信息,可以说,这是这一代雅阁车型的亮点之一,如图 6-10 所示。

安全配置:本车还拥有完备的安全配置,主副驾驶安全气囊、侧面安全气囊、前后头部安全气帘一应俱全,另外像 ABS 防抱死系统、制动力分配系统、刹车辅助系统、牵引力控制系统和车身稳定系统等高端的电子主动安全配置都是本车的标配,拥有了这台车可以让您放心,也能让您的家人安心。

图 6-10　2016 款本田雅阁 2.0L 豪华版中控台

最后,我们要强调的是,"6+1"介绍法只是销售顾问展示汽车商品的一种方法,意在帮助销售顾问熟练掌握产品特性,但不是要求销售顾问在向客户做产品介绍的时候一定要按照这一顺序完整地将整个车辆全部介绍一遍。销售顾问应该根据客户需求,有重点、有针对性地向客户做产品展示,并在介绍过程中不断寻求客户认可。介绍过程中要注意多与客户互动,搭配适当的肢体语言,才能显示出一定的效果,切不可忽视顾客感受而只顾个人夸夸其谈。

二、FAB 产品介绍法

销售顾问仅向客户讲述产品的配置和功能是远远不够的,优秀的销售顾问是需要通过产品的各种功能为客户量身定制产品类型的,换句话说就是能够站在客户的角度帮客户分析我们的产品能给客户带来的好处，常用的有 FAB 介绍法。

F(Function)，就是属性，也叫特点或者配置；A(Action)，就是指优势和好处；B(Benefit)是能给客户带来的利益。我们通过 FAB 这种方法，首先介绍车辆产品特点和配置，再强调该车辆产品有哪些好处，最后站在客户角度帮客户分析该车辆会给客户带来哪些便利，把产品的亮点展示给客户。下面我们看两个把 FAB 应用到汽车销量领域的案例。

案例 1：ABS 的好处。首先 ABS 是车的配置，有了 ABS 以后，它可以有效地控制车在制动时的行驶方向。我们在一些汽车的样本资料里可以看到这样的图片，就是有两辆车走两条道，其中有一台车前面有一个障碍物，那辆车绕个弯儿过去了，第二个图片是另一辆车直接撞上了那个障碍物。这两个图片要说的意思是一辆车有 ABS，它能够控制车行驶的方向，另外一辆车没有，所以它不能够控制车行驶的方向，直接撞上了那个障碍物。如果这个障碍物是人的话，那就产生了人员的伤亡；如果是一个物体的话，那财产就受到了损失。那么 ABS 怎么工作呢？当你发现前面有障碍物踩刹车时，没有 ABS 的车一下子就把轮子抱死了，车子完全是靠着惯性向前冲的，方向没法控制。而有了 ABS 以后，刹车抱住那个车轴一秒钟有的是 16 次、17 次，不停地抱紧松开，这样车辆方向就会有一定的牵引力控制，使驾驶员能够很好地在制动时控制车辆方向了。

我们简易地介绍并说明产品的特点及功能。在介绍产品特性时，必须针对客户需求。销售顾问对配备的细节充分了解。但是对客户介绍多少，完全取决于客户对配备技术细节的兴趣。特别说明此特点的优势在哪里。大多数客户在采取购买行动前，都会对其选择的商品进行比较，因此，销售顾问在介绍产品的特性之后，需再就该项特性在市场上的优势做说明。

案例 2：不同 ABS 的比较。那么有的销售人员会说“现在很多车都有 ABS，那我怎么去介绍呢?”这时应接着往下延伸。ABS 也有区别，比如品牌不同、产地不同，在使用效果上就有很大区别。有一个数据表明，优质的 ABS 在 120 公里的时速上踩刹车，车在滑行了 41 米的距离后停下来。劣质的 ABS 从 120 公里到 0 公里的刹车滑行了 46.5 米。两个相差五六米长的距离，这一点在实际驾驶中区别非常大。我们需要向客户强调我们的产品是非常有可靠性的，这种可靠性可以在实际驾驶中帮助客户避免事故发生。

销售顾问需要谨记的是，无论哪种介绍方法，都需要从客户需求出发，只有熟知客户需求，我们才能更好地引导客户，使客户更加了解汽车给他们带来的好处，从而激发客户的购车欲望。

【任务实施】

每 4 人一组运用“6＋1”车辆介绍法进行车辆介绍的训练。考核训练表见表 6－5。先将表中的空项填上，1 人扮演销售顾问，1 人扮演客户，其余 2 人根据实际情况打分，然后互换角色训练，最后比较两组的得分情况。

表 6－5　车辆介绍的训练表

序号	考核任务	产品介绍的准确度与规范度	所占分值	实际得分
1	运用 FAB 法介绍车辆			
2	运用“6＋1”车辆介绍法对车辆进行介绍			

【任务评价】

序号	考核项目	评价	分值	实际得分
1	FAB法介绍车辆方法的运用		20	
2	“6+1”车辆介绍法的介绍流程		20	
3	“6+1”车辆介绍法使用的准确度		20	
4	沟通礼仪		20	
5	客户是否满意		20	
总体评价与得分				

【学习评价与反馈】

一、学习过程评价

(1)描述汽车专业知识在整个汽车销售过程中的重要作用。

(2)运用FAB产品介绍法进行产品介绍,并说明FAB产品介绍法相对于传统营销沟通方式的优势有哪些?

根据上述任务实施资料,以小组为单位,对上述问题回答情况进行成果展示与反思,在成果展示过程中进行小组间互评和教师点评,评价标准见下表。

评估等级 评估指标	好	一般	差
实训准备 (10分)	能够对上述问题的相关知识点进行精心准备	能够事先对上述问题的内容做准备,但是不够充分	无准备
学习参与度 (20分)	小组成员积极主动参与活动,学习热情高涨	小组成员积极主动参与活动情况一般,学习热情一般	小组成员缺乏积极主动性,学习热情较差
服务礼仪 (10分)	能够按照汽车4S店服务要求礼貌待客,取得顾客的好感	基本能按照汽车4S店服务要求礼貌待客,但有所欠缺	不符合汽车4S店服务要求,缺乏热情
知识运用 (40分)	能够认真聆听顾客情况,帮助顾客解答问题,结果让顾客满意,回答问题正确率在80%以上	基本能够认真聆听顾客情况,帮助顾客解答,结果让顾客比满意,回答问题正确率在60%以上	不能认真聆听顾客情况,不能帮助顾客解答,结果让顾客不满意,回答问题正确率在60%以下

（续表）

评估等级 评估指标	好	一般	差
表达分析能力（20分）	表情诚恳、逻辑关系清晰、行为举止自然规范、语言表达能力强、知识面宽	表情诚恳、逻辑关系较清晰、行为举止比较自然规范、语言表达能力较强、知识面较宽	表情不诚恳、逻辑关系不清晰、行为举止不自然规范、语言表达能力较弱、知识面较窄

二、学习效果评价

（一）根据本任务所学知识，做出正确的选择和判断

1. 下列选项中，能体现发动机加速能力和爬坡能力的数据是（　　）。

A. 功率　　B. 扭矩　　C. 转速　　D. 重量

2. 下列选项中，不属于双离合变速器优点的是（　　）。

A. 换挡快，提速迅速　　B. 传动效率高，油耗较低

C. 制造成本较低　　D. 换挡平顺

3. 轮胎编号为 215/55 R16，其中“55”代表轮胎的（　　）。

A. 胎面宽度　　B. 轮毂直径　　C. 子午线轮胎　　D. 扁平比

4. 展车“6＋1”绕车介绍法中的“1”指的是哪个方位？（　　）

A. 车辆正前方　　B. 车辆正后方

C. 发动机舱　　D. 车内驾驶室

5. FAB 产品介绍法中的“B”代表的是什么？（　　）

A. 优势和好处　　B. 能给客户带来的利益

C. 属性，也叫特点或者配置　　D. 站在客户的角度

（二）情景演练

1. 学习讨论

（1）全班分成 3 组，并选举小组长，由小组成员完成以下任务；

（2）根据指导老师分配的车型（与雅阁同一级别的中级轿车），通过对选定车型的观察和研究，填写表格内容；

（3）各小组根据老师分配的车型，利用 30min 的时间对 3 辆车分别进行相关配置和参数的观察与研究；

（4）请妥善保护好实训室车辆，不得私自拆卸实训车辆的零配件；

（5）个别有难点的配置可通过网络查询得知；

（6）各小组观察和研究完毕后，由指导老师对各组讨论结果进行点评，并帮助学生针对所列配置进行实车指点。

2. 查找车型相关配置

由指导老师选择实训室三辆汽车（与雅阁同一级别的中级轿车），各小组成员根据车型依次填写车型配置表。

车型 A 配置表

车型 A：________

排量		功率(最大功率转速)	
扭矩(最大扭矩转速)		变速器类型	
底盘类型	前悬：________ 后悬：________	主动安全配置	
转向系统		被动安全配置	
车身尺寸		轴距	
轮胎规格		内部配置	
座椅配置		多媒体配置	

车型 B 配置表

车型 B：________

排量		功率(最大功率转速)	
扭矩(最大扭矩转速)		变速器类型	
底盘类型	前悬：________ 后悬：________	主动安全配置	
转向系统		被动安全配置	
车身尺寸		轴距	
轮胎规格		内部配置	
座椅配置		多媒体配置	

车型 C 配置表

车型 C：________

排量		功率(最大功率转速)	
扭矩(最大扭矩转速)		变速器类型	
底盘类型	前悬：________ 后悬：________	主动安全配置	
转向系统		被动安全配置	
车身尺寸		轴距	
轮胎规格		内部配置	
座椅配置		多媒体配置	

3. 比较不同车型的性能配置

根据所学知识，比较三款车在动力性、操控性、安全性和主要参数四方面的优缺点，填入

下表。(评价方式可使用 A、B、C、D、E 五个等级来表示)

不同车型性能参数比较表

车型 评价 性能	车型 A:________	车型 B:________	车型 C:________
动力性			
操控性			
安全性			
主要参数			

4. 学习评估

表 6-6 评估标准

序号	考核项目	评价	分值	实际得分
1	积极参加车型研究和观察		25	
2	信息分析准确、完善		25	
3	在规定时间内完成		25	
4	各车型综合分析结果		25	
总体评价与得分				

学习情境七　试乘试驾

知识目标

(1)掌握试乘试驾的前提与目的；
(2)掌握试乘试驾的基本流程与内容。

技能目标

(1)能够结合所学知识进行试乘试驾前的准备工作；
(2)能够运用相关技巧开展试乘试驾活动。

情境导入

通过销售顾问小李对2016款雅阁CVT豪华版车型的详细介绍，客户王先生对该款车型有了详细的了解。王先生对车辆的静态外观和配置虽然满意，但不了解车辆驾驶和乘坐时的感受，还是下不了购买该款车辆的决心。于是王先生向小李提出了试乘试驾的要求，双方约定三天后王先生携家人到店试乘试驾该款车辆。那么在试乘试驾前，销售顾问小李要做哪些准备工作？试乘试驾的流程是什么样的？有哪些注意事项？通过本情境的学习，你将学会如何进行试乘试驾活动。

任务1　完成试乘试驾前的准备

【任务描述】

作为汽车销售人员，需要掌握4S店在试乘试驾前的准备工作，主要包括人员准备、试驾线路准备、试乘试驾车辆准备、试乘试驾前的文件审核准备等。

【学习目标】

能够通过学习，掌握和运用4S店在试乘试驾前进行准备工作的能力。

【学习准备】

(1)试乘试驾客户邀约的技巧。
(2)试乘试驾的前期准备工作。

(3)试乘试驾的基本流程。

知识点	
技能点	

【知识讲解】

一、试乘试驾前的准备工作

1. 试乘试驾人员的准备

试乘试驾活动一般由销售顾问陪同客户进行，条件较好的4S店，还会配有试乘试驾专员，以保证客户得到更好的试乘试驾体验和最专业的车辆性能讲解。试乘试驾专员和销售顾问在试驾过程中必须是持有合法的驾驶执照，有一定驾龄，驾驶技术熟练的专业驾驶人员，同时熟悉驾驶线路，熟悉车辆特点及与竞品之间的比较的优缺点，懂得在试驾过程中介绍车辆的技巧，在试驾过程中拥有处理突发状况的能力。

在试驾过程中，还应注意两个问题：一是是否具有良好的精神状态迎接顾客？如果销售顾问没有良好精神状态就会影响到客户的情绪，同时也不会有耐心去详细介绍车辆的特性和操作要点，这样很难洞察客户的感性需求，激发顾客的热情。二是是否准备了充分的试乘试驾时间？如果销售顾问自己没有打算用足够的时间陪顾客试乘试驾，那么当顾客长时间试乘试驾时销售顾问就会比较烦躁，同时在情绪控制和抗拒处理上出现问题，从而影响顾客的热情。所以我们在试乘试驾前期，试驾专业人员就必须做好充分的准备工作。

2. 试乘试驾车辆准备

车辆准备包括车辆检查、车辆清洁、车辆调整、车内必备物品准备四个方面。

(1)车辆检查。4S店在车辆试乘试驾前会对车辆进行专业检查，并填写专门的《试乘试驾车况查表》，主要包括发动机、变速箱、制动系统、音响、空调、座椅、雨刮器、轮胎等方面，如发现问题应进行及时调整和修理，确保试乘试驾车辆始终处于最佳状态。表7-1为试乘试驾车况检查表。

表7-1　试乘试驾车辆车况检查表

检查日期：　　年　月

车型	
牌照号码	
里程表	

（续表）

检查项目		正常	异常(说明)	检查项目		正常	异常(说明)
外观	车前			操控	遥控钥匙		
	车后				天窗		
	右侧				电动窗		
	左侧			配备	后窗除雾		
	车顶				空调		
胎压	左前				音响		
	左后				室内照后镜		
	右前				安全带		
	右后				音乐光盘		
灯光	远大灯				点烟器		
	近大灯				座套		
	小灯				脚垫		
	雾灯				后备箱		
	方向灯			“五油三水”	汽油		
	刹车灯				发动机油		
	警示灯				变速箱油		
操控	喇叭				刹车油		
	方向盘				动力方向机油		
	排档				冷却水		
	刹车				雨窗水		
	电动照后镜				电瓶水		
上次进厂日期							年　月　日
下次进厂日期							年　月　日

复核人：　　　　　　　　　　　　　　　　　　　　检查人：

(2)检查试乘试驾清洁情况

车辆在试乘试驾前，要进行外观和内饰的清洁检查。重点检查车辆座椅、头枕、安全带、脚垫等部位，对达不到卫生标准的车辆要提前进行清洗。整洁的车辆能让客户心情愉快，对销售产品会产生良好的印象。

(3)车辆的调整

试驾前，根据不同试驾人群的特点，需要对试驾车辆进行相应的调整，这些调整有的需要在客户上车前完成。例如夏天和冬天要提前开启空调，有的调整可以在客户上车后由试驾专员或销售顾问协助客户完成，例如座椅、头枕、方向盘、安全带的位置，音响调整等。另外需要特别注意的是，试乘试驾车必须在车身粘贴“试乘试驾”的标贴，以便车辆在试驾过程中能警示其他车辆，为试驾安全提供前提保障。

(4)车内物品准备

试乘试驾车辆内应放置经销商提前设定的试乘试驾路线图,以便客户再次清晰地了解试乘试驾线路。车内也应配备足够的瓶装饮用水,以便客户试驾时使用。另外,需要提前了解试乘试驾客户的人数、年龄、性格特点等,以便有针对性地做出个性化准备,例如在车内设置儿童安全座椅、不同风格的外接音源音乐或 MP3、CD 音乐等。

3. 试乘试驾路线准备

根据各 4S 店实际路况、车型的需求选择路段。在路线选择时如有可能要考虑安排大直路、上下坡、高低速弯道、颠簸路段、安静路面段及适合紧急刹车的路段。尽量避免安排太多的恶劣路况路段,这种路段会降低客户的舒适感。应当选择即使在恶劣天气都适合试乘试驾的路段,避免因视线不清、路面湿滑而产生事故。选择人流量较少的路段,避免在试乘试驾中发生车辆及人身伤害。试乘试驾路线图如图 7-1。

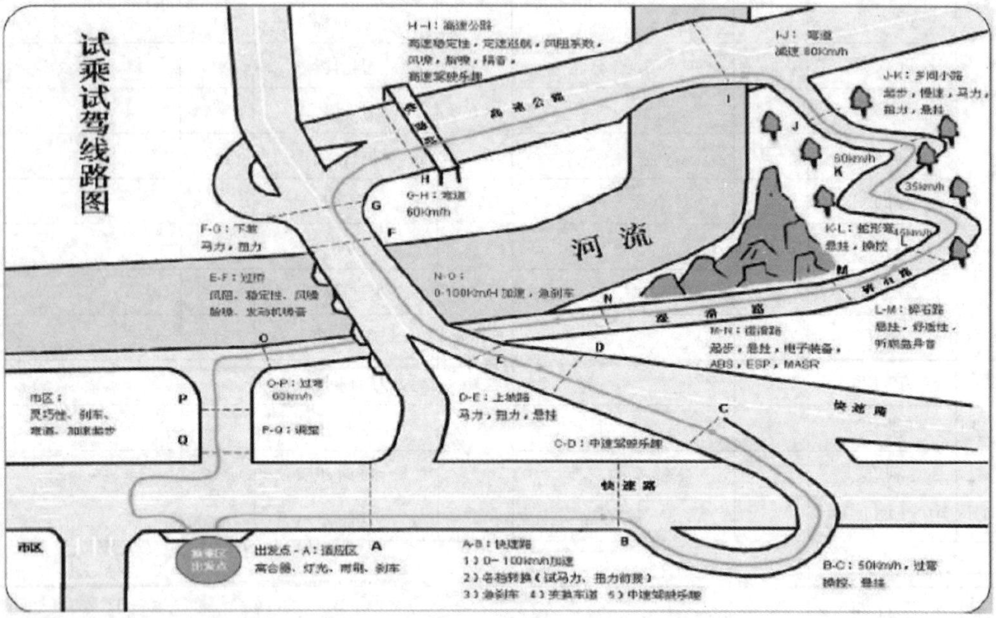

图 7-1　试乘试驾路线图

对于试乘试驾路线设计及驾驶要求,见表 7-2。

表 7-2　试乘试驾路线的测试重点和注意事项

十种路线	测试重点	注意事项
市区路况	发动机起步、加速、前中段动力性、灵巧性、市区变换车道	市区交通复杂易出车祸、小心驾驶、时间不宜太久
快速路	0～100 公里加速能力、急刹车、制动能力	急刹车时前后各 200 米内车、左右无人、动物、车等

（续表）

十种路线	测试重点	注意事项
高速路	中高速巡航能力、超车、风噪、隔音	遵守高速公路时速限制
爬坡路	负重、发动机扭力、操控性	小排量、小马力、扭力的车试乘人不宜太多
一般弯路	转向性能、抗侧倾能力	FF 前置前驱及 Turbo 的车 70km/h 以上过弯必须松油门，并需经过专门训练后才可高速过弯
急转弯路	转向性能、抗侧倾能力、操控性	同上
泥泞湿滑路	电子安全配备、抗湿滑能力	宜慢速通过，20～40km/h
颠簸路	舒适性、通过性	视路面状况，20～40km/h
大桥路	风噪、稳定性	Turbo 需事先说明，发动机、胎噪较大
乡间小路	制动能力、各档变换、综合测试	路狭小，人车少，但需注意弯路瞬间会车的安全，尽量不要超出自己的车道

4. 试驾文件的准备

（1）所需文件

试乘试驾需要的文件包括：试乘试驾路线图、试乘试驾安全说明书、试乘试驾安全协议书和试乘试驾客户意见表等，这些文件都需要在试乘试驾前准备完毕。

（2）驾照审查、复印

另外需要特别强调的是，客户在试乘试驾前，一定要出示他的驾驶执照，驾驶执照要保证所驾车型与驾照所示相符、驾照未超过有效期、驾龄在一年以上。驾照审查合格后需要对驾照进行复印、留存，对于没有驾照、未带驾照或驾照不符合驾驶要求的客户，只能建议其进行试乘活动，由销售顾问或试乘试驾专员驾车带客户进行试乘体验并进行讲解。

（3）签署《试乘试驾协议书》

对于准备参加试乘试驾活动的客户，4S 店应邀请其签署《试乘试驾协议书》，约定试乘试驾活动中各方的权利与义务，以便在日后发生纠纷时依照该协议执行。该协议书签署后，应当与客户驾驶者复印件装订在一起归档。《试乘试驾协议书》见表 7 - 3。

表 7 - 3　试乘试驾协议书

经销商：

试乘试驾车型选择	□
提供何种服务	□　试乘　□　试驾
试驾路线	详见背面
试乘试驾时间及里程	时间：时分至时分；公里：　km～　km

（续表）

本人于　年　月　日参加试乘试驾活动，特此做如下陈述与声明：

为保证试驾活动的规范性和顺利进行，本人同意将身份证和驾驶证复印件作为法定身份证明。

A. 对自驾同时作如下陈述与声明：

1. 本协议系本人真实自愿的意思表示，不存在欺诈、胁迫、乘人之危等情形。

2. 本人声明本人至少具有一年以上汽车驾龄，同时拥有相等年限的实际驾驶经验，并有能力独自承担造成事故后的相应赔偿责任。为保证试驾活动的规范和顺利进行，本人同意将居民身份证和驾驶证作为法定身份证明并愿提供复印件作为本协议的附件，本人承诺本人所提供的信息/证件完全属实。

3. 本人驾驶证所批准的准驾车型与试驾的车型是一致的，本人没有超越驾驶证所规定的准驾车型，否则因本人的行为所导致的一切责任本人自愿承担，给经销商造成损失的，本人自愿赔偿。

4. 本人在试驾车辆过程中，愿服从经销商提出的要求与指示，以尽最大努力和善意保护试乘、试驾车辆的安全和完好，如造成试乘、试驾车辆损坏，本人自愿赔偿。

5. 本人在试驾车辆过程中，因本人交通违法行为所导致的罚款、扣车等情形（包括但不限于闯红灯/单行线/禁区、违章停车），本人自愿承担所引起的一切责任。

6. 本人在试驾车辆过程中，发生单车交通事故，导致车辆/车内人员毁损、受伤或物品毁损的，车辆投保的保险无法赔偿的部分本人愿意承担一切损失。

7. 本人在试驾车辆过程中，发生非单车交通事故（包括但不限于与机动车、非机动车、行人的事故），导致本方车辆及车内人员或对方车辆及人员以及行人毁损、受伤或造成财产损失的，车辆投保的保险无法赔偿的部分本人愿意承担一切损失。

8. 因本人的原因造成的车辆被罚款、扣押而产生的拖车费、停车费、违章费用、下一年度保险费增加的费用等均由本人承担。

9. 在试驾车辆过程中，非因经销商的过错给经销商所造成的一切损失，包括但不限于律师费、调查费、鉴定费、交通费、诉讼费等均由本人承担。

B. 对试乘同时作如下陈述与声明：

1. 本协议系本人真实自愿的意思表示，不存在欺诈、胁迫、趁人之危等情形。

2. 为保证试驾活动的规范和顺利进行，本人同意将居民身份证作为法定身份证明并愿提供复印件作为本协议的附件，本人承诺本人所提供的信息/证件完全属实。

3. 本人在试乘过程中，愿服从经销商提出的要求与指示，以尽最大努力和善意保护试乘、试驾车辆的安全和完好，如造成试乘、试驾车辆损坏，本人自愿赔偿。

4. 本人系自愿乘坐试乘、试驾车辆，如发生交通事故或其他事故、事件造成本人人身、财产损害的，本人应向造成事故的责任人主张权利，经销商只在有过错的情形下方承担责任。

5. 因本人的原因造成试乘、试驾车辆被罚款、扣押而产生的拖车费、停车费、违章费用、下一年度保险费增加的费用等均由本人承担。

6. 因本人的原因给经销商造成的损失/费用，包括但不限于律师费、调查费、鉴定费、交通费、诉讼费等均由本人承担。

本协议自试乘、试驾人签字，经销商盖章之时生效。与本协议有关的一切争议，双方应协议解决；协商不成的，双方一致同意向经销商所在地人民法院起诉。

试驾人详细信息	
客户（试乘试驾人）签名：	
驾驶证号：	
联系地址：	
手机/固定电话：	
日期：　年　月　日	
陪同销售顾问：	

二、试乘试驾基本流程

试乘试驾是当今汽车销售中极为重要的流程之一，作为一名优秀的销售顾问，熟练试乘试驾流程是十分重要的。试乘试驾的基本流程如图 7－1。

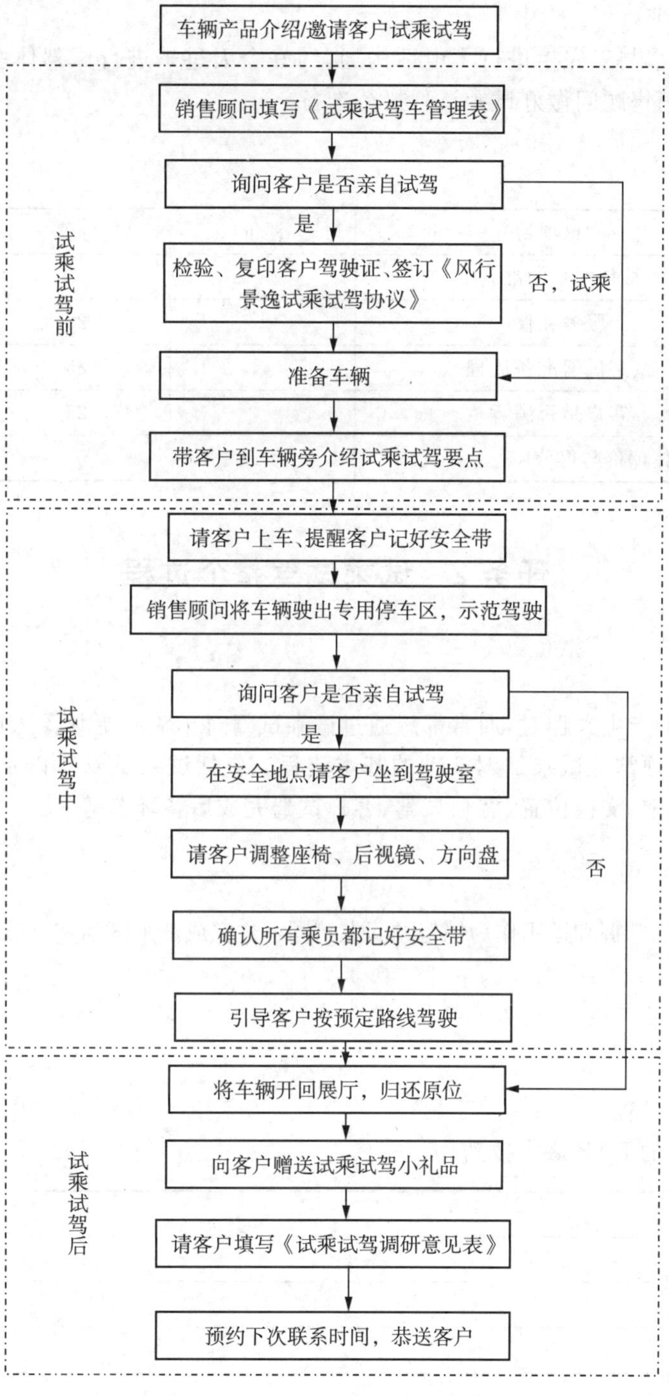

图 7-2 试乘试驾基本流程

【任务实施】

每 2 人一组进行试乘试驾前期准备的模拟演练，注意销售顾问的试乘试驾前的准备流程、礼貌用语等环节。

情景资料:小李与王先生进行了电话沟通,约好今天过来进行试驾体验,这时王先生就要来到4S店,请销售顾问做好试乘试驾接待准备。

【任务评价】

序号	考核项目	评价	分值	实际得分
1	接待客户的准备		25	
2	服务礼仪		25	
3	试乘试驾准备流程		25	
4	客户是否满意		25	
总体评价与得分				

任务2 试乘试驾整个过程

【任务描述】

当客户对车辆产生兴趣时,通常都想通过试乘试驾对车辆有更加深入的了解,作为汽车销售人员,我们必须掌握试乘试驾活动的基本流程。包括试乘试驾时以及试驾后的沟通工作,具体为客户试乘、交换位置、客户试驾、客户试驾完成后各环节等。

【学习目标】

能够通过学习,掌握和运用作为销售顾问在陪同客户完成试乘试驾整个过程工作的能力。

【学习准备】

一、知识准备

(1)试乘试驾过程。

(2)试乘试驾的FAB话术技巧。

知识点	
技能点	

【知识讲解】

一、客户试乘

(1)出发前,提醒车内人员系好安全带;
(2)顾客试乘,有试驾专员或销售顾问驾驶和讲解;
(3)依车辆行驶路段进行说明,充分展示车辆动态特性;
(4)打开娱乐系统,并演示其功能,播放顾客喜爱的音乐,营造轻松氛围。

二、交换位置

(1)在预定的安全地点换手;
(2)将车辆熄火,启动驻车制动,互换位置后,应将车钥匙交给顾客(无钥匙启动车辆可省略此步骤);
(3)提醒客户调整座椅、方向盘、后视镜、空调出风口、音响等,并系好安全带;
(4)再次强调安全驾驶的注意事项。

三、客户试驾

(1)客户在驾驶过程中,销售顾问要简要提醒客户体验的重点内容,以强化客户感受;
(2)提醒客户驾驶时的安全操作;
(3)适当称赞客户的驾驶技术;
(4)当客户有危险或违章操作时,果断采取安全措施,并请客户在安全地点停车;
(5)在客户体验过程中,适时介绍车辆性能和特点,重点讲解与竞争对手的差别和优势。

四、试乘试驾完成后

1. 总结试乘试驾感受,并填写《试乘试驾意见表》

试乘试驾结束后,销售顾问应主动征求客户对车辆的感受意见,并对客户所关心的问题进行解答,重点强调车辆的优势与特点。然后要求客户填写《试乘试驾意见表》,也可以由客户口述意见,由销售顾问执笔填写,然后客户签字确认。

2. 赠送小礼品

填写完相应的资料后,销售顾问可以适当地赠送给客户一些纪念品,如钥匙扣、笔记本等,给予客户意外的惊喜,给客户留下更好的印象,让客户认同销售顾问的服务质量,也为后续成交打下良好基础。

3. 参观售后服务部门

销售顾问在征得客户同意的情况下,可引导客户参考本4S店的售后服务部门,让客户了解车辆在购买后的售后服务流程与基本情况,让客户打消车辆购买后售后服务得不到保障的顾虑。

4. 适时进行交易促成

销售顾问这时可根据客户的意思表示,趁热打铁,适时地引导客户进行成交。对于试乘试驾结束后购买意愿强烈的客户，销售顾问应当趁势将客户引入下一个环节——报价成交，和客户就如何实现成交展开相关的洽谈，见表7-4。

表7-4 试乘试驾意见表

<table>
<tr><td>评估者姓名</td><td colspan="2"></td><td colspan="2">联系电话</td><td></td></tr>
<tr><td>职业</td><td colspan="2"></td><td colspan="2">驾龄</td><td></td></tr>
<tr><td>业务代表</td><td colspan="2"></td><td colspan="2">评估日期</td><td></td></tr>
<tr><td>评估车型</td><td colspan="2"></td><td colspan="2">里程</td><td></td></tr>
<tr><td rowspan="2">类别</td><td rowspan="2">评价项目</td><td colspan="3">评价结果</td><td rowspan="2">备注</td></tr>
<tr><td>非常好</td><td>好</td><td>一般</td></tr>
<tr><td rowspan="2">车辆
外观</td><td>外形尺寸</td><td></td><td></td><td></td><td></td></tr>
<tr><td>造型美感</td><td></td><td></td><td></td><td></td></tr>
<tr><td rowspan="5">舒适性</td><td>乘坐舒适性</td><td></td><td></td><td></td><td></td></tr>
<tr><td>驾驶座椅舒适性</td><td></td><td></td><td></td><td></td></tr>
<tr><td>音响效果</td><td></td><td></td><td></td><td></td></tr>
<tr><td>空调效果</td><td></td><td></td><td></td><td></td></tr>
<tr><td>轮胎及胎噪</td><td></td><td></td><td></td><td></td></tr>
<tr><td rowspan="4">操纵性</td><td>仪表配色及辨识性</td><td></td><td></td><td></td><td></td></tr>
<tr><td>驾驶方便性</td><td></td><td></td><td></td><td></td></tr>
<tr><td>转向灵活性</td><td></td><td></td><td></td><td></td></tr>
<tr><td>视野</td><td></td><td></td><td></td><td></td></tr>
<tr><td rowspan="4">安全性</td><td>驾驶安全感</td><td></td><td></td><td></td><td></td></tr>
<tr><td>ABS效果</td><td></td><td></td><td></td><td></td></tr>
<tr><td>倒车雷达</td><td></td><td></td><td></td><td></td></tr>
<tr><td>安全气囊</td><td></td><td></td><td></td><td></td></tr>
<tr><td rowspan="2">动力性</td><td>起步加速</td><td></td><td></td><td></td><td></td></tr>
<tr><td>中途加速</td><td></td><td></td><td></td><td></td></tr>
<tr><td rowspan="5">汽车内
部感受</td><td>汽车内饰</td><td></td><td></td><td></td><td></td></tr>
<tr><td>工艺水平</td><td></td><td></td><td></td><td></td></tr>
<tr><td>内饰配色</td><td></td><td></td><td></td><td></td></tr>
<tr><td>内部空间</td><td></td><td></td><td></td><td></td></tr>
<tr><td>操纵键可控性</td><td></td><td></td><td></td><td></td></tr>
<tr><td rowspan="4">其它</td><td>车门进出方便性</td><td></td><td></td><td></td><td></td></tr>
<tr><td>玻璃升降方便性</td><td></td><td></td><td></td><td></td></tr>
<tr><td>天窗</td><td></td><td></td><td></td><td></td></tr>
<tr><td>E配备</td><td></td><td></td><td></td><td></td></tr>
<tr><td colspan="6">客户签名：</td></tr>
</table>

填写说明：

(1)首先衷心感谢您对我们的车辆进行评估；

(2)建议由客户口述意见，由业务代表执笔填写，然后由客户签字确认；

(3)如果您对车辆有任何意见和建议，请不吝赐教，并请我们的业务代表在备注栏中注明。

五、2016 款雅阁车型试驾时销售顾问(部分)FAB 话术

销售顾问在客户进行试乘试驾的过程中，应根据不同路况、车况，结合客户的驾驶阶段，有针对性地对车辆的各项性能进行介绍。在介绍的过程中注意结合 FAB 话术来进行，下面列举部分情况下销售人员所运用的 FAB 话术(表 7-5)。

表 7-5　试乘试驾销售顾问话术(部分)

路面特征	体验项目	话术		
		F(特征)	A(优势)	B(利益)
直线路面时	加速时的推背感	本田的 i-vtec 系统可连续调节气门正时，且能调节气门升程。通过电子计算和凸轮以及油压的配合，可以改变进气门开启的时刻，达到连续调节气门正时的目的	使发动机能在较低转速区间内就能达到较大的扭矩输出，发动机的工作效率达到最佳状态	您觉得加速性能怎么样？是不是有明显的推背感？这也是我们雅阁车型的驾驶乐趣之一
	S 挡运动性	从变速箱的 D 挡位置上还可以切换到运动模式，也就是 S 挡	车辆在 S 挡模式下，发动机转速会升高，换挡时间会被推迟，这样可以让发动机输出的动力更加的充沛，车辆提速更加迅捷	在您想要超车或者快速起步的时候，挂入 S 挡，您可以感受到车辆强大的动力储备，使您的驾驶体验无与伦比
	加速踏板是否反应灵敏	油门踏板机构做工精炼，设计合理，电控系统运用于油门控制	油门控制系统采用电控辅助，有了这套系统，可以精确地传递您对车辆速度的控制	您看油门轻点转速就上来了，没有一点拖沓感，动力随叫随到、随心所欲
	变速箱换挡时的平顺性	雅阁车型采用 CVT 无级变速箱，换挡平顺，传动效率高	CVT 变速箱在换挡时与传统的 AT 自动变速箱不同，传统变速箱换挡像是在上下楼梯，CVT 变速箱换挡像是在上下坡，所以更加平顺，传动比也更加精确	这种换挡形式，使换挡动作在无声无息中完成，没有杂音、没有顿挫感，传动精准，燃油经济性也自燃非常好
	制动时的直线保持能力	雅阁车型采用了 ABS+EBD，也就是制动防抱死与电子制动力分配系统相结合的制动形式	在刹车时，车载电脑能够自动计算所需要的刹车力，并保持车辆平衡稳定	制动时车辆不会跑偏，保持车辆的稳定性，提高了安全性
	车道保持和车道偏离抑制系统	雅阁车型采用了先进的车道保持和车道偏离预警系统	当您在驾车时，车辆如果有压线或者驶出车道的情形时，车辆会自动报警，并会辅助您将车辆驶回车道	有了这项功能，当您在驾车时因为偶尔的走神或者疏忽，驶出车道后，车辆自动回到原车道，保障了您的安全出行

（续表）

路面特征	体验项目	话术		
		F(特征)	A(优势)	B(利益)
等待红绿灯或堵车时	保持辅助系统	雅阁的保持辅助系统能让您在等待红绿灯时，在进入常规制动状态后，挡位可以保持在D档上，松开制动踏板，车辆会保持原地不动，一旦绿灯亮起时给油就可以前行了	这一功能可以让您在每次停止车辆后，不需要拉手刹，系统会自动将车辆停住，这时候即使您松开制动踏板车辆也是静止的，不会往前滑动	有了这个省心的功能，您开车就更加方便了，尤其是在市区开车的时候，红灯、堵车情况很多，走走停停只需要动脚踩刹车就行了
	自动启停功能	雅阁车型在您把车辆停稳后就会启动自动启停功能，发动机这是会自动熄火，当您再次踩踏油门时，发动机又会再次点火	这项自动启停功能是专为城区道路行驶较多的车型而定制的，有了这项技术，在等红绿灯和堵车的时候发动机熄火，可以节省燃油	有了这项功能，您的燃油费用就会有一定程度的节省，这样您用汽车的成本就更低了
弯道路面时	操作舒适性	雅阁车型采用了现在非常先进的电子助力转向系统	使用这一转向系统，能使您在低速驾车时有非常轻巧的方向盘转向手感，而在高速行驶时，方向盘更重更稳，使车辆在高速行驶时不容易飘	有了这一转向系统，可以使您在低速转向时操纵方向盘更加的轻便，在高速行驶时车辆更稳，增加安全保障系数
	侧向稳定性	雅阁车型采用的悬架形式是前麦弗逊、后多连杆的	雅阁车型从定位来说就非常注重乘客的舒适性，这一代雅阁为了增强驾驶者的操控乐趣，对底盘调校又做了全新升级，将操控与舒适完美的兼顾	有了这套底盘系统，您可以随心所欲地驾驶这台车，它可以使您充分地体验驾驶的乐趣，也可以让您的家人有非常舒适的乘坐体验

【任务实施】

每2人一组进行试乘试驾的模拟演练，注意销售顾问的试乘试驾前的标准流程、礼貌用语。

情景资料：销售顾问小李与王先生已经做好了试乘试驾的准备工作，请按照标准操作流程进行模拟试乘试驾训练。

【任务评价】

序号	考核项目	评价	分值	实际得分
1	车辆准备		25	
2	服务礼仪		25	
3	试乘试驾流程		25	
4	客户是否满意		25	
总体评价与得分				

【学习评价与反馈】

一、学习过程评价

(1)分组讨论试乘试驾中哪些环节是最为重要的核心环节,并说明理由。

(2)各组派出两到三位代表,分别饰演销售顾问、客户,双方在实车中模拟试乘试驾场景,重点考察销售顾问能否运用FAB话术,为客户做有针对性的车辆介绍。表演完毕后由各小组组长对学生代表的表演情况进行打分,评价标准见下表:

评估指标 评估等级	好	一般	差
工作准备 (10分)	能够通过各种渠道,对试乘试驾实施阶段的工作流程及相关内容进行精心准备	能够通过各种渠道,对试乘试驾实施阶段的工作流程及相关内容进行准备,但是不够充分	无准备
接待礼仪 (10分)	能够按照汽车4S店的服务要求礼貌待客,取得客户好感	基本能够按照汽车4S店的服务要求礼貌待客,但有所欠缺	不符合汽车4S店的服务要求,缺乏热情
整个小组 学习参与度 (20分)	小组成员积极主动参加活动,配合默契,学习热情高涨	小组成员积极主动参与活动情况一般,配合不够默契,学习热情一般	小组成员缺乏积极主动性,学习热情较差
知识运用 (40分)	能够正确运用相关知识完成试乘试驾前期准备和接待任务,表述正确率在80%以上	基本能够正确运用相关知识完成试乘试驾前期准备和接待任务,表述正确率在60%以上	不能正确运用相关知识完成试乘试驾前期准备和接待任务,表述正确率在60%以下
表达分析能力 (20分)	表情诚恳、逻辑关系清晰、行为举止自然规范、语言表达能力强、知识面宽	表情诚恳、逻辑关系较清晰、行为举止比较自然规范、语言表达能力较强、知识面较宽	表情不诚恳、逻辑关系不清晰、行为举止不自然规范、语言表达能力弱、知识面窄
总分			

二、学习效果评价

(一)根据本任务所学知识,做出正确的选择和判断

1. 下列选项中,不属于试乘试驾前期准备工作的是(　　)。

A. 车辆检查　　B. 车辆清洁

C. 车内必备物品　　D. 车辆证件检查

2. 下列选项中，不属于急转弯路段测试性能的是（　　）。

A. 转向性能　　B. 抗侧倾能力

C. 通过性　　D. 操控性

3. 试乘试驾对于客户驾龄的要求为（　　）。

A. 一年以上　　B. 两年以上

C. 半年以上　　D. 没有要求

4. 当车辆挡位挂到S挡时，车辆的变速箱会自动升挡，车辆动力也会随之变弱，但油耗会有所下降。（　　）

5. 选择试乘试驾线路时，尽量选择喧闹地段，这样才能测出车辆的性能。（　　）

6. CVT变速箱的特点是换挡平顺、燃油经济性和舒适性表现都很好。（　　）

（二）情景演练

1. 演练脚本

小李：王先生，关于我跟您介绍的这款2016款雅阁2.0升CVT豪华版车型的各项配置您都了解了吧？

王先生：嗯，已经大致了解了，从外观和配置上看确实比较符合我的购车要求，但我还是心里没底，不知道这车开起来怎么样，坐起来舒不舒服。

小李：您不用担心，我们这台车已经更新换代到第九代了，每一代车型的操控感受和乘坐舒适性都在上一代的基础上有所提升，我建议您有时间来试乘试驾一下，好好地感受一下我们这台雅阁的魅力。

王先生：好啊，不过碰巧我今天驾照没带，我们约个时间，下次我和我太太一起来做个试乘试驾体验，她也可以给我把把关。

小李：好的，那就约三天后您看行不行？我们把车辆准备好，您带上驾驶执照，到时请您和您夫人一起来感受一下我们这台雅阁的操控乐趣和舒适乘坐体验。

王先生：好的，那就三天后见。

三天后，王先生和王太太如约来到4S店……

小李：王先生、王太太好，欢迎您再次来到我们4S店。

王先生：你好。

小李：王先生，今天我们已经将试乘试驾车辆准备好，等一下办完手续后将由我陪同您二位来完成此次试乘试驾活动。在活动开始前，我们有一些简单的手续需要完成，还请您配合。请您先将的驾照交给我复印一下好吗？

王先生：好的，小李，给。（王先生向小李交付驾驶证）

小李：谢谢，那二位请先坐一会，我去给您办理试乘试驾的相关手续。

王先生：好的。

（小李拿着王先生的驾照进行审核，审核结果符合驾驶要求，随后小李复印了驾照进行存档，并取《试乘试驾协议书》来到王先生身边）

小李：王先生，这是《试乘试驾协议书》，需要您签一下，请按照实际内容填写。

王先生：好的。（王先生在仔细阅读协议书条款后将签署好的协议书交给小李）

小李：王先生，现在手续办妥，我们可以出发了。在出发前您先看一下我们的试乘试驾路线图(将路线图展示给王先生看,使客户进一步了解驾驶路线)。试乘试驾流程是首先由我来驾驶汽车到试驾起点,驾驶过程中我会为您演示我们2016款雅阁2.0升CVT豪华版车型的相关操作,您和您夫人可以分别坐在副驾驶和后座上,来感受我们这台车的乘坐舒适性。当我将车开到交接点后,由您来驾车,然后一直把我们的试驾车开回来,在此期间您可以充分体验我们这台车的操控乐趣,需要说明的是,本次试驾的最高时速不能超过80km/h,这也是为了您和您夫人的安全着想。如果没有什么问题,我们现在就出发,可以吗?

王先生:好的,那走吧。

(小李和王先生、王太太一起走向4S店门口已经准备好的一台2016款雅阁2.0升CVT豪华版试驾车)

2. 演练要求

(1)全班分成3组,并选举小组长,推选2～3名代表,其中一名扮演销售顾问,其他同学扮演客户。

(2)各小组准备时间为15分钟,准备完毕后,上台脱稿演练。

(3)各小组演练时间为10分钟,在演练时其他同学需认真观察演练流程和演练台词,并作详细记录,记录表作为个人成绩上交给老师。

(4)演练完毕后,由指导老师对各组讨论结果进行点评。

(5)请妥善保护好实训室车辆,不得私自拆卸实训车辆的零配件。

(6)演练工具:展车一台;洽谈桌椅、瓶装水;相关文件,如驾照、试乘试驾协议书、试乘试驾路线图。

3. 学习评估

根据各组代表演练情况,以小组为单位进行评价,评价标准见表7-6。

表7-6　评估标准

序号	考核项目	评价	分值	实际得分
1	演练时间合理性		25	
2	主动邀请客户进行试乘试驾的方法和技巧		25	
3	试乘试驾协议书填写规范与流畅性		25	
4	演练环节的流畅性		25	
总体评价与得分				

学习情境八　异议处理

知识目标

(1)了解客户异议在销售中的重要性,正确认识对待顾客户异议;
(2)掌握客户异议处理的方法和技巧。

技能目标

(1)能够在销售过程中准确把握处理客户异议的时机;
(2)能够在销售过程中,灵活运用处理客户异议的方法地技巧。

情境导入

在试乘试驾中,客户对车辆的性能和小李的讲解提出了很多不满,想到三天前客户提出的一些异议,小李感到有些担心,害怕客户不买自己介绍的车辆,前期工作成果付诸东流。看到小李有些失落,老陈坐过来安慰道:"在实际销售过程中,销售顾问经常会遇到来自客户的各种异议,异议是顾客的自然反应。顾客的异议既是汽车销售的障碍,也是成交的前奏与信号。在销售过程中,客户出现异议是正常的,没有异议才是不正常的。汽车销售顾问要明白'褒贬的是买主,喝彩的是闲人'这个道理。但是客户的异议毕竟也是销售成功的障碍,所以,你要学会正确判断客户异议的原因,掌握处理异议的方法及技巧,促进成交。实际上汽车销售顾问就是在正确处理客户异议的过程中完成成交的。"小李明白了其中的道理,重新建立起了信心。

任务1　客户异议分析

【任务描述】

销售顾问小李在接待客户王先生时,王先生就产品提出了很多问题,对于刚做汽车销售的小李来说是个不小的考验,现在,她已认识到自己的问题:自己不光要学好产品知识,更要学会分析客户异议。

【学习目标】

(1)能够正确对待客户异议,懂得客户异议的普遍性与不可避免性。

(2)具备分析异议产生原因的能力

【学习准备】

(1)客户异议类型。

(2)客户异议产生的原因。

知识点	
技能点	

【知识讲解】

一、正确对待客户异议

(一)正确认识客户异议

1. 客户异议的含义

客户异议是指客户对汽车销售顾问或其销售活动,所做出的一种在形式上表示怀疑、不解或否定的一种反应。简单地说,被客户用来作为拒绝购买理由的意见、问题、看法就是客户异议。客户的异议是不可避免的。

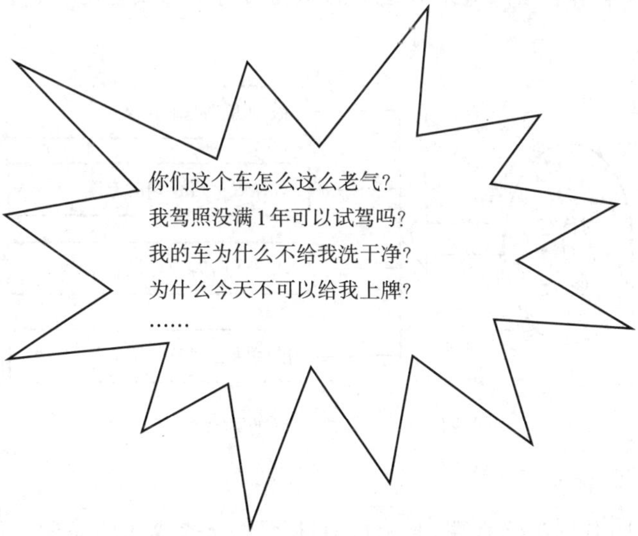

图 8-1　客户异议的典型问题

【想一想】

你是否喜欢异议较少的客户？为什么？

2. 客户异议的两面性

客户异议具有两面性，如图 8－2 所示。首先，客户的异议是成交的障碍。如果销售顾不能很好地处理客户的异议，就会直接影响客户的购买行为；其次，客户的异议也为成交提供了机会。如果销售顾问对客户的异议处理得当，客户得到了满意的答复，对销售顾问的产品和服务有了充分的了解和认同，就有可能产生购买意向。因此，了解客户异议的类型，分析客户异议的原因，并掌握处理客户异议的方法和技巧，是达成交易和客户满意的关键。

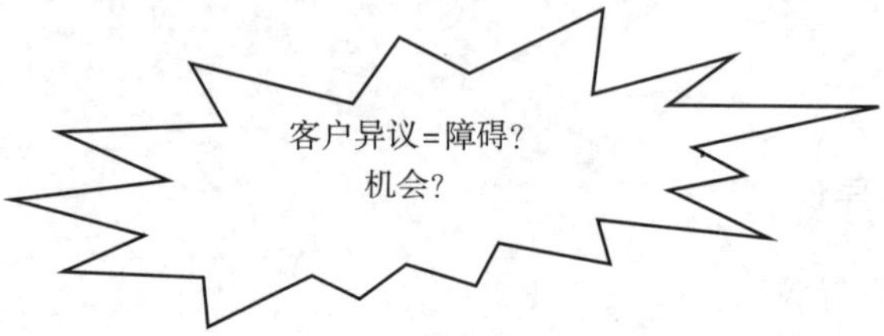

图 8－2　客户异议的两面性

(二)对待客户异议的态度

客户异议具有双面性，它既是推销的障碍，也是成交的信号。在销售活动中，客户异议的产生是必然的，汽车销售顾问应采取正确的态度对待待异议。对于客户异议的态度如图 8－3 所示。

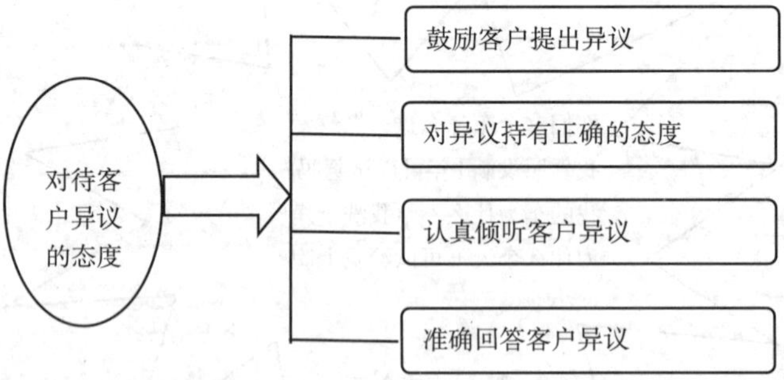

图 8－3　客户异议的两面性

1. 鼓励客户提出异议

客户有异议表明对汽车感兴趣，有异议意味着有一线成交的希望。汽车销售顾问通过对客户异议的分析可以了解对方的心理，知道客户有何疑虑，从而按病施方，对症下药，对客户异议做出圆满答复。

2. 对异议持有正确的态度

客户对汽车销售顾问提出异议,对产品介绍和洽谈的效果会起到一定程度的负面作用,甚至直接阻碍销售洽谈的正常进行,干扰汽车销售顾问的思路、影响成交的结果。

从另一个角度理解,客户异议使整个销售过程进入了一个双向沟通的环节,表明客户对产品产生了兴趣,只是存在疑虑。汽车销售顾问可以从中明确客户对销售建议所能接受的程度。如果此时汽车销售顾问积极对待客户异议,迅速地修正销售技巧,并采用正确、恰当的方法因势利导,消除客户的忧虑,就能使沟通工作顺利进行下去。

3. 认真倾听客户异议

倾听,不仅可以表明汽车销售顾问对客户的重视和尊重,而且可以促使客户发表意见。汽车销售顾问切忌在客户发表异议过程中表现出三心二意,或不耐烦的态度和行为,否则会使客户认为汽车销售顾问缺乏诚意。汽车销售顾问应对客户提出的异议表现出极大的兴趣和热情,并从客户的表情、肢体动作等方面分析异议产生的原因。

4. 准确回答客户的疑问

客户在谈话中,可能会提出一系列疑问要求汽车销售顾问回答。对此,汽车销售顾问不应回避,应依靠汽车4S店的大量相关资料的支撑和对客户异议的真实了解,再加上个人的自信,有条有理,从容不迫,不伤和气地向客户一一做出解答。

(三)辨别客户异议的虚实

1. 真实的异议

客户由于暂时没有需要或对汽车不满意、或抱有偏见而表达出来的异议往往是真实的异议,这些异议主要表现在价格太高、质量问题、对售后服务的担心、对交易条件不满、对汽车厂商不满、对销售人员不满等。

(1)价格太高

汽车销售顾问最常见的客户异议就是价格问题。销售顾问必须做好的心理准备是,客户只会强调产品价格高,而不会对销售人员讲价格太便宜。因此,面对客户提出的价格太高的异议时,销售顾问首先要明白这种异议是一种绝大多数购买者所具有的自然反应。尤其是在客户接待初期就进入价格战。

(2)质量问题

汽车产品的相对价格一般都比较高,对中国的消费者来说是一个不小的数目,同时驾驶汽车又是一件"人命关天"的事情,所以汽车购买者更加关心汽车的质量问题。消费者一方面从新闻媒体、社会传闻中得到大量的有关汽车质量方面的不利信息;另一方面从新闻媒体、社会传闻中得到大量的有关汽车销售顾问所做的有关汽车质量的解释或说明有意见,特别是对那种"不着边际的夸夸其谈"抱有怀疑和不信任,这些都会造成客户对汽车质量的异议。

(3)对售后服务的担心

汽车产品的使用寿命比较长,使用成本也比较高,所以成熟的消费者更加关注企业的售后服务。很多客户担心售后服务不够周到,也有的客户担心特约服务网点不够多、维修不方便、维修企业的技术能力不够。总之,购买者通常认为:买车之前你什么都说好,买完之后有了问题谁也不管,到处"踢皮球",更谈不上服务态度了。

(4)对交易条件不满

交易条件也是一种客户经常提出的异议,如降价、让利的幅度、现金折扣、赠送的礼品、免费保养的次数、车辆的装潢美容、付款方式、交车的时间等。多数购买者希望买车时能得到更多的实惠。

(5)对汽车厂商的不满

客户对汽车厂商的异议可能来自竞争对手的宣传、朋友的抱怨、媒体的负面报道等,也有的客户可能因为汽车厂商或汽车品牌的知名度不高而出现担忧。因此,汽车销售顾问销售的不仅仅是汽车,还应包括汽车生产商和汽车品牌。

(6)对销售人员的不满

销售顾问的某种语言或行为可能引起客户的异议。例如销售顾问衣冠不整、态度不好、三心二意、敷衍了事、业务生疏、夸夸其谈、轻视怠慢顾客等。所以,汽车销售顾问在向客户销售汽车时,先要销售自己。汽车销售顾问不能给客户留下好印象,就不会得到客户的信任。

2. 虚假的异议

(1)消费者心里比较喜爱某种车型,但是嘴上却提出一些异议来,目的是迷惑汽车销售顾问,造成一种假象,为自己争取有利的交易条件。

(2)会用借口、敷衍的方式来应付销售人员,目的就是不想和销售顾问进行实质性洽谈,不是真心实意地进入到销售活动中来。

3. 隐藏的异议

隐藏的异议是指客户并不把真实异议说出来,其目的是要借此假象达成隐藏异议解决的有利环境。

二、分析客户异议产生的原因

汽车销售顾问在与客户进行沟通时,需要了解客户产生异议的主要原因是什么,才能针对问题找出解决异议的方法。客户异议产生的原因主要体现在客户、产品、价格、服务这四个方面,见表 8-1。

表 8-1 客户产生异议的原因

主要方面	具体原因
客户方面	(1)客户的需求; (2)客户的保养意识; (3)客户驾车习惯; (4)客户偏见
产品方面	(1)产品自身的价值; (2)产品的功能和质量; (3)产品的外形和样式; (4)产品的利益

（续表）

主要方面	具体原因
价格方面	(1)价格过高； (2)价格过低； (3)讨价还价
其他方面	(1)服务人员的个人因素； (2)服务信誉不好； (3)服务信息欠缺； (4)服务环境不佳

(一)客户方面的原因

1. 客户的购买习惯与消费经验

每个客户都是一个独立的主体，都有自己的见解和思维，客户在购买一辆汽车时都会有意无意地通过各种渠道学习、认知有关汽车相关知识。一般来说，所买的车辆越贵，购买频率越低，经济实力较差，学习的时间就会越长，久而久之，就会形成一个固定的概念，在头脑里就会有一个习惯性的认识。例如，多数人在听到日系车时的反应是：经济、省油、车身钢板薄、安全性差；而在听到美系车时的第一反应是：安全性强、舒适度较好，但费油。这一习惯性思维造成客户对某一品牌的车先入为主，或“情有独钟”，或“不屑一顾”。要改变这种思维方式最好是取得客户的信任，否则销售顾问很难用讲解的办法来克服客户的拒绝心理，只能是让客户在实践中改变自己的认知。

2. 客户的情绪

客户的心情也是客户产生异议的原因。当客户心情不佳时，他会受情绪的影响，故意提出各种异议，发难甚至恶意反对，有意阻止成交。

3. 客户的购买意愿

这是由于客户的购买意愿没有被完全激发出来，前面的产品介绍没有成功，没有得到客户的确认。这就要求销售顾问在介绍产品和试乘试驾时要有针对性。

4. 客户的需求

当客户的需求无法满足时，客户会产生异议，因而无法继续买卖行为。

5. 客户的支付能力

汽车的最终售价与客户的心理价位不符，客户的预算不足，支付能力有限，而对价格产生异议。

6. 客户抱有隐藏式的异议

客户心里有某种异议，但又不愿直说，便会提出其他各式各样的异议。原因是客户可能听到了不正确的信息，或者受到了竞争对手的恶意诱导，或者是客户没有理解销售顾问的真实意思。

(二)产品方面的原因

有时候，产生异议的原因在于产品，主要包括以下几点。

(1)产品品质、等级、功能、包装、服务等方面无法让客户满意。

(2)产品无法满足客户的需要,如果客户的需要不能充分得到满足,那么客户就会不认同汽车销售顾问提供的产品或服务。

(三)价格方面的原因

价格方面的原因主要表现为客户对产品的价格过高、过低和讨价还价这三个方面。在现实的销售活动中,价格方面的异议已经成为销售顾问与客户之间谈判的焦点,价格方面的原因使客户在销售过程中提出异议是比较常见的。一般表现为顾客认为价格过高,从而与销售顾问进行讨价还价。因此议价也就成了销售顾问要掌握的重要能力之一。

1. 价格过高

(1)通过竞品比较

一般而言,客户在购买汽车产品之前,会通过种种渠道先了解到目前的优惠促销情况,或者客户对市场上同类产品的价格已形成了自己的看法,将此产品的价格与之相比较,认为你的产品价格过于昂贵。

(2)销售顾问初次报价

有的客户会通过销售顾问初次报价后的推算,心中确定了一个自认为合理的价格,然后再和销售顾问谈判。

(3)客户自身购买力有限

客户由于购买力原因,虽然对产品有需求,但缺乏足够的支付能力,因为认为产品价格过高。

(4)客户试探性询价

客户以价格贵为由来试探销售顾问,看是否仍有进一步降价的可能,以实现自身利益的最大化。

(5)客户自身原因

有些客户无论对什么产品,都觉得对方报价贵,因而无论对方报什么价,都要讨价还价。

(6)客户无意购买

客户根本无意购买产品,只是以价格高为借口摆脱销售顾问,对这种情况,销售顾问应能有所判断,避免销售资源的浪费。

2. 价格过低

在某些情况下,客户因销售商品的价格过低而拒绝购买产品,这种情况一般较为少见,且一般发生在冲动且感性的客户身上。主要受以下因素的影响:

(1)客户经济条件较好,没必要购买价格低廉的商品,认为购买价格低的产品会影响其社会地位或品位等。

(2)客户心里有种“便宜没好货,好货不便宜”的想法,产品价格低,就担心产品会在制造成本、安全性、工艺水平、质量等方面存在一定的瑕疵而拒绝购买。

3. 讨价还价

对于客户认为价格过高的产品,但确实对该款车型存在购买欲望的话,必然要与销售顾问进行讨价还价。

(1)自身利益

一般而言,客户往往出于利益的考虑,大多希望购买到物美价廉的产品。

(2)攀比心理

有的客户出于攀比心理,希望自己购买到的产品总比其他人的价格更低些。

(3)心理满足

在日常的汽车销售活动中,客户希望在自己的购买行为中,通过与销售顾问讨价还价以显示自己高超的谈判能力,从而获得心理上的满足。

(4)获取底价

有的顾客虽然和销售顾问谈的情真意切,但此类客户最终不会在这里购买产品,而是通过讨价还价获较低的价格,做到心中有数。然后拿着获得的底价到同城其他店内向销售顾问施压,从而占领谈判中的主导地位,同时获得比之前更低的价格。

(5)消费经验

有的顾客根据自己的消费经验,认为销售顾问初次报价大多都有“水分”,希望通过讨价还价,迫使销售顾问给出更低的价格或获取更多的赠品。

(四)其他方面的原因

除上述原因外,引起客户异议的原因还可能有以下几种:

1. 经销商方面的原因

(1)有些经销商的行政管理很不到位,责任心严重缺失,比如冷热天不开空调,提供给客户的饮料品种较少,展厅清洁不到位等都会引起客户的异议产生。

(2)销售管理部门有时也经常出错,比如客户订购的车型迟迟不到,或颜色、配置有别,还有出现一车两卖等情况,从而引发客户异议。

(3)当有的销售顾问无法解决客户的异议之后,有时会请管理人员出面解决,但有的管理人员姿态过高,对客户的异议不引起重视,因而引起客户更大的异议。

(4)有些经销商在信誉方面存在严重的问题,主要表现在承诺客户的无法兑现或存在拖、赖、推等现象,给客户留下不好的印象,从而引发客户异议。

2. 汽车销售顾问的原因

(1)销售顾问自身的行为举止和态度让客户反感;

(2)销售顾问在介绍产品时夸夸其谈,客户怀疑不真实;

(3)销售顾问在介绍产品时过多地使用专业术语,客户不理解,但又不好意思问;

(4)销售顾问说得太多,听得太少,以至于没有清楚客户的真实意思;

(5)销售顾问在介绍产品时与客户发生争执甚至抬杠;

(6)销售顾问没有给予客户应有的尊重;

(7)销售顾问在介绍产品时事实调查不正确,引用了不准确的资料;

(8)销售顾问故作姿态,让客户难堪。

3. 交货时间的原因

客户由于交货时间不能达到要求而提出异议。

4. 企业信誉的原因

客户因企业规模小、知名度低,或由于过去某种原因使企业信誉不佳产生异议。

【任务实施】

每3～4人一组进行客户异议识别训练。一人作为销售顾问,其余的人扮演客户,然后互换角色训练。

【任务评价】

序号	考核项目	评价	分值	实际得分
1	辨别客户异议的虚实			
2	对待客户异议的态度			
3	客户异议产生的原因			
总体评价与得分				

任务2　处理客户异议

【任务描述】

公司培训课上，培训师问汽车销售顾问“你们在汽车销售过程中，常遇到哪些头痛、难缠的问题?”学员小李说：“我常遇到客户向我提出异议，比如说价格太高了，要我让价。”学员小王说：“我也常遇到，几乎每一个客户都提出异议。如别的店都送汽车装潢，你们怎么不送啊，甚至还有怀疑我们售后服务的能力等。”

确实，在销售过程中，销售人员经常会遇到来自客户的各种异议，作为一个汽车销售人员，一定要明白，汽车是一个特殊的商品，客户向你提出异议，恰恰是销售的真正开始。只有与客户进行协商，解决了客户的异议，才能达到最后的销售目标。

【学习目标】

(1)能够用正确的方法处理客户异议。
(2)能够掌握正确的方法和技巧处理客户异议。

【学习准备】

(1)客户异议处理的态度；
(2)客户异议处理的方法；
(3)客户异议处理的技巧。

知识点	

技能点	

【知识讲解】

一、客户异议处理的准备

汽车销售顾问在处理客户异议时，需要做好各种准备工作，以便在处理异议时，可以做到应对自如。

1. 业务知识

销售工作与其他工作一样，想要精通业务，就必须努力学习。对于汽车销售顾问来说，业务知识所涵盖的范围比较广泛，其知识面越广，在销售过程中也就越有主动权。

2. 心理

汽车销售顾问从心理上一定要正确对待客户异议。客户提出异议虽然是销售障碍，但也是考察目标客户心理反应的指示器。汽车销售顾问应欢迎客户提出异议，以冷静豁达的态度去对待它。

事实上，客户毫无异议地接受产品的可能性微乎其微。优秀的汽车销售顾问大都欢迎客户提出异议，他们认为异议有助于销售，而最难成交的正是那些对产品毫无兴趣和异议的客户。

汽车销售顾问必须具备良好的心理素质，心理脆弱或精神颓废的人要想做好销售工作就要比常人付出更多的努力，要坚定信念，不惧困难，勇往直前。

3. 应对方法

优秀的汽车销售顾问除了要具备丰富的专业知识、良好的心理素质外，还要掌握各种应对客户异议的方法，并把这些方法熟练地运用到销售过程中，才能最终达成交易。

二、客户异议处理的态度

我们已经知道客户在购买过程中出现异议往往不可避免的。客户异议有时虽然是成交的障碍，但同时我们也应该看到，客户产生异议是对产品产生了兴趣，若异议处理恰当，反而能促使销售活动进一步进行下去。所以处理好客户异议往往被认为是销售成功的关键。销售顾问在处理客户异议时应持以下态度。

1. 情绪轻松，不要紧张

销售顾问要认识到客户异议是客观存在的，在心理上应有足够的承受能力。当客户提出异议时，我们应冷静思考且积极应对。最忌讳有些心理不成熟的销售顾问在遇到客户异议时情绪波动较大，有的怨天尤人，有的甚至对客户采取不友好的行为，这样极有可能导致交易的失败，即使侥幸成功了，那也无法保证客户的完全满意，最后还是失去了一位忠诚客户，严重的还会影响到客户对公司产生不好的印象。

2. 认真倾听，积极配合

客户产生异议后，销售顾问应该接受客户的意见并表示对客户的尊重。即使有的客户异议不是很合理，销售顾问也不应该置之不理，而是应该积极表示欢迎和感谢，并仔细聆听客户的意见。这样，当你回应客户异议时，客户也会比较容易接受你的意见。

3. 重述异议，证明了解

由于汽车产品的特殊性，客户对问题的描述有时不尽准确，销售顾问应向客户重述其所提出的异议，表示已理解客户所要表达的意思。必要时可询问客户，确认异议内容是否准确，并对某些异议予以诚恳的赞同。

4. 谨慎回答，保持友善

一般来说，销售顾问应以沉着、坦白、直爽的态度，必要时要以有关事实、数据、资料或证明来回答客户所提出的异议。措辞须恰当、语调须温和，并在和谐友好的气氛下来解决客户的异议，千万不能信口开河，胡编乱造或掩盖事实真相，以免激怒客户。

5. 尊重客户，灵活应对

销售顾问切不可忽略或轻视客户的异议，以避免客户产生不满或怀疑，使销售活动无法继续下去。销售顾问也不可生硬地直接反驳客户，如果粗鲁地反对客户的意见，甚至指责客户愚昧无知，则会引起客户的极度不满，以至于交易的失败或客户满意度的降低。

6. 及时避开，保留退路

由于销售顾问的素质参差不齐，所以并不是所有销售顾问都能解决每一个客户的异议，但销售顾问在洽谈时所持有的态度及采用的方法，对未来能否继续和客户交流都有很大的影响。如果要根据谈判的情况认为一时不能成交，那就应该保留一此客户的异议，可以作为跟进或回访客户的理由。同时销售顾问还应该具备时刻面对挫折的心态。

三、客户异议处理的技巧

1. 认真倾听

面是客户的异议，汽车销售顾问不要紧张害怕，首先要弄清楚客户异议的真实来源和异议的真实目的。要做到这一点，汽车销售顾问必须仔细认真地听完客户所说的“异议”的细节，弄清楚原因才好对症下药。倾听，这是对客户的尊重。然后表示认同，这也是情感认同法！人逢知己千杯少，话不投机半句多！不能让客户带着情绪和你谈话。可以说：“只有学会倾听，才会学习销售。”

2. 重复和认同回应

重复和认同回应的目的在于通过回复客户“异议”提出的问题或及时认同回应等动作来达到以下目的：

(1)告诉客户“我”在听你说话，我很尊重你。

(2)让客户“降温”。

(3)让客户感到他的问题得到销售顾问的关注。

(4)缩短了买卖双方的距离。

(5)找到客户异议的真实来源。

汽车销售顾问可以用“我没理解错的话，您刚才说的是……”和“您的担心没错，很多购买我们车的客户之前也都关心过这个问题!”这类语言表示重复和认同回应。

3. 提出证据

解答客户异议的最好方法就是用事实说话。汽车销售顾问应在平时多收集一些对自己有利的证据放在手边。可用的证据包括:汽车4S店准备的销售车型和竞争对手车型的资料、专业刊物、报纸文章、检测结果、参考资料、客户证明、试乘试驾相关资料等。

4. 从容解答

依靠汽车4S店的大量相关资料的支撑和对客户异议的真实了解,再加上个人的自信,有条有理,从容不迫,不伤和气地向客户一一做出解答。

四、处理客户异议的方法

1. 忽视法

忽视法是当客户提出一些反对意见,并不是要真的要解决或讨论,这些意见和眼前的交易扯不上直接的关系时,汽车销售顾问只要面带微笑同意他就好。对于一些“为反对而反对”或“只是想表现自己的看法高人一等”的客户意见,如果认真地处理,不但费时,还有节外生枝的可能,因此,汽车销售顾问只要让客户满足了他表达的欲望,就可采用忽视法快速引开话题。常用的“忽视法”有微笑和点头(表示“同意”或“听了你的话”)、“您真幽默”“嗯!高见”等。

2. 补偿法

当客户提出异议且有事实依据时,汽车销售顾问应该承认并欣然接受。强力否认事实是不明智的举动,但要设法给客户一些补偿,失之东隅、收之桑榆,让客户取得心理上的平衡,即让客户产生两种感觉:产品的价格和售价一致;产品的优点对客户而言是重要的,产品没有优点对客户而言是不重要的。世界上没有十全十美的产品,人们会认为产品的优点越多越好。其实,真正影响客户购买决策的关键点不多,补偿法能有效地弥补产品本身的弱点。补偿法的运用范围非常广泛,也很有实际效果。例如,有的客户嫌车身过短时,汽车销售人员可以告诉客户“车身短有助于你方便地停车”。

3. 太极法

太极法是当客户提出某些不购买的异议时,销售人员能立刻回复说:“这正是我认为你要购买的理由。”人们在日常生活中也经常碰到类似太极法的说辞,例如,客户说:“收入有限,付了车款后没有钱买车的全险了。”销售人员说:“就是因为收入有限,才更需要购买全险,以获得保障。”

太极法异议多半是客户通常不十分坚持的异议,特别是客户的一些借口。太极法最大的目的是让销售人员通过处理异议而迅速地陈述他能给客户的利益,以引起客户的注意。

4. 询问法

要想弄清楚原因,就要学会提问。给客户一个解释的机会,一旦客户说出为什么担忧,销售顾问就可以利用。询问法在处理异议中扮演着两个角色。

首先,通过询问,可以把握住客户真正的异议。销售人员在没有确认客户异议重点及程度前,直接回答客户的异议可能会引起更多的异议,从而使销售人员自困愁城。销售人员的字典中,有一个非常珍贵、价值无穷的字眼“为什么”,请不要轻易放弃这个利器,也要过于自信,认为自己已能猜出客户为什么会这样或为什么会那样,要让客户自己说出来。当汽车销售顾问问为什么的时候，客户必然会做出以下反应：他必须回答自己提出反对意见的理由，说出自己内心的想法；他必须再次地检视他提出的反对意见是否妥当。此时，销售人员能听到客户真实的反对原因及明确地把握住反对的机会，他也能有较多的时间思考如何处理客户的反对意见。

其次，通过询问，直接化解客户的反对意见。有时销售人员也能通过反问的技巧，直接化解客户的异议。"您为什么会这样想呢？""您怎么想到问这个问题呢？""您是如何听到这个消息呢？""您真正的意思是……"这些都可以运用。

5. 欲擒故纵法

当个人的意见被别人直接反驳时，内心总会感到不快，甚至会很恼火。如果客户遭到一位素昧平生的销售人员正面反驳时，会恼羞成怒，即使销售人员的话是正确的，而且并无恶意，也会引起客户的反感。因此，销售人员最好不要开见山地直接提出反对的意见。在表达不同意见时，可以采用欲擒故纵的方法，采用"是的……如果……"的句法，软化不同意见的口语。

例如，客户说："这部车的总价太高，我没法马上支付。"销售人员回答："是的，我想大多数的人都和您一样是不容易立刻支付这样一大笔钱的。根据您的收状况，如果您年终奖金多支付一些，其余的部分采用分期付款的方式，您支付起来一点也不费力。"

. 直接反驳法

在处理客户异议时，前面已多次强调不要直接反驳客户，因为直接反驳客户容易陷于与客户争辩而不自知，往往事后懊恼，却已经很难挽回。但有些情况你必须直接反驳以纠正客户的错误观点。当客户对企业的服务、诚信等实质性问题有所怀疑或当客户引用的资料不正确时，你就必须直接反驳，因为客户若对你的企业服务诚信有所怀疑，你拿到订单的机会几乎是零。例如，客户说"我在网上的论坛里看到你们企业售后服务非常不好"，销售人员回答"我相信您看到的一定是个案，有这种情况的发生，我感到非常遗憾。我们的售后服务人员都是经过厂家严格的培训后上岗的，无论维修技术还是服务水平都是一流的，我们还提供24小时服务"。使用直接反驳技巧时，在遣词造句方面要特别留意，态度要诚恳，本着对事不对人的原则，切勿伤害客户的自尊心，要让客户感到你的专业与敬业。

五、客户价格异议的处理

在所有的客户异议中，真正最难处理、最棘手的就是价格异议。其他方面的异议都有可能避免，唯独价格方面的异议不能避免。这就是在这里单独提出来的原因。

价格问题，永远是买卖双方最敏感的话题，也是在汽车销售中遇到的最多问题。消费者在购买汽车时，往往都对汽车价格做过了一些市场调查，货比三家，有备而来，即使没有做过调查，也会通过价格异议为自己争得价钱方面的利益和实惠。对于价格异议，汽车销售顾问可以采用以下几种方法解答。

1. 把客户从价格问题引导到价值问题上

比如销售顾问可以告诉客户这辆车的品牌效应是别的汽车不能比的，汽车厂商、汽车专营店的口碑和服务也是别的公司不能比的，用性价比来说服客户。

2. 大胆的询问

当客户提出某某店某某车价格便宜时，汽车销售顾问可大胆地询客户别的车是什么车，他们报价多钱。询问这两个问题之后就可以有不同的应对方法。如果客户报不出来，说明客户说谎，就是为了砍价。如果报出来，就问排量一样吗，配置一样吗，不一样，就讲我们的优势卖点。总之，不仅要比价格，还要比品质，还要剖析竞争对手送给客户优惠的"含金量"。

3. 运用价值比较法

古人云"一分钱，一分货"，这句话还是很有道理的。汽车销售顾问要让客户明白价格与价值之间的对应关系。例如："您住五星级饭店与您住三星级的饭店所享受的服务舒适度肯定也不一样，因此这两种不同星级的饭店的价格自然也不一样，五星饭店的价俗高，是因为它提供的服务水准高。我们为客户提供的不仅仅是汽车，还是有服务和形象。"汽车销售顾问可以用"我们可以置换""保险管家""VIP 客户""自驾游""售后活动""24 小时免费救援""售后打折卡(金额不能大，大了客户就不信了)""个人服务"等语言解答客户问题。

4. 将顾客置于使用状况

(1)精打细算

客户买车是要用的，汽车的使用成本也很高，销售顾问可以用精打细算的方法解答客户的价格异议。例如，"我们这些服务也是可以换成钱的！如洗车、24 小时服务、保险理赔等。"

(2)个人情感

销售顾问可以利用与客户建立的客情关系，用自己真诚的言行举止来打动客户。比如，"我的服务您认为怎么样？我们也打了 3 个月的交道了，都成为朋友了，您应该是了解我的能力的，您说以后我在其他地方随便给您找补找补，这也值一些吧！"

5. 照顾客户情绪

一般情况下汽车销售方为照顾客户情绪总是在价格上给予一定的优惠，这是必需的。但是要注意以下几个方面：

(1)尽量送实物，少降价。

(2)暗示自己权力有限，现在的优惠已经是勉为其难了。

(3)最失败的价格异议处理就是让对方得寸进尺。

【任务实施】

将学生分组(2～3 人一组)，每组分别由学生扮演汽车销售顾问及顾客，请学生设计销售情境，并模拟解答客户提出的异议的工作过程。

【任务评价】

序号	考核项目	评价	分值	实际得分
1	处理客户异议的准备		25	
2	处理客户异议的方法		25	
3	处理客户异议的技巧		25	
4	客户是否满意		25	
总体评价与得分				

【学习评价与反馈】

一、学习过程评价

站在汽车销售顾问的角度回答下列问题?

(1)如何理解“客户的异议不可避免”这句话?

(2)客户为什么要提出虚假的异议?如何处理客户的虚假异议?

(3)请你描述为从容解答客户的异议,汽车销售顾问应做好哪些准备?

根据上述资料,以小组为单位,对上述问题回答情况进行成果展示与反思,在成果展示过程中进行小组间互评和教学点评,评价见下表。

考核评价表

评估等级 评估指标	好	一般	差
实训准备 (10分)	能够通过各种渠道对汽车销售中异议处理环节的相关内进行精心准备	能够事先对汽车销售中异议处理环节的内容准备,但是不够充分	无准备
学习参与度 (20分)	小组成员积极主动参与活动,学习热情高涨	小组成员积极主动参与活动情况一般,学习热情一般	小组成员缺乏积极主动性,学习热情较差
服务礼仪 (10分)	能够按照汽车4S店服务要求礼貌待客,取得顾客的好感	基本能按照汽车4S店服务要求礼貌待客,但有所欠缺	不符合汽车4S店服务要求,缺乏热情
知识运用 (40分)	能够认真聆听顾客情况,帮助顾客解答问题,结果让顾客满意,回答问题正确率在80%以上	基本能够认真聆听顾客情况,帮助顾客解答,结果让顾客比较满意,回答问题正确率在60%以上	不能认真聆听顾客情况,不能帮助顾客解答,结果让顾客不满意,回答问题正确率在60%以下
表达分析能力 (20分)	表情诚恳、逻辑关系清晰、行为举止自然规范、语言表达能力强、知识面宽	表情诚恳、逻辑关系较清晰、行为举止比较自然规范、语言表达能力较强、知识面较宽	表情不诚恳、逻辑关系不清晰、行为举止不自然规范、语言表达能力较弱、知识面较窄

二、学习效果评价

(一)根据本任务所学知识,做出正确的选择和判断

1. 下列异议中,哪些是属于客户的原因(　　)。

A. 客户的惯性思维　　B. 销售顾问的行为举止

C. 汽车的安全性差　　　　　　　　D. 客户与销售顾问发生争执

2. 用“是的……如果……”的句法应对客户异议的方法是(　　)。

A. 太极法　　　　　　　　　　　B. 欲擒故纵法

C. 忽视法　　　　　　　　　　　D. 直接反驳法

3. 处理客户异议的技巧有(　　)。

A. 认真倾听　　　　　　　　　　B. 重复和认同反应

C. 提出证据　　　　　　　　　　D. 从容应答

4. 尽管汽车销售顾问的产品介绍已经很完美了，也可能引出顾客的不满和异议。(　　)

5. 为了应对客户的异议，汽车销售顾问应多收集对自己有利的证据。(　　)

(二)根据本任务所学知识，谈谈你的看法(案例分析)

来自一汽大众的案例

销售顾问：入行时间不长的女销售。

顾客：一对年轻夫妇，对车不是很了解。丈夫是IT公司白领，事业正处在上升期，有驾照，但是没有怎么开过车。妻子正在考驾照。

意向车型：不确定。顾客正处理在购买初期，对所有产品知识都非常感兴趣，进入展厅之后，几乎把所有的车型都问了一个遍。在经过将近一个小时的询问之后，双方都坐下来进行新一轮“谈判”。

男顾客：小李啊，刚才听你介绍了这么多，总体感觉一汽大众这几款车的技术还是很先进的。

销售：是啊是啊，我们一汽大众的产品一向是以做工精良、技术先进赢得市场的，每一款车型都比同价位的其他车型更耐用(优点陈述)，挺适合家用的。特别是××××，是我们这卖得最好的，我看也是非常适合你们的。

男顾客：还过我有一个疑问，迈腾全系车的技术含量都很高，但是质量上能保证吗？(自发异议，表示对质量关心。思考：顾客为什么会这么问？)

销售：这个您尽可放心。我们一汽大众的产品质量都非常有保证(优点陈述)，特别是现在，推出了2年6万公里的整车质保期，对DSG变速箱进行4年10万公里的质量担保(特征陈述)，这是国内最长的质保期(优点陈述)。您说这质量还有什么不放心的呢？

女顾客：质保期是什么意思？

销售：就是质量担保，在4年或者是10万公里之内，变速箱出了什么问题，厂家都有担保，对家用车来说非常合适。

女顾客：那只管变速箱，别的就不管了吗？(招致异议)

销售：当然不是了，整车质保2年或6万公里，只是变速箱是关键部件，所以保4年或10万公里，这个超长的质保期可是国内独一无二的，别的厂家根本没有。这也说明一汽大众的产品质量过硬。

女顾客：那为什么别的厂家没有？是不是你们的车有什么特别的问题？要不然为什么那么多厂家只有你们才有这么长的质保期？(招致异议，顾客仍然对“超长的质保期”有所怀

疑,不认可)

销售:这个倒不是……(思索对策)

男顾客:小李啊,刚才我可能没说清楚,我的意思是说,嗯,就像电脑一样,有的时候并不一定技术含量越高越好,我是干 IT 的我很清楚,有的国产机器也有很高的技术含量,特别是山寨机,但是并不是说它们的质量就好,反而技术含量越高就越容易死机(这是顾客真实的观点,是他的职业特点决定的)。而进口机器或者是合资大品牌质量就是好,用起来放心。杂牌机倒是有质量担保,老出毛病,老是修,那谁受得了啊,是吧。

销售:对对,您说的是,您先坐,我给二位倒杯水去。(销售还算有一点经验,考虑到没有把握继续这个话题,就没有勉强,倒水之后就把话题岔开了)

(三)情景演练

1. 情景导入

客户王先生和老婆前来看车,王先生比较懂车。因为老婆刚换了工作单位,准备给老婆买个车作为代步工具,王太太之前和丈夫的朗逸练过手。

销售顾问小李已从事汽车销售工作 3 年多了,在客户接待和需求分析环节,小李已经了解到王先生夫妇的需求,并建立了融洽的沟通氛围,现在正在推荐给王先生夫妇的是 2011 款悦动 1.6L 自动豪华型车型,王先生提出了试乘试驾的要求……

2. 演练脚本

小李:真不好意思,我们试驾车正在被别的客户试乘试驾,需要你们等一会,大概需要 15 分钟左右吧,要不我先介绍其他方面吧?

王先生:没关系,不着急。哎,小李啊,北京现代车的质量是不是比大众或通用的车的质量要差一点啊?(对于质量的自发异议,代表客户对于质量的关注,客户暂时占据了销售过程的主动)

小李:王先生,看来您买车考虑的还挺全面的。其实不管买什么东西,大家肯定最关心的就是质量。要不然车子再漂亮,功能再多,老出毛病谁也受不了,您说是吧?(异议处理第一步:明确异议所在。在接受事实的基础上赞美客户,属于基本但又非常实用的沟通技巧)

我接触过这么多客户,大家其实对汽车质量都是非常关心的,但是我发现有的客户,特别是那种开了很多年的老驾驶员,他们觉得一款车要是质量好的话,应该是可以开个十年,或者什么几十万公里无大修。只是现在的人又有哪个买车能开到十几或几十万公里呢?况且汽车的正常换购周期在 5 年左右,家用车一般 1 年也最多开个 2 万公里,您说一辆新车用于家用的,又能出什么质量问题呢?(异议处理第二步:同意并中立化。分解客户异议,关注客户真正需求点)。你要是不放心的话,我们北京现代厂家还推出了一项同级车所不具备的服务。

王先生:什么服务啊?

小李:王先生,我想您也知道,厂家对汽车的质保期一般也就 2 年/6 万公里是不是?(寻求客户认同)

王先生:是的,我的朗逸就是 2 年/6 万公里质保期的基础上,还对我们车辆的动组合实行 5 年/10 万公里的超长担保,其实汽车上最贵的也就是发动机和变速箱了,有了这个保障,您还有什么好担心的呢?(异议处理第三步:提供解决方案。为客户消除异议。)

王太太：哎，还真是不错，我一个同事就开这款车，她对这款车的评价还不错。（异议处理第四步：获得双方认同。客户获得利益，才能消除异议，化解异议才是销售工作的助推器）

王先生：那小李你看我们试驾一下，如果满意的话我们今天就在你这把车定了！

小李：好的，王先生，请出示一下您的驾照，我来为您办理一下试乘试驾的相关手续。

3. 情景演练

（1）全班分成 3 组，并选举小组长。

（2）演练开始前，指导老师扮演客户带领学生集体朗读脚本内容。

（3）各小组利用 15min 时间进行小组内部的演练，并按表 5－4 分析脚本内容；

（4）各小组组长各选 2 名成员，在脱稿的情况下推选组员将演练脚本轮流演练一遍，每组时间为 5min。

（5）演练的同时，其他同学认真聆听，并记录演练人员的演练过程。

4. 学习评估

各小组演练完毕之后，由指导老师带领其他小组一起参与演练过程的讨论和点评，相关评估标准如表 8－2 所示。

表 8－2　评估标准

评估重点	满分	得分	原因分析
演练时间的合理性	20		
是否在对话过程中始终尊称客户“您”	20		
脚本内容的熟练程度	20		
对演练过程和演练脚本的总结程度	20		
小组的团队协作能力	20		

学习情境九　报价成交

知识目标

(1)熟知报价成效的流程；
(2)掌握报价成效的技巧。

技能目标

(1)能够在销售过程中根据顾客表现出来的成交信号，准确抓住成交机会；
(2)能根据所学知识进行报价并达成交易的操作；
(3)能够在销售过程灵活运用促成成交的方法和技巧。

情境导入

两天后，那位曾经试乘试驾过的客户再一次到店找到汽车销售顾问小李，表示如果能得到更多的优惠，可以考虑购买那款车辆。现在她已经逐渐成熟起来，克服了汽车销售顾问中普遍存在的那种渴望成交，但又怕遭到客户拒绝的心理，能够充分了解客户的需求和心理，及时发现客户的购买信号，适时建议顾客购买，并通过合理运用多种实用成交的技巧解决价格问题，促进成交。但是她也知道，由于在实际汽车销售过程中，买卖双方的“对立”关系，使得客户对于汽车销售人员总是存在着防范心理，客户往往担心多花钱，担心上当受骗，担心得不到销售人员事先的承诺等，再加上客户少花钱、多办事的消费心理，使得买卖双方在成交前斗智斗勇，充满玄机。

任务1　价格商谈

【任务描述】

通过小李对王先生的各种异议的处理和售前的跟踪回访，王先生今天再次来到了小李的店里，准备和小李就价格进行商谈，如果价格合适的话，王先生就打算和小李签订购车合同了。此刻小李已经和王先生坐在客户洽谈室，就2016款雅阁CVT豪华版车型展开价格商谈。通过本情境的学习，小李将学会如何与意向客户展开价格商谈并促成成交。

【学习目标】

(1)能够运用正确的方法和技巧与客户进行价格商谈；

(2)有效地对顾客进行价格商谈前的心理分析。

【学习准备】

(1)价格商谈心理分析;

(2)价格商谈的技巧。

知识点	
技能点	

【知识讲解】

一、价格商谈的内容

(一)区别询价与议价

图 9-1 中所提出的问题,哪些是询价,哪些又是议价呢?

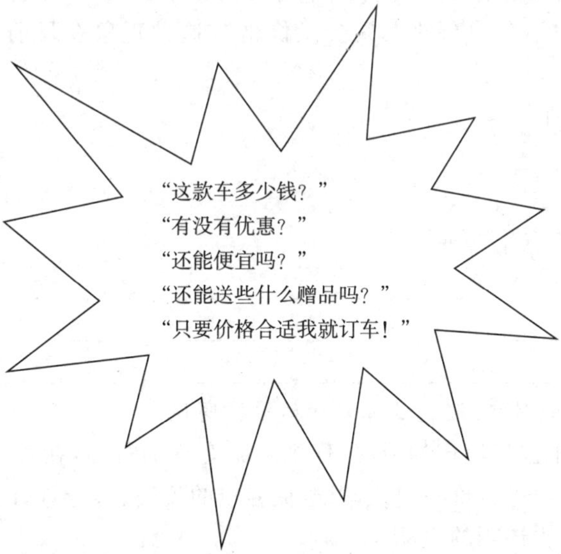

图 9-1　询价与议价

有些刚入职的销售顾问，往往在客户询问某款车的价格时，有的人就会认为客户想进入价格商谈的阶段了，有的甚至直接跳过了产品介绍和试乘试驾等环节，自己主动和客户谈起了价格。其实当客户询问汽车价格及优惠时，销售顾问需要沉着冷静，并仔细分析客户的关注点，搞清楚客户到底只是问问价格还是想得到合适的价格从而实施购买行为，从而根据客户需求正确引导客户。

询价是指客户有意或无意地询问某款车的价格或优惠，而并非马上购买或有购意向，甚至客户对询问的这款车都不是很了解，此时销售顾问只要做出常规报价即可。例如客户会问："这款车多少钱?"或"这款车现在优惠多少?"销售顾问可以回答："您好，这款车目前的售价是 169800 元。"或"这款车目前可以优惠 5000 元。(当然实际可以优惠的一定是大于 5000 元，其实这也是客户的想法)"议价阶段的客户才是我们和客户进行价格商谈的重要阶段。客户经常会问"还能再便宜点吗?"或"还有什以赠品送吗?"等，此时，销售顾问最常用的也是最实用的一句话是："只要您选定车型，价格是没问题的"或"没事，我一定帮您争取一个好的价格"等。

因此，销售顾问在接待客户的过程中，一定要区分清楚客户是询价阶段还是到了议价阶段，这样才能正确把握客户的心理，引导客户适时进入价格商谈阶段。从而提高自己的工作效率。

【想一想】

如果客户讲"太贵了"，你认为客户的真实想法是什么?

____

____

____

作为一名汽车销售顾问，必须保持汽车价格的正常稳定，而不是胡乱地与客户进行价格商谈。俗话说得好"不会谈车的人只会谈价格"，这种现象在目前汽车销售行业里普遍存在。

(二)价格商谈原则

【想一想】

客户购车关心的因素有哪些?

____

____

____

1. 控制价格商谈的时机，避免让客户开始价格商谈

销售顾问一定要把握好销售的节奏，仔细观察客户的行为，在客户露出购买信号时，应当主动出击，主动和客户进行价格商谈，以避免客户的流失。切不可让客户首先提出价格商谈，否则销售顾问会失去谈判的主动权。

2. 不要过早地将客户引导到价格商谈阶段

很多没有经验的销售顾问往往就犯了这样的错误，认为客户买车价格是最重要的考虑

要因素，其实不然。消费者在购买产品的时候，价格只是在排除了产品质量、服务、功能、外形、利益等因素之后才会考虑的重要因素。因此，销售顾问需要在解决客户产品上的异议之后，才能和客户进行价格商谈。不然在一番讨价还价之后，客户还对产品产生异议导致不能购买，那销售顾问所做的一切都白费了。

3. 绝不在价格面前投降

在价格商谈中，有时候销售顾问为完成销售指标或获得订单，会在客户的“威逼利诱”下一退再退，其实这种做法是完全错误的。因为有时价格一降再降，很多客户也是不会买账的。相反，客户会觉得其中有很大的水分，反而会造成交易的失败或失去更多的利润。销售顾问应该在了解客户心理价位和公司优惠政策的基础上，运用恰当的报价和谈判技巧与客户积极地进行价格商谈。

4. 极端情况下的价格让步

在实际销售活动中，往往经销商为了完成任务指标会做出一些极端情况下的价格让步，此种情况下，销售顾问应该时刻关注客户的各种行为，在必要的情况下需要给客户一个台阶下，否则很容易造成交易的失败。

二、顾客进行价格商谈前的心理分析

1. 第一次价格谈判

第一次价格谈判，顾客、销售顾问的心理状态特点如表 9－1 所示。

表 9－1　顾客、销售顾问心理状态

顾客特点	心理状态	销售顾问特点	心理状态
(1)已决定购买某种车型； (2)拿到最低购买价格； (3)成交价格符合自己的心理价格	(1)掩饰自己的购买欲望； (2)担心会被欺骗，原购车辆价格不是最低的； (3)探寻销售顾问底价	(1)急于成交； (2)弄不清客户的心理价位； (3)对于客户讨价还价束手无策	(1)担心所给的优惠，一再要求； (2)担心所给的优惠，客户拒绝

2. 价格商谈前暗示铺垫

价格商谈前的暗示铺垫对议价成交很重要，销售人员应该掌握以下步骤，见表 9－2。

表 9－2　价格商谈前的暗示铺垫步骤

步骤	内容	举例
第一步	价格谈判前的车价暗示	我们是一家诚信专业、有服务保障的经销商； 主动透露暗示出客户的成交价； 充分证明现推荐车型是最符合其购车需求的
第二步	重温熟悉感	在客户进店的时候就叫出客户的姓(名)，并记录客户的关注车型； 再次总结提示客户对车的最关注要点与需求； 提示前几次来访时的情景(第一次天气、陪同人员、试驾插曲、特殊情况等)

（续表）

步骤	内容	举例
第三步	简单提示一下 这些日子的变化	车市的变化：货源与价格——最近货源情况，车价变化； 4S店的变化：销量与活动——您看上去的那款车又卖出去三台/最近的厂家活动； 个人的变化：业绩——我这个月销售业绩不错； 客户的变化：行业变化、个人精气神等——行业景气程度/越来越精神了/换了发型了等

三、价格商谈技巧

价格商谈之前，销售顾问必须邀请客户进入洽谈区域坐下，为客户奉上饮料茶水，销售顾问本人也应该坐下和客户进行价格方面的协商。没有一笔汽车交易是在双方都站着的情况下完成的。

表9-3 价格谈判技巧

序号	议价阶段	应对技巧
(1)	报价前的准备	(1)销售顾问要保证有一套完整的材料以完成这笔交易，所有必要的文件应用一个写有客户姓名的信封装起来，同时准备好所有必要的工具，如计算器、签字笔、价格信息和利率表； (2)熟悉了解其他品牌店的竞争情况； (3)了解潜在客户的基本信息，确定客户正确的姓名、工作及家庭地址和电话号码，确定是名义上的购买者以及由谁支付款项； (4)注意收集其他与客户有关的一般信息，包括具有影响力的人、重要事件(出生、周年纪念)、入学情况、最近住所的变化、居住条件的变化等
(2)	说明产品价格时	(1)请客户确认所选择的车型以及保险、按揭、一条龙服务等代办手续的意向； (2)根据客户需求拟定销售方案； (3)对报价内容、付款方式及各种费用进行详尽易懂的说明，耐心回答客户的问题； (4)说明销售价格时，再次总结产品的主要配备及客户的利益； (5)详细说明车辆购置程序和费用； (6)让客户有充分的时间自主地审核销售方案
(3)	签订书面合同时	(1)制作合同，准确填写合同中的相关资料； (2)与销售经理就合同内容进行确认并得到其认可； (3)专心处理客户签约事宜，排除外界一切干扰，暂不接电话，表示对客户的尊重； (4)协助客户确认所有细节，请客户签字后把合同副本交给客户，并感谢客户

（续表）

序号	议价阶段	应对技巧
(4)	客户决定暂不成交时	(1)销售顾问应及时了解客户的疑虑，再逐一说明确认，同时应以客户立场为出发点，不得对客户施加压力，应给客户足够的时间及空间考虑； (2)销售顾问可根据客户的需求，进行专业引导，解决客户的疑虑，再次总结并说明本品牌产品及服务的优点； (3)销售顾问应根据客户基本资料，制定后续跟踪的计划； (4)当客户选取其他品牌的汽车时，销售顾问应婉转请求客户告知选择其他品牌的原因
(5)	签约成交后	(1)销售顾问根据实际情况与客户约定交车时间； (2)签约后到交车前期间，保持与客户的联络，至少每周与客户联络一次，让客户及时了解车辆的准备情况，避免订单流失； (3)销售顾问确认配送车辆后，提前通知客户准备好余款； (4)销售顾问进行余款交纳的跟踪确认，直至客户完成交纳款

四、把握价格商谈的时机

当客户对产品和服务都满意时，客户唯一能够关心的就是价格问题了。价格问题也是一直萦绕在客户、销售顾问、经销商三者之间的最敏感的问题，客户想以最低的价格购买到自己中意的产品；销售顾问既想完成销量指标，同时也想获取溢价的佣金；经销商同样也是如此，既想完成主机厂的销量指标，同样也希望销售顾问为公司赚取更多的利润。正是由于销售中这种矛盾的存在，才会有价格商谈的存在。

【想一想】

客户通常会在什么时候要求进行价格商谈呢？销售顾问又在什么时候开始和客户进行价格商谈才是最有利的呢？

____

____

____

1. 识别客户的购买信号

通常我们认为当客户露出购买信号时就是价格商谈的最好时机，如图 9－2 所示。客户的购买信号，主要表现在以下三个方面。

(1)提问的变化

提问的变化主要体现在客户从产品的异议过渡到价格的异议上。通常客户觉得在产品上的“挑刺”已经给了销售顾问一定的压力，他们往往认为产品的不足就需要更低的价格来弥补，因此在即将进行入价格商谈阶段，客户通常会问：“订车需要多长时间？”“这种型号的有现车吗？”“买车还能送些什么呢？”等，销售顾问在接待客户时，一定要重视客户提出的此类问题。

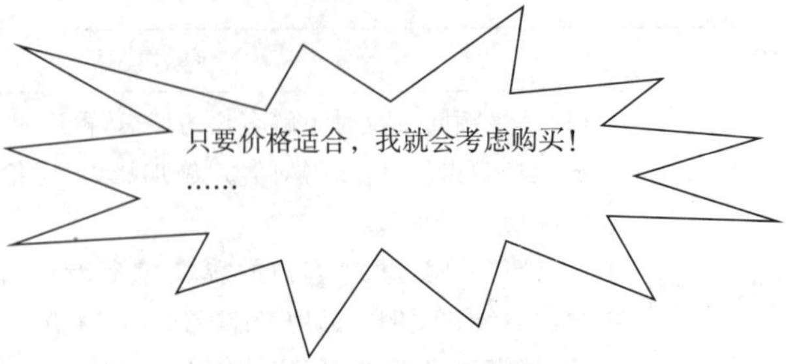

图 9-2 客户的购买信号

(2)叙述的变化

在产品介绍和试乘试驾环节，客户总是会提出各种各样的异议，但当客户接受了销售顾问的产品和服务之后，客户说话的方式和语气也都产生很大的变化。尤其是对销售顾问的表现会显得较之前熟悉一些。因此，在客户接待中，销售顾问应该仔细聆听客户的讲话，从客户的陈述中了解客户的真正意图，以判别客户是否想进入价格商谈阶段了。如："这款车的确不错，我同事强烈推荐我买这款车。""你帮我算算价格吧，看看我需要花多少钱?"等。

(3)肢体语言的变化

肢体语言包括客户的表情和动作，在即将进入价格商谈阶段时，客户通常会表现出微笑、仔细研究展车、产品宣传资料或合同，有的还会自己单独核算价格等行为，销售顾问应该仔细观察客户的一言一行，抓住机会主动出击。

五、几种常见的价格商谈案例分析

1. 电话砍价

【客户的话术】

价格谈好了，我再过来，否则我岂不是白跑一趟！

你太贵了，人家比你还……，如果你在这个基础上还可以……，我马上就过来！

你只要同意我这个价格，我肯定过来！

你要是做不了主的话，去问问你们经理，如果可以的话，我这两天就过来！

【分析】

电话中，我们仅凭客户的语气语调，是无法判断客户价格商谈的诚意的。电话里的价格商谈是"没有结局的爱情"，因为我们即使满足了客户的要求，我们也无法在电话里收款签单。但是，如果我们一口拒绝了客户的"过分要求"，那么销售顾问和客户见面的机会可能都没有。

【处理技巧】

(1)电话中不报价或不过分的让价，也不要和客户讨价还价；

(2)不答应也不拒绝客户的要求；

(3)对新客户，我们的目标是"邀约到店"，对老客户，我们的目标是让客户"再次回店"或销售顾问主动"上门拜访"。

【销售顾问应对话术】

价格方面包您满意，但是你必须来我们店看看车啊，我为您介绍一下这款车的特点。

您说您决定购买奥迪 A4，不打算和宝马 3 系再对比一下了吗……那好的，我们的价格包您满意，但是刘先生，买车也不一定都只看价格，您买车还得再看看购车方面的服务和我们店的具体环境吧？所以我还是建议您来我们公司亲自体验一下，看看满不满意！

我们电话里是不允许报价格的，厂方和我们领导随时都有可能检查，查到我们在电话让价的话是要重罚的，您要是方便的话，我建议您还是先来我们展厅看看吧？

您如果不亲自来一趟的话，我们经理也不会给我最低价的，如果您本人过来了，到时您可以跟我们经理详谈，说不定会给您一个很好的价格呢？

刘先生，还真是巧了，这个周末我们店就有一个优惠活动，价格绝对史无前例，您看您是不是来看看啊？

2. 刚进店的砍价

【客户的话术】

客户第一次进店，刚进门不久，就开始询问底价，客户会说：

这车多少钱？

这车能便宜多少？

你赶紧给我个底价，我看要是合适的话我就买！

【分析】

客户初次进店就问这样的问题，有可能客户已在同城其他店看过，也有可能之前是店里其他销售顾问接待过，又或是客户来店之前已经对该款车型做过大量的工作等。

【处理技巧】

(1)注意观察客户询问的语气和神态；

(2)简单建立客户的舒适区，放缓客户询价的节奏；

(3)通过观察、询问后做出判断，最后根据客户实际情况做出适当的报价；

(4)可告知公开的价格优惠活动；

(5)买车不完全取决于价格。

【销售顾问应对话术】

您以前来过呢？

您以前在我们店或其他地方看过这款车了吗？

您现在已经决定购买我们这款车型了吗？其他车不看了吗？

您打算什么时间购买吗？

先生，请您先在这里坐一会，我们坐下聊聊好吗？您看您是喝什么饮料，我们有……

这款车我就是给您再便宜，要是不适合您，那也没用啊！所以，我还是给您把几款车介绍一下，结合您的要求，您看哪款比较适合，咱们再谈价格。您看好吗？

【任务实施】

3～4 个同学一组进行“价格商谈”模拟演练，一人作为销售顾问，其余扮演客户，然后互换角色训练。

【任务评价】

序号	考核项目	评价	分值	实际得分
1	价格商谈原则		20	
2	价格商谈判时机		30	
3	价格商谈技巧		50	
总体评价与得分				

任务2　提案成交

【任务描述】

销售顾问小李在洽谈、产品介绍到替客户排忧解难整个过程中都让客户感到比较愉快，也比较满意，但就是到了关键时刻，他没有主动地抓住机会向客户提出购买建议，而是由着客户把话题转到了与销售不相干的问题上，当客户一支烟即将吸完的时候，接到了朋友打来的电话，要他马上回去“救火”，就是俗话“打麻将三缺一”。这位客户对汽车销售顾问小李说“明天再说吧”，就急匆匆地走了。结果是这位客户没有到小李所在的销售店购车，而是在他那个打麻将的朋友的介绍下，去了另一家同品牌的销售店购买了相同的车辆。

【学习目标】

能够运用正确的方法和技巧促成交易。

【学习准备】

(1)提案成交的流程。
(2)提案成交的方法和技巧。

知识点	
技能点	

【知识讲解】

一、提案成交的目的

成交是汽车销售活动中最为重要的一项销售活动，没有成交，销售顾问之前所做的一切都是白费，因此提高成交水平，对于汽车销售顾问尤为重要。

(1)以“客户第一”的态度，考虑客户的利益，尊重客户的意愿，完成提案成交、签约的步骤，以满足客户拥有产品的愿望。

(2)通过全面详细的服务内容说明，体现销售顾问的专业性。

二、提案成交的流程

签约成交的流程如图 9-3 所示。

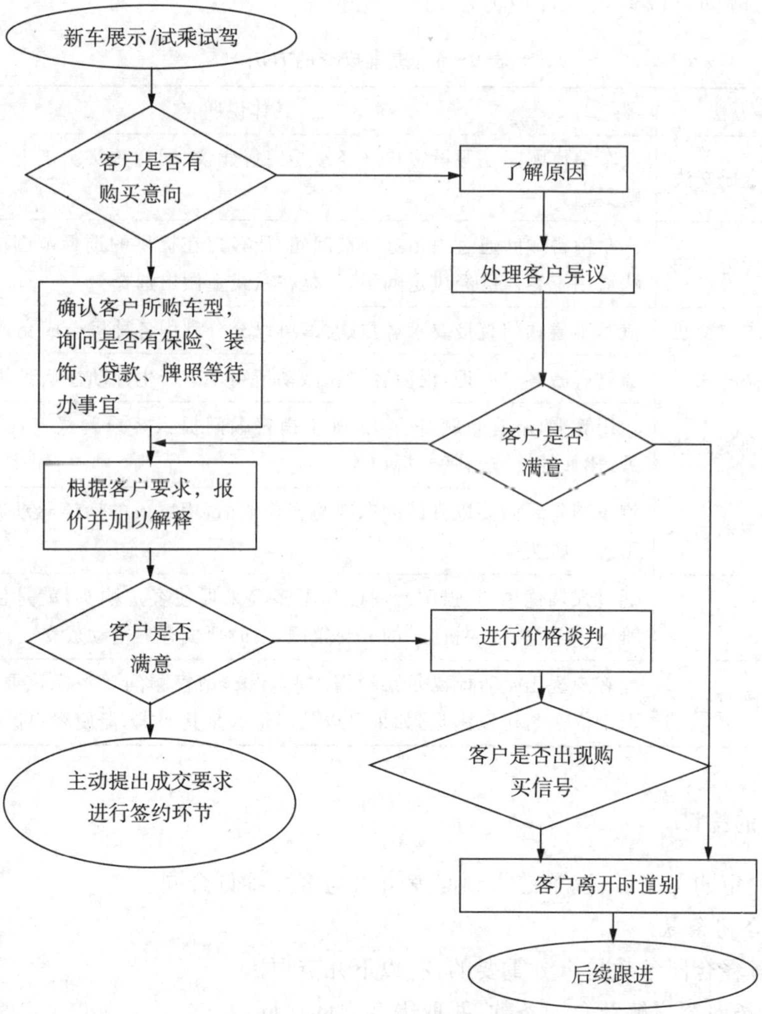

图 9-3　提案成交流程图

三、提案成交的操作要点

(1)根据前期流程执行的工作成果,用包装好的报价向客户提出整体购买方案,并通过使用一些谈判技巧促成成交。

(2)包装报价的方法:先以总结车辆展示和试乘试驾的方式与客户确认车型完全符合他的需求,即把吸引客户的卖点和优势重复描述一遍,在得到客户的正面反馈后,提出购买方案,并随后提出基于当前方案的各种优惠措施。

(3)谈判是不可避免的,需要有所准备,最重要的是知己知彼。大多数情况下,客户对于价格的敏感度是比较高的,当然也在于客户是否更乐于和你谈生意,你是否是他信得过的人。

四、提案成交的方法

汽车销售顾问可以运用的促成方法,具体见表9-4。

表9-4 提案成交的方法

序号	方法	具体说明
1	假定成交法	汽车销售顾问在假设客户已经接受销售建议、同意购买基础上,直接要求客户购买
2	两者近一法	汽车销售顾问通过提出选择性问句,让客户在提供的选择范围内做出回应,此法适用于客户已经决定购买,只是在款式上做出选择
3	请求成交法	汽车销售顾问直接要求客户购买,可以充分利用各种机会成交,快速促成交易
4	激将法	通过刺激客户心理,促使客户在激动情绪之下产生冲动性购买的成交方法
5	以利诱之法	运用算账、解答问题等方法,汽车销售顾问提示客户购买产品可以带来的好处,比如抽奖、送礼物、折扣等
6	以情动之法	汽车销售顾问要以真诚的态度与客户谈话,用感人的话语感动客户,促使客户下决心购买
7	强调法	通过强调优惠期、强调所剩产品不多等来促使客户购买,就是创造一种"机会难得,不可失去的机会"的成交氛围,及时促成客户主动成交
8	满足法	当客户提出是否能满足某种需求时,汽车销售顾问要考虑该要求在自己权限范围内是否可以满足,如果可以就尽量满足其要求,促使客户做出决定

五、合同的签订

当客户决定购买之后,汽车销售顾问就可以与客户签订合同。

1. 解释合同条款

向客户解释合同条款是十分重要的,有以下几点原因。

(1)要逐条向客户解释合同条款,并取得客户的认同。

(2)避免客户在遇到问题时,指责给其一个"霸王"合同。

(3)将来与客户发生争议时，合同是处理争议的基础。

2. 贷款客户

如果是贷款客户，为避免客户将来贷款失败，出现争议，汽车销售顾问要注意以下两点：

(1)向客户确认其是否上了黑名单。

(2)在了解客户收入背景的情况下，对可能不能贷款的客户提出贷款不成的价格条件，并将其加于合同附页。

3. 由店购买保险客户

对于承诺在店内买保险的客户，要将保险项目列入合同附页，并在客户同意在本店购买保险之前，向客户解释保险条件，以免将来客户变更保险。

【任务实施】

每3～4人为一组进行车辆提案成交训练。一人作为销售顾问，其余的人扮演客户，然后互换角色训练，具体见表9-5。

表9-5　提案成交的方法

序号	考核任务	提案成交的规范做法(要点)	所占分值	实际得分
1	提案成交操作技巧		50	
2	提案成交策略		50	

【任务评价】

序号	考核项目	评价	分值	实际得分
1	有效地收集和识别客户的购买信号		25	
2	选择成交的策略		25	
3	成交方法和技巧的运用情况		25	
4	客户是否满意		25	
总体评价与得分				

【学习评价与反馈】

一、学习过程评价

1.“您看怎么样”这句话该不该说，并说明理由。

2. 下列情境中，如何处理报价成交问题？

(1)汽车4S店内,客户听完汽车销售顾问的介绍后,说道:“我还是觉得隔壁店的车好一些。”

(2)汽车4S店内,客户对汽车销售顾问说:“我听说年底买车优惠多,我想年底再买。”

(3)汽车4S店内,客户试乘试驾完毕以后对汽车销售顾问说:“我还要再考虑考虑。”

根据上述资料,以小组为单位,对上述问题回答情况进行成果展示与反思,在成果展示过程中进行小组间互评和教师点评,评价标准见下表。

评估等级 评估指标	好	一般	差
实训准备 (10分)	能够通过各种渠道对汽车销售中异议处理环节的相关内进行精心准备	能够事先对汽车销售中异议处理环节的内容准备,但是不够充分	无准备
学习参与度 (20分)	小组成员积极主动参与活动,学习热情高涨	小组成员积极主动参与活动情况一般,学习热情一般	小组成员缺乏积极主动性,学习热情较差
服务礼仪 (10分)	能够按照汽车4S店服务要求礼貌待客,取得顾客的好感	基本能按照汽车4S店服务要求礼貌待客,但有所欠缺	不符合汽车4S店服务要求,缺乏热情
知识运用 (40分)	能够认真聆听顾客情况,帮助顾客解答问题,结果让顾客满意,回答问题正确率在80%以上	基本能够认真聆听顾客情况,帮助顾客解答,结果让顾客比较满意,回答问题正确率在60%以上	不能认真聆听顾客情况,不能帮助顾客解答,结果让顾客不满意,回答问题正确率在60%以下
表达分析能力(20分)	表情诚恳、逻辑关系清晰、行为举止自然规范、语言表达能力强、知识面宽	表情诚恳、逻辑关系较清晰、行为举止比较自然规范、语言表达能力较强、知识面较宽	表情不诚恳、逻辑关系不清晰、行为举止不自然规范、语言表达能力较弱、知识面较窄

二、学习效果评价

(一)根据本任务所学知识,做出正确的选择和判断

1. 利用现有的机会诱导客户,给客户一种“机不可失,时不再来”的感觉,帮助客户下决心,这种方法是(　　)。

A. 利益总结法　　B. 诱导法　　C. 假设法　　D. 小恩小惠促进法

2. 成交前客户发出的语言信号有(　　)。

A. 开始认真地杀价时

B. 谈及具体的支付条件、赠送品、车身颜色、交车期时

C. 提出有关保修、售后、各种费用、保险等问题时

D. 销售人员拿出订购合同客户也不说什么时

3. 成交前客户发出的行为信号有(　　)。

A. 拿手上的汽车样本资料做笔记，拿出计算器计算，并开始热烈讨论时
B. 询问第三者意见时
C. 客户主动问话时
D. 对决定权以外的人表现出友好的态度时

4. 整体报价中的价格包括(　　)。

A. 车辆的购买价格　　B. 汽车使用中的维修成本
C. 车辆形象和公司服务的附加利益　　D. 车辆使用费用

5. 价格谈判中较为普遍采用的让步方式是(　　)。

A. 希望型　　B. 虚伪型　　C. 妥协型　　D. 诱发型

6. "三明治报价法"处于中间层次位置的是(　　)。

A. 利益好处　　B. 附加价值　　C. 产品使用费用　　D. 价格

7. 汽车销售顾问应具备主动提出成交的勇气。(　　)

8. 当客户对现有车型很感兴趣，并且没有提出什么异议时，应采用二选一法促其成交。(　　)

(二)根据本任务所学知识，谈谈你的看法(案例分析)

充分利用客户的心理，立即成交

客户：这两款车有什么不同？

汽车销售顾问：您现在看到的这款车，装备了四门电动车窗、双安全气囊，还有电动后视镜和防眩目后视镜。

客户：那款车呢？

汽车销售顾问：(把客户带到另一款车前)这款车比刚才您看的那款车增加了高级真皮座椅，所以价格也增加了3000多元。但是如果您在下月十号前购买的话，我们可以免费将单碟CD换成六碟CD。

客户：真的不用我再花钱了吗？

汽车销售顾问：当然，只不过要在下月十号前，十号后就没有办法享受这样的特殊政策了。您是不是现在就订车呢？

问题：在上面的案例中，汽车销售顾问运用了什么销售策略？迎合了客户的哪些心理？

(三)情景演练

1. 情境导入

王先生昨天与小李进行简单的价格商谈之后，回去和王太太又商量了一遍，最后决定还是购买雅阁CVT豪华版。现在，王先生、王太太已来到了小李的店里，准备就价格、车型等情况与小李做最后的商谈，小李已经看出王先生今天是要定车了，并且小李已经接受了经理的指示，雅阁CVT豪华版只能优惠5000元，送全车贴膜、脚垫、挡泥板。然后还可以送一次常规保养。小李马上就开始和王先生进行新一轮的价格商谈。

2. 演练脚本

王先生：小李啊，昨天回去，我们商量了一下，觉得这款车还不错，而且我的现在开的朗逸保险也快到期了，我今天就想定车，刚刚迈腾的销售员打电话给我，说他们店有一台车到

了,叫我去看看呢。

小李:呵呵,感谢再次光临,昨天我已经问过我们经理了,至于您说的 8000 元优惠我们肯定做不到。

王先生:8000 元做不到的话,7000 元总可以吧?

小李:唉,王先生啊,您也知道的,无论雅阁 CVT 还是迈腾,2.0T 的货源本来就不多,而且买的人也不少,我们哪能有这个价格啊?

王先生:总归有办法的嘛! 要是不行的话你让你们经理来跟我谈!

小李:王先生,我跟您实话说了吧,我们经理昨天给我的价格 4000 元现金优惠,另外再送您全车贴膜和原厂脚垫。

王先生:装潢哪家没有啊? 这个都不值钱,关键是我需要现金的优惠!

小李:现金上真的没有什么优惠了。您看就这样定了吧? 这个价格已经很不错了。我同事的一个客户马上也要来定这台车,您还是快做决定吧! 不然车都没了,我们都白谈了。

王先生:那不行的,价格都没谈好,我怎么能定车呢?

小李:我们经理给我的价格就是 4000 元啊,其实这个价格真的不错了! 之前我们 1.8T 的都只有国家 3000 元的惠民补贴,现在还比原来多优惠了 1000 块了呢?

王先生:你再想想办法嘛!

小李:那好吧,我再去问问我们领导吧!

(小李接着到售后绕了一圈,3 分钟之后,小李回到了展厅。)

小李:王先生啊,刚刚我跟我们经理商量了一下,这款车实在没什么优惠了,我还说你是我的亲戚,特意叫我们经理便宜了一点,最终他只给了 500 元的优惠,也就是说这款车优惠 4500 元现金,再另外送您全车贴膜、脚垫、挡泥板。您看怎么样?

王先生:你们经理也够小气的,问了半天,才给 500 块的优惠。

小李:说实在的,这个价格真的不错了,雅阁 CVT 豪华版上市到现在,我们店里还没有这更大的优惠。

王先生:那我什么时候可以提车?

小李:您付完全款随时可以提车!

王先生:那你带我去看看那台车吧。

小李:好啊,您稍等一会,我去拿一下钥匙。

(小李带着王先生看了一下新车,王先生很满意,又再次回到了洽谈室)

小李:那王先生我们就把合同签了吧? 您今天先付 10000 元的定金,周末您再过来付全款提车。

王先生:这样吧,小李,你再去问一下,给我优惠 5000 元,我今天就把车定了,不然我真去迈腾那里看看了。

小李:那这样吧,我们先把合同签了,签好了我去跟我们领导申请一下。

王先生:那好。

小李:嗯,您把您的身份证给我吧!

(王先生将身份证递给小李,小李拿出售后合同开始填写)

小李:这样吧,王先生,您先跟我去财务把定金交了,我拿着定金收据直接让我们经理签!

王先生:好的。

(小李带着王先生去财务收银处交了定金,然后安排王先生去展厅坐一会,自己拿定金收据和合同去经理办公室签字了,5分钟后,小李来到了王先生的身边。将合同另一联交给了王先生。到此,小李成功地完了报价成交环节)

3. 情境演练

(1)全班分成3组,选举小组长,并推选小组两名成员分别扮演小李和王先生;

(2)演练开始之前,由指导老师扮演客户王先生带领朗读脚本内容。

(3)朗读完毕之后,各小组在组长的带领下,进行小组内部的脚本演练,时间15min;

(4)各小组准备完毕之后,由各小组组长推选的两名小组成员分别上台进行演练,用时5min;

(5)上台演练的同时,其他同学请认真观察和听讲,并记录演练中不正确的地方;

(6)演练过程中,请结合脚本内容,按照表9-6的内容分析脚本内容;

表9-6 演练分析表

演练过程记录	原因分析
演练过程记录	
王先生表现出了哪些成交信号?	

4. 学习评估

各小组演练完毕之后,由指导老师带领其他小组一起参与演练过程的讨论和点评,相关评标准见表9-7。

表9-7 评估标准

评估重点	满分	得分	原因分析
演练时间的合理性	20		
在演练中始终关注客户	20		
脚本内容的熟练程度	20		
脚本内容分析的准确程度	20		
小组的团队协作能力	20		

学习情境十　完美交车

知识目标

(1)了解交车前的准备工作有哪些；
(2)掌握新车交付的全部流程。

技能目标

(1)能够运用所学知识,完成交车前的准备工作；
(2)能够按照规范,完成新车交付的全部流程。

情境导入

通过前期的种种努力,汽车销售顾问小李终于与客户王先生达成协议,王先生准备在小李工作的4S店购买一台黑色的2016款雅阁2.0升CVT豪华版轿车,主管销售的刘经理在为他高兴之余也提醒小李:“新车交付是汽车整车销售的高超环节,是汽车销售顾问和客户在汽车销售过程中的‘蜜月期’。它既是一个销售过程的结束,又是一个新的销售过程的开始。一个好的新车交付过程,既能满足客户即时的心理满足感,看到销售人员为客户着想的诚意,又能够为汽车销售企业带来潜在的服务利润和更多的潜在客户,所以你要做好这方面的工作。从交车前的检查、交车准备工作、联系客户到交车仪式的内容程序,你都要仔细准备,不能掉以轻心。”小李把刘经理的话牢牢记在心里。通过这个环节的学习,我们将了解到交车前的准备工作有哪些？交车的流程和注意事项有哪些内容?

任务1　完成交车前的准备工作

【任务描述】

掌握车辆交付前准备工作的主要内容,特别注意的是在实际工作中千万不可遗漏准备项目。准备项目主要包括:预约客户、车辆准备、交车文件准备、交车仪式准备和交车人员准备等。

【学习目标】

通过学习、演练,能够为客户实施新车交付前的准备工作。

【学习准备】

(1)交车前的准备工作；

(2)交车前要准备的文件；

(3)预约交车的相关技巧。

知识点	
技能点	

【知识讲解】

一、客户预约交车

在客户订购的车型到达4S店后，需经过PDI标准检测，如4S店原有客户预定车型，则也需进行PDI检测后方可进行交车活动。在交车前，销售顾问需要与客户预约交车时间，如果在合同预定的交车日期发生延迟，销售顾问或公司主管应主动向客户说明原因，并提出解决方案，该解决方案需征得客户认可。

交车预约重点需要明确的内容包括交车准确时间、客户所需携带的资料、客户随行人员、客户付款方式以及客户的个性化需求等，以便销售人员做好相应准备工作。下面有一段销售顾问小李电话预约客户王先生进行交车活动的话术：

小李：您好！请问是王先生吗？

王先生：是的。

小李：您好！王先生！我是××广汽本田4S店的销售顾问李××，您在我们定了一台2016款雅阁2.0升CVT豪华版车型是吗？

王先生：是的！

小李：我是为您订车的销售顾问小李，您还记得吗？

王先生：啊，小李啊！记得啊，怎么了？

小李：恭喜您，王先生您的爱车在今天上午已经到了！

王先生：那太好了啊！

小李：您看现在您有时间吗？我为您预约一下交车时间以及简单为您介绍一下交车时所需的流程，您看可以吗？

王先生：嗯，可以的，你说吧！

小李：您看这周五您有时间吗？

王先生：周五啊！我看看啊！嗯，可以。

小李：那周五的上午可以吗？

王先生：上午啊，上午没有时间，下午吧。

小李：嗯，好的，那咱们就约到下午吧！整个下午我都在店里，您可以随时过来办理交车手续，交车所需的时间大概为两小时左右，为了您以后用车无忧，我们还会为您详细介绍车辆的主要使用功能，您看这样安排可以吗？

王先生：嗯，差不多，小李啊，时间尽量短一点，我下午还有别的事情啊！

小李：行的，王先生，我们会尽快为您办理好手续的，但是咱也要保证交车质量不是！对了，王先生您这车落户是个人呢？还是单位啊？

王先生：嗯，个人吧，我单位有车！

小李：个人的话您请带着您的身份证就可以了。(单位的话，必须有企业代码证)请问您是刷卡呢？还是现金呢？

王先生：刷卡吧！

小李：好的，王先生，您的车款减去已付的定金其余的总费用只需要再付×××就可以了，为了节约时间，请您把这些钱都转到一张卡上，可以吗？

王先生：哦，那好的，没问题！还有其他事情吗？

小李：是这样的，王先生，我们的新车都是有一层保护膜的，为了给您的爱车做好全方位的清洁，我可以把保护膜撕掉吗？(必须征得客户本人同意)

王先生：没事，你撕吧，把车提前给我清理干净就好了！

小李：您放心，一定会让您满意的，您看买新车这么高兴的事情，您还可以让您的家人或是朋友一起过来分享！那请问您还有其他方面需要我为您服务的吗？

王先生：呵呵，好的！没有别的了！

小李：期待着周五与您的相见！王先生，那您请先挂电话，我再挂，再见！

王先生：嗯，再见！

(挂断电话后，小李需给王先生发送一条短信，短信内容包括：交车时间及所需要带的物品)

二、待交车辆准备

在交车前，销售顾问一定要亲自对车辆的各方面进行细致而周全的检查，确保车辆处于最佳状态。待交车辆检查主要包括以下两个方面：

1. 车辆性能检查

在新车交付前，销售顾问要与售后部门专业技师一同对新车的各项性能进行 PDI 检测，尤其是发动机和底盘系统的检查。当然，车辆漆面、音响、空调等部件也是车辆性能检查的重点。

2. 车辆清洁检查

交车当天必须对新车进行清洗，尤其是对发动机舱内的清洁。车辆地板、中控台、仪表盘、座椅等也是清洁的重点。

主要检查内容见表10－1。

表10－1　交车检查表

尊敬的客户：

非常感谢您对上海大众系列车型的厚爱，请您对车辆情况和销售顾问的服务过程进行确认：

公司名：　　车型：　　车架号：　　发动机号：　　预约首保时间：

<table>
<tr><th>项目</th><th colspan="3">操作规范</th><th>销售顾问自评（已做请打“√”，未做请划“×”）</th><th>客户评价（满意请您打“√”，不满意请您划“×”）</th></tr>
<tr><td>1</td><td colspan="3">提前为您准备欢迎牌并热情接待</td><td></td><td></td></tr>
<tr><td>2</td><td colspan="3">向您概述交车流程的相应步骤和所需的大致时间</td><td></td><td></td></tr>
<tr><td rowspan="5">3</td><td rowspan="5">是否向您解释所有文件，主次有序，快速有效</td><td>基本文件</td><td>购销合同、购车发票、车辆合格证、发车单、使用维护说明书、首次保养凭证</td><td></td><td></td></tr>
<tr><td>身份证明</td><td>身份证、户口簿、居住证、组织机构代码证、公章、营业执照正本</td><td></td><td></td></tr>
<tr><td>贷款文件</td><td>（1）婚姻证明：结婚证；（2）财产证明：房产证、收入证明/工作证明、存折/有价证券证明等；（3）贷款明细：个人贷款抵押合同、月还款明细</td><td></td><td></td></tr>
<tr><td>代理业务</td><td>（1）上牌：行驶证、产权证、购置税证、购置税发票、车船使用税凭证、使用税发票、上牌牌照费发票等；（2）保险：交强险保单、交强险发票、商业险保单、商业险发票</td><td></td><td></td></tr>
<tr><td>其他</td><td>俱乐部服务卡/会员卡、增值服务合同等</td><td></td><td></td></tr>
<tr><td rowspan="2">4</td><td rowspan="2">提醒您分类保管好单据和手册</td><td>随车携带文件</td><td>临时牌照、行驶证、购置税凭证、车船税凭证、保单正本复印件、使用说明书（音响使用说明书、光盘）、首保凭证、服务顾问及销售顾问的名片、俱乐部服务卡/会员卡、增值服务合同、合格证</td><td></td><td></td></tr>
<tr><td>家里留存文件</td><td>身份证、居住证、户口簿、结婚证、单身证明、房产证、工作证明、收入证明、贷款抵押合同、月还款明细、企业代码证、代码证IC卡、营业执照、车辆合格证、机动车登记证、保单正本（交强险、商业险保单）、购置车辆费用明细表、机动车发票、购置税发票、保险发票（交强险、商业险发票）、车船税发票、上牌费发票</td><td></td><td></td></tr>
</table>

（续表）

项目	操作规范		销售顾问自评（已做请打"√"，未做请划"×"）	客户评价（满意请您打"√"，不满意请您划"×"）
5	请您确认车辆状况及功能完好	车辆经过清洗		
		约定的车型和颜色		
		车身油漆、内饰		
		发动机运转（包括冷却液、制动液、机油等液位）		
		制动、离合、方向盘转向		
		车锁/中央集控门锁/遥控门锁（根据配置检查）		
		摇窗机/电动天窗（根据配置检查）		
		后视镜/外后视镜调节		
		喇叭		
		空调制冷/制热		
		全车灯光		
		座椅及调节机构		
		点烟器、电源插座、烟灰缸		
		底盘		
		轮胎及气压		
		雨刮器及风窗清洗装置		
		收录机/CD播放器/DVD/导航系统/多功能方向盘（根据配置检查）		
		工具包		
		备胎		
		轮毂盖		
		钥匙/遥控器		
		天线		
		千斤顶		
		警告牌		
		油箱里有不少于四分之一的燃油		

（续表）

项目	操作规范	销售顾问自评（已做请打“√”，未做请划“×”）	客户评价（满意请您打“√”，不满意请您划“×”）
6	向您讲解使用说明书、操作方法和注意事项		
7	向您讲解理赔范围、出险流程和注意事项		
8	向您介绍服务顾问，并进行保养和维修、预约服务介绍		
9	向您介绍展厅经理，请客户对满意度做出评价		
10	向您介绍交车后满意度电话回访的时间和内容		
11	为您举办交车仪式，并令您满意		
12	销售顾问是否全程陪同，且服务态度令您满意		
13	您提出的疑问，是否得到满意的回答		
14	交车时间是否符合您的需求		

销售顾问签字：　　　　服务顾问签字：　　　　客户签字：
日期：　　　　日期：　　　　日期：

三、文件资料准备

在交车前，销售顾问需要准备相应的交车文件，如整车销售结款单、车辆出库单、交车物品清单等。这些资料需要在交车前准备齐全，有销售顾问填写的表格需要提前填写完毕，这样可以在交车时节省交车时间，也可以给客户对销售人员留下严谨、专业的印象。

1. 整车销售结款单

整车销售结款单需要按照合同约定的内容填写，包含车辆的最终成交价和其他相关服务收费等。销售顾问在填写完毕后，还需交销售部门和财务部门签字批准才能为客户办理付款手续，所以这一单据一定要在交车前填写妥当（表 10－2）。

表 10－2　整车销售结款单 NO. ××××××××

购车日期：　　年　　月　　日　　　　销售顾问：　　　　联系电话：

车主		车主身份证号		联系电话	
车型		车架号		车价	
节能车	是/否	购车方式	现款购车（　） 金融分期（　） 银行分期（　）		

（续表）

购车日期：　　年　　月　　日　　　　销售顾问：　　　　　　联系电话：

<table>
<tr><td rowspan="15">代办费用项目</td><td colspan="2">上牌名</td><td colspan="3"></td><td colspan="2">合同总价</td><td colspan="3"></td><td colspan="2">包牌</td><td>是/否</td></tr>
<tr><td colspan="2">车牌号</td><td colspan="3"></td><td colspan="2">合同补退费</td><td colspan="6"></td></tr>
<tr><td>代办项目</td><td>合同估价</td><td>实际购费</td><td>合同补退费</td><td>备注</td><td colspan="2">应收款金额</td><td colspan="6"></td></tr>
<tr><td>购置税</td><td></td><td></td><td></td><td></td><td rowspan="12">收款记录</td><td>序号</td><td>收款时间</td><td>收款金额</td><td>收款方式</td><td>下欠金额</td><td>收款人（签名）</td><td>经办复核</td></tr>
<tr><td>上牌费</td><td></td><td></td><td></td><td></td><td>1</td><td></td><td></td><td></td><td></td><td></td><td></td></tr>
<tr><td>保险费</td><td></td><td></td><td></td><td></td><td>2</td><td></td><td></td><td></td><td></td><td></td><td></td></tr>
<tr><td>车船税</td><td></td><td></td><td></td><td></td><td>3</td><td></td><td></td><td></td><td></td><td></td><td></td></tr>
<tr><td>年费</td><td></td><td></td><td></td><td></td><td>4</td><td></td><td></td><td></td><td></td><td></td><td></td></tr>
<tr><td>养路费</td><td></td><td></td><td></td><td></td><td>5</td><td></td><td></td><td></td><td></td><td></td><td></td></tr>
<tr><td>精品</td><td></td><td></td><td></td><td></td><td>6</td><td></td><td></td><td></td><td></td><td></td><td></td></tr>
<tr><td></td><td></td><td></td><td></td><td></td><td>7</td><td></td><td></td><td></td><td></td><td></td><td></td></tr>
<tr><td></td><td></td><td></td><td></td><td></td><td>8</td><td></td><td></td><td></td><td></td><td></td><td></td></tr>
<tr><td></td><td></td><td></td><td></td><td></td><td colspan="2" rowspan="3">是否放车</td><td colspan="2" rowspan="2">财务签名</td><td colspan="2">款项是否已清</td><td>是/否</td></tr>
<tr><td></td><td></td><td></td><td></td><td></td><td colspan="2">节能手续是否齐全</td><td>是/否</td></tr>
<tr><td>合计</td><td></td><td></td><td></td><td></td><td colspan="2">展厅经理签名</td><td colspan="3"></td></tr>
</table>

业务负责人：　　　　　　财务：　　　　　　　　　　　　业务填票人：

2. 出库单

出库单是经销商对库存车辆进行提取的一种凭证单据，也是主机厂审计人员查询车辆销售状况的重要依据。在提取车辆前，务必填好出库单。出库单一共两联，一联交给仓库的车辆管理人员，另一联交给财务人员以办理相应的财务手续（表 10 - 3）。

表 10 - 3　车辆出库单

<table>
<tr><td colspan="2">车辆：　　　　　颜色：　　　　　　　　　　车驾号码（后八位）：</td></tr>
<tr><td rowspan="6">销售部门填写</td><td>出库原因：</td></tr>
<tr><td>□销售　　客户姓名：　　地址：　　电话：　　车价：</td></tr>
<tr><td>□车展　　车展名称：　　地点：　　起止时间：　　授权□　未授权□</td></tr>
<tr><td>□二级网络　名称：　　移出点：　　移入点：　　授权□　未授权□</td></tr>
<tr><td>□移库　　原因：　　移出点：　　移入点：</td></tr>
<tr><td>销售经理签字：　　　　　　　　　　日期：</td></tr>
</table>

（续表）

<table>
<tr><td colspan="2">车辆：　　　　　　颜色：　　　　　　　　　车驾号码(后八位)：</td></tr>
<tr><td rowspan="2">财务部门填写</td><td>如是销售，请填写：
客户类型：□个人　□单位　□其他（　　）
付款方式：□现金　□支票　□电汇　□转账　□GMACSAIC零售货款　□银行按揭
□其他（　　）</td></tr>
<tr><td>财务签字：　　　　　　　　　　　　日期：</td></tr>
<tr><td colspan="2">销售顾问签字：　　　　　　　　　　　库管签字：</td></tr>
<tr><td colspan="2">提车人签字：　　　　　　　　　　　　日期：</td></tr>
<tr><td colspan="2">备注：</td></tr>
</table>

3. 交车物品清单

交车前，销售顾问还需准备交物品清单，将需要已交给客户的相关物品进行清理，统一放置在资料袋或文件盒内，在客户办完车辆交接手续后，将资料袋交给车主。资料袋的主要材料见表10－4。

表10－4　交车清单

客户名称：　　　　电话：　　　　　　　　　　　　购车日期：
车型：　　　　发票日期：　　　　销售顾问：　　　　保险公司：

编号	名　称	件数	备注	编号	名　称	件数	备注
1	整车	1辆		7	完税发票证明	1套	
2	钥匙	1把		8	购置税发票	1张	
3	行驶证	1本		9	车辆合格证	1张	
4	保险卡	1张		10	车主手册	1本	
5	购车合同	1套		11	随车工具	1套	
6	上牌证件	1套		12	首保卡	1张	

四、交车仪式准备

销售顾问在准备好待交车辆后，可在交车区域准备一下与交车有关的物品和工具，例如照相机、小礼品、鲜花、礼炮、欢迎牌等。不但可以保证交车活动的顺利进行，也能为客户留下良好的印象。

五、参与交车的人员准备

交车过程不仅仅是客户与销售人员两个人的事情，更是客户购车从销售服务转入售后服务的过程,所以参加交车仪式还需要有客户服务部、售后服务部的工作人员共同参与,也可要求销售部门管理人员和其他同事共同参与,以体现4S店对客户以及交车仪式的重视,并表示祝贺。在交车仪式前,需要通知相关人员提前到场。另外对于客户方参与交车仪式的人员数量、年龄、身份也要做提前了解,便于提前准备礼品、安排席位等。

【任务实施】

每2人一组来进行交车邀约的模拟演练,注意邀约时的技巧、礼貌用语等环节。

情景资料:小李与王先生进行了电话沟通,邀请王先生到4S店办理提车手续,作为销售顾问应该如何邀约?

【任务评价】

序号	考核项目	评价	分值	实际得分
1	邀约流程		25	
2	服务礼仪		25	
3	邀约技巧		25	
4	客户是否满意		25	
总体评价与得分				

任务2　完成交车流程全过程

【任务描述】

掌握车辆交付前准备工作的主要内容,特别注意的是,在实际工作中千万不可遗漏准备项目。准备项目主要包括:预约客户、车辆准备、交车文件准备、交车仪式准备和交车人员准备等。

【学习目标】

通过学习、演练,能够为客户实施新车交付前的准备工作。

【学习准备】

(1)交车的全过程。

(2)交车仪式的注意事项。

知识点	
技能点	

【知识讲解】

一、迎接客户

(1)销售顾问需要在约定时间前到展厅门口,提前恭候客户到来;

(2)待客户到来后热情迎接,并引领至洽谈桌就座,提供饮品;

(3)再次简要介绍交车流程,询问客户是否带齐相应证件,告知客户整个交车过程所需时间的长短;

(4)请客户简单查看待提车辆外观,提升客户提车兴奋度。

图 10-1 迎接客户

二、费用确认与收取

(1)与客户核对订购协议,核对各项费用,并请客户确认;

(2)在征得客户确认后,请客户在相关单据上签字确认;

(3)购车费用确认后,销售顾问可引领客户到财务收银处进行缴费,缴费形式以前期约定形式为准；

(4)待客户办完付款手续后，销售顾问可适时送上恭贺词。

图 10-2　费用确认与收取

三、签订购车合同，核对随车资料

(1)向客户解释车辆销售合同内容，并签署合同；

(2)将车辆合格证、购车发票(如图 10-3 所示)、车辆钥匙及条码、纳税申报表等与客户当面核对，并请客户妥善保管相关材料；

(3)移交随车资料，包括保养手册、首保免费凭证、售前检查证明、车辆使用说明书等，一并移交给客户，并请客户妥善保管。

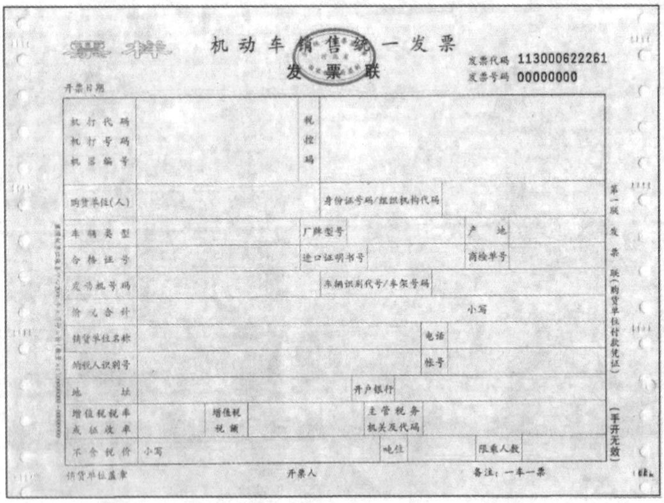

机动车销售统一发票

发票联

发票代码 113000622261

发票号码 00000000

开票日期

机打代码 机打号码 机器编号		税控码			
购货单位(人)		身份证号码/组织机构代码			
车辆类型		厂牌型号		产地	
合格证号		进口证明书号		商检单号	
发动机号码		车辆识别代号/车架号码			
价税合计				小写	
销货单位名称				电话	
纳税人识别号				帐号	
地址				开户银行	
增值税税率或征收率		增值税税额		主管税务机关及代码	
不含税价	小写	吨位		限乘人数	

销货单位盖章　　开票人　　备注：一车一票

第一联 发票联(购货单位付款凭证)

(手开无效)

图 10-3　机动车销售统一发票

四、车辆交接

1. 客户验车

(1)请客户查看待交车辆与合同约定车辆在厂牌型号、颜色、配置规格等各方面是否一致；

（2）以《客户验车表》为基础，销售人员陪同客户对车辆各方面进行检查，确认车辆外观和性能是否完好；

（3）待客户验车确认无误后，请客户在《客户验车表》上签字确认（表 10－5）。

表 10－5　客户验车表

尊敬的客户：

非常感谢您对广汽本田系列车型的厚爱，请您对车辆情况和销售顾问的服务过程进行确认：

公司名：　　　　　　　　　　　　　　车型：车架号：

发动机号：　　　　　　　　　　　　　预约首保时间：

项目	操作规范			销售顾问自评（已做请打“√”，未做请划“×”）	客户评价（满意请您打“√”，不满意请您划“×”）
1	提前为您准备欢迎牌并热情接待				
2	向您概述交车流程的相应步骤和所需的大致时间				
3	是否向您解释所有文件，主次有序，快速有效	基本文件	购销合同、购车发票、车辆合格证、发车单、使用维护说明书、首次保养凭证		
		身份证明	身份证、户口簿、居住证、组织机构代码证、公章、营业执照正本		
		贷款文件	(1)婚姻证明：结婚证、单身证；(2)财产证明：房产证、收入证明/工作证明、存折/有价证券证明等；(3)贷款明细：个人贷款抵押合同、月还款明细		
		代理业务	(1)上牌：行驶证、产权证、购置税证、购置税发票、车船使用税凭证、使用税发票、上牌牌照费发票等；(2)保险：交强险保单、交强险发票、商业险保单、商业险发票		
		其他	俱乐部服务卡/会员卡、增值服务合同等。		
4	提醒您分类保管好单据和手册	随车携带文件	临时牌照、行驶证、购置税凭证、车船税凭证、保单正本复印件、使用说明书（音响使用说明书、光盘）、首保凭证、服务顾问及销售顾问的名片、俱乐部服务卡/会员卡、增值服务合同、合格证		
		家里留存文件	身份证、居住证、户口簿、结婚证、单身证明、房产证、工作证明、收入证明、贷款抵押合同、月还款明细、企业代码证、代码证 IC 卡、营业执照、车辆合格证、机动车登记证、保单正本（交强险、商业险保单）、购置车辆费用明细表、机动车发票、购置税发票、保险发票（交强险、商业险发票）、车船税发票、上牌费发票		

（续表）

项目	操作规范		销售顾问自评（已做请打“√”，未做请划“×”）	客户评价（满意请您打“√”，不满意请您划“×”）
5	请您确认车辆状况及功能完好	车辆经过清洗		
		约定的车型和颜色		
		车身油漆、内饰		
		发动机运转（包括冷却液、制动液、机油等液位）		
		制动、离合、方向盘转向		
		车锁/中央集控门锁/遥控门锁（根据配置检查）		
		摇窗机/电动天窗（根据配置检查）		
		后视镜/外后视镜调节		
		喇叭		
		空调制冷/制热		
		全车灯光		
		座椅及调节机构		
		点烟器、电源插座、烟灰缸		
		底盘		
		轮胎及气压		
		雨刮器及风窗清洗装置		
		收录机/CD播放器/DVD/导航系统/多功能方向盘（根据配置检查）		
		工具包		
		备胎		
		轮毂盖		
		钥匙/遥控器		
		天线		
		千斤顶		
		警告牌		
		油箱里有不少于四分之一的燃油		
6	向您讲解使用说明书、操作方法和注意事项			
7	向您讲解理赔范围、出险流程和注意事项			
8	向您介绍服务顾问，并进行保养和维修、预约服务介绍			
9	向您介绍展厅经理，请客户对满意度做出评价			
10	向您介绍交车后满意度电话回访的时间和内容			

（续表）

项目	操作规范	销售顾问自评（已做请打“√”，未做请划“×”）	客户评价（满意请您打“√”，不满意请您划“×”）
11	为您举办交车仪式，并令您满意		
12	销售顾问是否全程陪同，且服务态度令您满意		
13	您提出的疑问，是否得到满意的回答		
14	交车时间是否符合您的需求		

销售顾问签字：　　　　　　　服务顾问签字：　　　　　　　　　客户签字：

日期：

2. 操作说明

（1）销售人员应结合车辆使用说明书，对车辆的各项操作进行说明，有必要的话可以进行简单的演示，当客户有疑问时必须要耐心解答，并多做几次示范；

（2）嘱咐客户今后在车辆使用过程中如有不清楚的问题，可以随时与销售顾问保持联系。

五、交接仪式（如图 10－4 所示）

（1）摄录交车仪式整个过程及车辆 VIN 码，制作成光碟或电子视频文档，日后传给客户，如制作成光碟可在光碟上刻上客户、车型和 4S 店的相关信息；

（2）在交车准备期间约定的 4S 店工作人员务必参加交接仪式，以示 4S 店对客户的重视；

（3）仪式尾声需要为客户赠送鲜花、礼品，并拍摄纪念照。

图 10－4　交接仪式

六、欢送顾客（如图 10－5 所示）

（1）主动询问客户周边是否还有潜在客户；

（2）提醒客户就近加油，并指明具体位置或陪同前往；

(3)提供出门证件,根据客户去向指导行驶路线;

(4)送客户到门口,目送客户远去直至看不见为止。

图 10-5 欢送顾客

【任务实施】

每 2 人一组进行交车仪式前客户接待的演练,销售顾问需要注意接待流程、接待礼仪、检查客户需要准备的资料。

情景资料:王先生今天应约来到 4S 店办理提车手续,销售顾问小李要做好王先生的接待工作,小李需要特别注意的是检查客户所带证件是否有遗漏。

【任务评价】

序号	考核项目	评价	分值	实际得分
1	资料检查准备		40	
2	接待礼仪		20	
3	接待流程		20	
4	客户是否满意		20	
总体评价与得分				

【学习评价与反馈】

一、学习过程评价

根据本学习任务中关于电话预约到店提车的话术案例进行电话预约演练。演练要求:

将全班分为 4 组，并选出组长，每组推选出两名成员分别饰演小李和王先生；

各小组在组长带领下先内部练习 15min，每位同学都必须参与其中，演练结束后将表现优秀的两名同学推选出来进行上台演练，演练时间控制在 5min 以内。

演练完毕后，各小组同学对演练成员的演练过程进行小组内部自评和小组间的互评。评分表如下：

考核评分表

评估指标 评估等级	好	一般	差	得分
工作准备 （10 分）	对交车前期电话邀约的相关知识进行精心准备	对交车前期电话邀约的相关知识进行进行准备，但是不够充分	无准备	
接待礼仪 （10 分）	能够按照电话邀约服务要求礼貌待客，取得客户好感	基本能够按照电话邀约的服务要求礼貌待客，但有所欠缺	不符合汽车 4S 店电话邀约的服务要求，缺乏热情	
整个小组学习参与度（20 分）	小组成员积极主动参加活动，配合默契，学习热情高涨	小组成员积极主动参与活动情况一般，配合不够默契，学习热情一般	小组成员缺乏积极主动性，学习热情较差	
知识运用 （40 分）	能够正确运用相关知识完成电话邀约任务，表述正确率在 80％以上	基本能够正确运用相关知识完成电话邀约任务，表述正确率在 60％以上	不能正确运用相关知识完成电话邀约任务，表述正确率在 60％以下	
表达分析能力（20 分）	表情诚恳、逻辑关系清晰、语言表达能力强、知识面宽	表情诚恳、逻辑关系较清晰、语言表达能力较强、知识面较宽	表情不诚恳、逻辑关系不清晰、语言表达能力弱、知识面窄	
总分				

二、学习效果评价

（一）根据本任务所学知识，做出正确的选择和判断

1. 当客户来到汽车销售展厅准备提车时，销售人员应当准备的文件中不包括哪种文件？（　　）

A. 整车销售结款单　　B. 出库单

C. 交车物品清单　　D. 客户身份证明

2. 通常情况下，交车流程至少需要（　　）。

A. 30 分钟　　B. 1 个小时

C. 2 个小时　　D. 4 个小时

3. 交车活动非常重要，所以必须要有 4S 店总经理亲自参加并给客户办车钥

匙。(　　)

4. 新车交付前,销售顾问必须电话预约客户交车准确时间。(　　)

(二)情景演练

1. 情景导入

销售顾问小李今天接待客户王先生完成车辆交接工作,请同学们根据本学习任务中的相关流程,对交车的全过程进行演练。

2. 情景脚本

在销售顾问小李的邀约下,王先生应邀来到4S店办理车辆交接手续,期间小李需要陪同王先生处理整个车辆交接流程中的事宜。如果你是销售顾问小李,应该如何处理整个交车流程?

3. 演练要求

(1)将全班分为4组,并选出组长;

(2)各小组在组长带领下先内部分角色练习15min,分别由同学扮演销售顾问小李和客户王先生;

(3)每位同学都必须在小组练习时参与其中,演练结束后将每组表现优秀的两名同学推选出来进行上台演练,演练时间控制在10min以内;

(4)演练过程严格按照本任务中所介绍的流程和步骤进行。

4. 学习评估

指导老师根据小组演练过程和演练结果,对各小组学习成果进行评估,评估标准见表10-6。

表10-6　评估标准

评估重点	满分	得分	原因分析
演练脚本的熟练程度	20		
演练时间的把控程度	20		
车辆检查的完成情况	20		
《交车检查表》的填写情况	20		

学习情境十一　售后跟踪

知识目标

(1)掌握客户回访计划的制定原理及方法；
(2)能够深刻理解客户满意的重要性；
(3)能够掌握客户投诉的处理流程和处理原则。

技能目标

(1)能够制定有效的客户回访计划对客户进行售后跟踪；
(2)能够对客户进行客户满意度管理；
(3)能够从容应对及处理客户的抱怨和投诉。

情境导入

实习销售顾问小李刚刚完成了李先生的交车工作，这是她第一次同客户交车，以为终于可以舒口气放松一下了。但是，销售主管告诉她，工作还没有结束，她还需要对王先生进行售后的跟踪服务，以确保王先生购车的满意度，小李有点迷茫，不是车已经卖出去了吗？售后工作怎么还需要我来做？在这一个情景下，让我们来共同明确为什么作为汽车销售顾问，必须在第一时间做好客户的售后服务工作。

任务1　制定客户跟踪计划

【任务描述】

销售主管告诉实习销售顾问小李："成交之后，才是销售的开始。"汽车作为一种特殊的消费品，在使用过程中会出现故障、维修、保养等问题，有的故障甚至还会给客户带来困扰，而客户在遇到困难的时候，心理第一个抱怨的就会是我们的销售顾问，因为是你"骗他"买车的。所以，作为汽车销售顾问，必须在第一时间做好客户的售后服务工作，为客户解决实际应用中产生的各种问题。

【学习目标】

(1)能够熟练掌握售后服务的内容；

(2)能够熟练运用话术对车主实施售后回访。

【学习准备】

(1)客户定期回访;
(2)售后日常关爱。

知识点	
技能点	

【知识讲解】

一、认识售后跟踪的重要性

车辆交付以后,并不是说销售工作就此结束了,恰恰相反,很多重要的工作,都是从这个时候开始的。一般来说,客户提车后心情会相当喜悦,但因为对车辆不熟悉,会有很多问题接踵而来,如果我们在恰当的时间给了客户关心与帮助,客户对我们必会更加信任与感激,如果售后跟踪工作被忽略,可能产生的后果见表 11-1。

表 11-1 售后跟踪的重要性

销售以后按照计划做定期回访工作	销售以后没有做定期回访工作
客户的常见想法: ●还惦记着我的车,这个销售顾问真不错! ●幸好是在这家店买的! ●如果换车,肯定还考虑来这家店! ●如果有亲戚朋友要买车,我一定推荐这家店的这个销售顾问! ●________________	客户的常见想法: ●从我提车到现在都没人跟我联系过,车卖了就完事了啊…… ●真后悔到这家店买车! ●以后如果要换车,绝对不来这家店! ●服务一点也不好,亲戚朋友要来这里买车我肯定拦着! ●________________
对 4S 店和销售顾问都留下了很好的印象,自觉帮助四处宣传。	对 4S 店和销售顾问印象较差,客户满意度较低,没有再次购买的可能。

鉴于以上情况,销售顾问交车后,必须对客户进行定期和不定期的跟踪回访工作,否则给销售顾问个人以及 4S 店所带来的影响都是相当恶劣的。

二、售后的定期回访(表 11－2)

表 11－2　售后的定期回访

序号	回访时间	主要活动	常见话术
1	交车后 24 小时内	●询问对销售顾问的服务是否满意； ●关心新车使用情况； ●告知如有疑问可随时联系； ●告知厂家近期会再次联系客户，进行满意度调查，请一定要帮自己打高分。	××先生/女士您好，我是武汉景田广本 4S 店销售顾问小李，请问您车开得还顺手吗？有什么不清楚的需要我解答吗？ 以后您在用车过程中有什么不清楚的地方欢迎随时拨打我的电话。 还有一件事情想麻烦您，这两天我们厂家会给您打电话，主要是针对您在我们店购车做一个满意度的调查，希望您到时候能帮我打 10 分啊，谢谢您！
2	交车 三日内	●询问客户近三天有无使用上的疑问，并加以回答； ●进行满意度调查，征询客户对销售服务质量的意见和建议。	××先生/女士您好，我是武汉景田广本 4S 店销售顾问小李，打电话是想了解一下您对新车使用是否满意？ 为了提高我们的服务质量以便更好地为您服务，能否耽误您几分钟时间，为我们的销售服务质量做一个满意度的调查？
3	交车 一周内	●询问车辆使用情况； ●嘱托客户满意度调查相关事项； ●委婉地向客户提出介绍潜在客户的请求。	××先生/女士您好，我是武汉景田广本 4S 店销售顾问小李，不好意思打扰到您了，现在车熟悉得怎么样了？没见您打我电话，我想应该是没有什么问题的。 哦，对了，我们的厂家回访电话还有没有打给您吧，过几天估计您就会接到，拜托一定要帮我打 10 分啊！ 如果您有亲戚朋友要看车，也可以随时跟我联系，您每推荐一个朋友来，我就送您两张电影票哦，如果您的朋友在我们店买了车，就送您一次免费保养！
4	交车后 每月一次	●再次向客户询问车辆使用状况并及时答疑； ●活动邀约。	××先生/女士您好，我是武汉景田广本 4S 店销售顾问小李，我们店这个周末有一个新车养护讲座，是××专家来介绍车辆保养和出险后相关知识，如果您感兴趣，我想邀请您和家人朋友一起来参加……
5	首保期 之前	●询问车辆目前行驶里程，进行首保的预约； ●客户来首保时，应全程陪同。	××先生/女士您好，我是广本的小李啊，是这样的，您的车现在开了多少公里了？马上也快半年了吧，可以来我们店进行车辆的免费首次保养了，您看您近期什么时候有空过来呢？我先帮您预约一下，您看可以吗？
6	寄送 感谢信	●内容陈恳，书写工整； ●表示感谢。	如图 11－1 所示

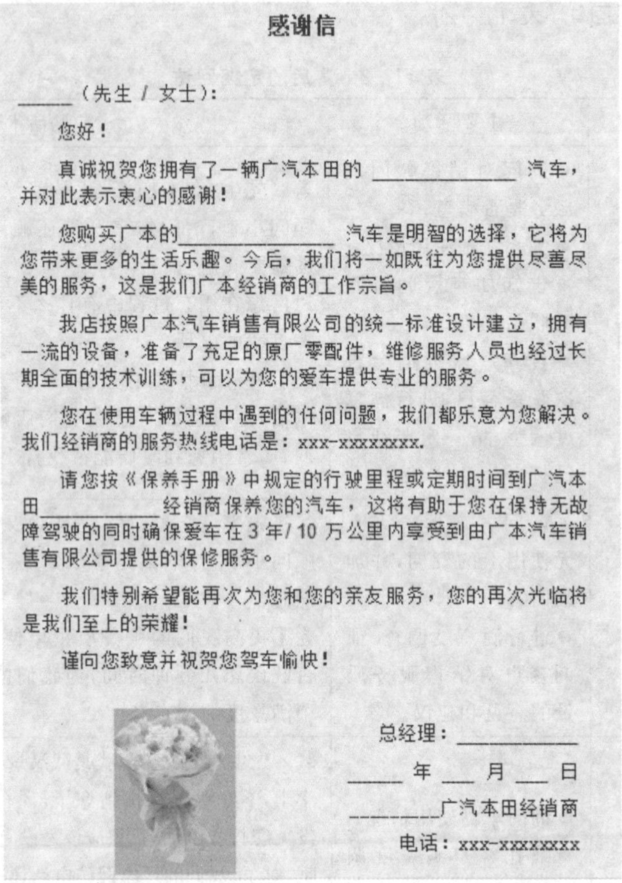

感谢信

_____（先生 / 女士）：

您好！

真诚祝贺您拥有了一辆广汽本田的 ____________ 汽车，并对此表示衷心的感谢！

您购买广本的____________ 汽车是明智的选择，它将为您带来更多的生活乐趣。今后，我们将一如既往为您提供尽善尽美的服务，这是我们广本经销商的工作宗旨。

我店按照广本汽车销售有限公司的统一标准设计建立，拥有一流的设备，准备了充足的原厂零配件，维修服务人员也经过长期全面的技术训练，可以为您的爱车提供专业的服务。

您在使用车辆过程中遇到的任何问题，我们都乐意为您解决。我们经销商的服务热线电话是：xxx-xxxxxxxx.

请您按《保养手册》中规定的行驶里程或定期时间到广汽本田__________经销商保养您的汽车，这将有助于您在保持无故障驾驶的同时确保爱车在 3 年/ 10 万公里内享受到由广本汽车销售有限公司提供的保修服务。

我们特别希望能再次为您和您的亲友服务，您的再次光临将是我们至上的荣耀！

谨向您致意并祝贺您驾车愉快！

总经理：__________

_____ 年 ___ 月 ___ 日

________广汽本田经销商

电话：xxx-xxxxxxxx

图 11-1　感谢信

特别注意：感谢信需使用精美纸张印制，总经理需亲自签名以示诚意。

三、售后的日常关爱

销售顾问和售后服务部门可在一些特定时日以正当理由，通过短信、电话、E-mail 或登门拜访的形式，非常自然的与客户保持联系。联系的理由见表 11-3。

表 11-3　日常的客户关爱活动

序号	联系事由	联系方式	联系人
1	客户生日、结婚纪念日等	短信、电话、E-mail	销售顾问、客户关系管理专员
2	节日祝福	短信、E-mail	销售顾问、客户关系管理专员
3	天气突变	短信	销售顾问、客户关系管理专员
4	车辆年检、保险办理提醒	短信、电话、E-mail	销售顾问、服务顾问、客户关系管理专员

（续表）

序号	联系事由	联系方式	联系人
5	公司活动邀请	短信、电话、E-mail	销售顾问、客户关系管理专员
6	通报公司新车信息	短信、电话、E-mail	销售顾问、客户关系管理专员
7	车辆维修保养后	电话	销售顾问、服务顾问、客户关系管理专员

除此以外，与客户联系的方式和理由还有很多，销售顾问只需在平时与客户的接触中细心加上耐心，慢慢地就会培养出跟客户的良好关系以及客户满意度出来。

【任务实施】

每 2 人一组进行客户售后跟踪演练，注意不同回访时间主要活动和话术上的区别，并将考核结果填入表 11－4 中。

表 11－4　潜在客户判定训练考核

序号	考核任务	售后跟踪要点	所占分值	实际得分
1	电话联系		25	
2	短信联系		25	
3	E-mail 联系		25	
4	感谢信		25	

【任务评价】

序号	考核项目	评价	分值	实际得分
1	话术使用的熟练性		25	
2	售后回访的礼仪		25	
3	售后回访的内容		25	
4	客户是否满意		25	
总体评价与得分				

任务 2　客户满意度管理

【任务描述】

实习销售顾问小李按公司要求给王先生做了数次跟踪回访后，感到王先生似乎对自己还挺满意，已经介绍两位朋友来找她看车了，其中一位极有可能近期就会下单。于是，小李深刻地体会到，只要通过自己专业周到的服务，就能很快让顾客觉得愉悦，但是她还没完全明白，到底是自己做的哪些细节，触动了王先生及其朋友们？这一次，就让我们来共同探讨，到底怎样做才能让客户感到“满意”。

【学习目标】

(1)能够深刻理解客户满意度的概念；
(2)能够明确客户满意度的重要性；
(3)能够掌握影响客户满意度的主要原因；
(4)能够知道如何提升客户满意度。

【学习准备】

一、知识准备

(1)客户满意度的概念；
(2)客户满意度的重要性；
(3)影响客户满意度的主要原因。

知识点	
技能点	

【知识讲解】

一、客户满意度概念

客户满意是客户的一种心理感受，是客户的需求被满足以后形成的一种愉悦感或状态。客户的“满意”不仅仅是对服务态度、服务质量、产品价格、产品质量等方面的直观满意，更深层次的含义是企业所提供的产品和服务与客户期望值的吻合程度。

客户满意度是指客户满意程度的高低，用公式表示为：

$$客户满意度=客户体验-客户希望$$

客户在购买汽车时，会不断用自己的期望值与实际体验进行对比，如果体验高于期望，客户就会满意，如果体验低于期望，客户就不满意，甚至还会抱怨或者投诉。

表 11-5　不同档次轿车客户的期望值

轿车档次	客户期望值
高档轿车	●服务品质 ●购车环境的舒适性 ●受到特别的尊重
中档轿车	●服务质量 ●购车环境的舒适性 ●重视是否受到尊重
中低档轿车	●注重服务的质量、速度 ●价格 ●希望有舒适的环境 ●受到礼遇
低档轿车	●特别注重价格 ●注重服务效率

所以，为了提升不同客户的满意度，作为汽车销售顾问，我们需要提供低成本、高质量、差异化、个性化的服务，才能满足不同客户的期望和需求。

【想一想】

你在生活中曾遇到过哪些事情，让你的实际体验是大于事先期望的？

____

____

____

二、客户满意度的重要性

1. 客户满意度是企业战胜竞争对手的重要手段

当今世界汽车的生产技术和销售价格越来越透明，各企业的竞争也是越来越激烈，如何在激烈的市场竞争中占据市场份额保持公司利润，不断提高服务质量、提升客户满意度绝对是最重要的手段之一，只有让客户有舒适的购车体验，才能吸引更多的客户前来买车并推荐亲朋好友也来买车。

2. 客户满意度是企业取得长期成功的必要条件

满意的客户在销售顾问手里买了一辆车，看似一切都结束了，其实这才是销售的开始，只要销售顾问做好售后服务，用心经营客户关系，满意的客户以后换购、增购、亲朋好友买车，甚至维修保养都会联系销售顾问，而客户关系存续的时间越长，客户关系数量越多，客户关系的收益率也就越高，因此，提升客户满意度，创造满意的客户，直接决定了销售顾问和企业能否创造出终身客户，以保证企业的长期成功。

3. 客户满意度是实现客户忠诚度的基础

客户满意度是实现客户忠诚度的前提，忠诚的客户不但会给销售顾问带来更多的关系和利润,忠诚的客户在市场上为企业创造出的良好口碑也是一笔宝贵的财富。

三、影响客户满意度的原因分析

影响客户满意度的原因有很多,和产品、价格、服务、经销商、销售顾问甚至银行都有密不可分的关系。但我们主要学习的是销售顾问和经销商对客户满意度的影响因素,见表11-6。

表 11-6　影响客户满意度的主要因素

主要环节	影响因素
展厅设施	●展厅的环境氛围 ●展厅车款 ●进展厅时接待情况 ●展厅饮料提供情况(例如:茶、咖啡、果汁等) ●展厅营业时间是否方便 ●展厅地点是否便利
销售顾问	●销售顾问的外观整洁程度 ●销售顾问态度是否友善 ●销售顾问对本品牌及竞争车系车辆了解程度 ●销售顾问能否清晰解释产品价格及订车流程 ●销售顾问对购车流程(付款方式、提车时间、轿车流程等)的介绍能力 ●销售顾问对合约细则的解释能力
电话应答工作	●销售顾问接听电话迅速程度 ●销售顾问回电态度 ●销售顾问能否在电话中有效回答车款型号、车价、展厅地址等相关问题 ●销售顾问在电话中介绍售后等事项的能力
交车前准备工作	●销售顾问能否及时提供交车信息(例如:预期提车日期、规格、最后更改期限等) ●下订单后能否满足客户的要求
交车流程	●新车交接的准备工作(例如:确定交车时间、交车细节、客户提醒等)是否准备完善 ●轿车交收的地点选择是否多样 ●轿车交收的时间选择是否合理 ●销售顾问交车时对产品的介绍情况是否清晰、重点突出 ●交车时的车况(例如:清洁程度,是否有损坏等) ●销售顾问提供维修、检查、保养等数据是否全面 ●销售顾问给客户介绍售后服务中心及维修技工的情况是否明确
售后跟踪服务	●销售顾问售后跟踪服务是否贴心而不啰嗦 ●销售顾问致电客户介绍及预约首保服务是否及时

从表11-6中可以看出,销售顾问想要提升客户的满意度,必须从日常工作的一点一滴

做起。规范的销售流程、良好的礼仪风貌、认真的工作态度以及用心为客户服务的精神，都是提升客户满意度的有效办法。只有认真学习产品知识，多领悟销售技巧，做到全心全意为客户服务，才能最终保证客户满意度甚至忠诚度的达成。

以下是某品牌客户满意度调查表，见表 11－7。

表 11－7　某品牌客户满意度调查表

尊敬的________先生/小姐，您好，非常感谢您选购了××品牌汽车，为了改善我们的服务质量，以便更好地向包括您在内的客户提供更优质的服务，请您填写下面的调查表，我们会非常重视与尊重您的宝贵意见，感谢您的支持！

客户资料

客户姓名	车型	车辆识别码
销售顾问	交车日期	备注

1. 在您达到后的 3 分钟内是否有人欢迎您？	□是　□否
2. 销售顾问是否知识丰富，并且向您询问了有关您的希望、需要和驾驶习惯等问题？	□是　□否
3. 是否提供了试乘试驾？销售顾问是否陪伴您一同进行？	□是　□否
4. 在整个过程中，您是否受到令您满意的关注和接待？	□是　□否
5. 车辆内、外部是否达到了您认可的清洁程度？	□是　□否
6. 销售顾问是否向您介绍了车辆装置使用方法及注意事项？	□是　□否
7. 销售顾问是否向您介绍服务车间预约第一次回店保养时间？	□是　□否
8. 是否签署了交车检查单？	□是　□否
9. 您对我们的服务，尤其是销售顾问的服务是否满意？	□是　□否
10. 您是否会向您的亲人、朋友或熟人推荐我们的产品和为您服务的销售顾问	□是　□否

您觉得我们最需要改善的是：________________

您对我们的综合评价是：

□满意　□一般　□不满意

客户签名：________________

【想一想】

看完表 11－6 和表 11－7，你认为达到这些要求困难吗？

____

____

____

【任务实施】

每 2 人一组进行客户满意度提升演练，注意不同环节对客户满意度可能造成的影响，并将结果填入表 11-8 中。

表 11-8 提升客户满意度训练考核

序号	考核任务	提升客户满意度要点	所占分值	实际得分
1	展厅设施		25	
2	电话应答工作		25	
3	交车前的准备工作		25	
4	售后跟踪		25	

【任务评价】

序号	考核项目	评价	分值	实际得分
1	展厅设施完善程度		25	
2	电话应答工作规范程度		25	
3	交车前准备工作是否充分		25	
4	售后跟踪安排是否合理		25	
总体评价与得分				

任务 3 处理客户抱怨和投诉

【任务描述】

实习销售顾问小李接到客户王先生的电话，说他车辆要做保养了，可是打了三次售后服务中心的预约电话都没有人接，王先生甚至还表示，如果没人帮他搞定此事，以后他就再也不来本店做保养了，从电话里可以听出来王先生有些愤怒，可是小李作为一个还在实习期的销售顾问，她也不知道该怎么办才好。通过这个任务的学习，就让我们一起来研究如何才能正确处理客户的抱怨和投诉。

【学习目标】

(1)能够清楚客户抱怨和投诉所带来的影响；

(2)能够掌握处理客户投诉的原则；

(3)能够使用正确的方法进行客户投诉的处理。

【学习准备】

一、知识准备

(1)客户抱怨和投诉的定义；

(2)客户抱怨和投诉所带来的影响；
(3)处理客户抱怨和投诉的原则；
(4)处理客户客户抱怨和投诉的方法。

知识点	
技能点	

【知识讲解】

客户抱怨和投诉是对产品或者服务质量不满的一种具体表现，世界上任何产品都不能保证客户永远不产生抱怨和投诉，而汽车作为一种特殊消耗品，更是如此。

【想一想】

你在日常生活中有没有抱怨或者投诉过什么事情？为什么会这样做？

一、区别客户抱怨和投诉

客户抱怨是指客户对某种产品或者服务不满而数落对方的过错，而不要求对方立刻给出结果的一种行为。

客户投诉是指客户对某种产品或者服务不满意而向有关人员或机构提出申诉，要求对方在指定时间内给出解决方案的一种行为。

可以说，客户抱怨跟投诉的概念是不同的(图 11－2)，一个只是“说说而已”，另一个却要

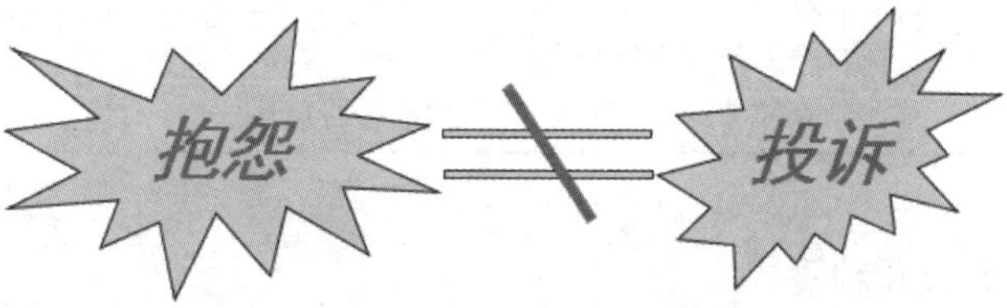

图 11－2 抱怨和投诉的关系

求拿出"解决方案",当客户出现抱怨时,说明事情已经超出了客户的容忍程度,如果这个时候没能得到适当的安抚,就会导致更加不满,进而进行投诉,而投诉带来的危害要远远超过客户抱怨(图 11-3)。

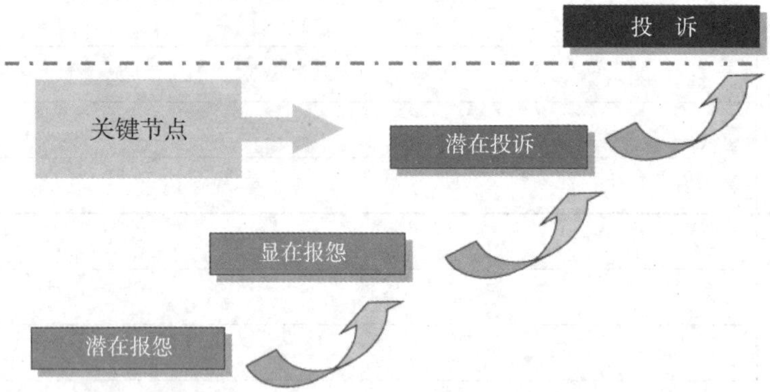

图 11-3 抱怨升级为投诉的过程

所以,当客户出现抱怨的时候,销售顾问就应该引起足够的重视,避免客户将所抱怨的问题升级到投诉上面,继而给双方都带来不可估量的损失。

二、客户抱怨和投诉带来的影响

抱怨和投诉都是客户的基本权利,我们应当表示尊重,客户的抱怨和投诉如果处理不及时,对汽车品牌、生产厂商、经销商、销售顾问及客户本人,都会来带影响,如表 11-9 所示。

表 11-9 顾客投诉所带来的影响

对品牌及生产厂商	●产生负面影响,败坏品牌形象 ●增加品牌推广难度 ●严重者会带来负面报道或宣传,影响品牌的社会声誉
对经销商	●干扰企业的正常工作秩序 ●严重者甚至影响部分员工的正常工作 ●降低利润
对销售顾问	●丢面子、增加心理压力 ●减少收入 ●严重者可能导致失去工作机会
对客户本身	●时间和精力的损失 ●增加客户心理上和经济上的负担

三、客户投诉的渠道和种类

客户投诉的渠道,按严重程度来说,一般投诉和重大投诉会有所不同,见下表 11-10。

表 11-10　客户投诉的渠道

一般投诉	重大投诉
●用信件或 E-mail 向经销商投诉 ●用电话向销售顾问、服务顾问等投诉 ●来店直接投诉,或在接受服务时表达不满 ●在品牌网站或者各种汽车相关网站留言区留言	●对经销商的处理不满意,向厂家投诉 ●对经销商、厂家的处理不满意,向消费者协会投诉 ●通过律师来处理其投诉的问题 ●通过报纸、广播、电视等媒体进行投诉

而客户投诉的种类,主要也是来自以下几个方面,见表 11-11。

表 11-11　客户投诉的种类

来自经销商内部的原因	销售时遗留的问题	●销售顾问的承诺未履行 ●客户寻求平衡心理(买贵了) ●销售顾问对购买产品的权利义务向客户交代不清楚
	服务态度	●服务人员不够热情 ●说明解释工作不清楚 ●服务人员缺乏耐心 ●长时间无服务人员接待 ●长时间未安排维修 ●长时间等待结算 ●________________
	维修质量	●首次修复 ●同一问题多次出现 ●未使用纯正配件 ●未按客户要求作业 ●问题长时间没有得到解决 ●未对客户车辆进行防护 ●出厂时车辆不干净而没有给出合理解释 ●________________
来自客户自身的原因	客户未能正确理解	●保修条款 ●服务产品的说明 ●侥幸心理 ●________________
	客户操作不当	●客户对产品操作不当 ●客户对产品的性能不够了解 ●未按用户手册规范使用 ●________________
	客户期望值过高	●希望产品永远不出问题 ●对维修的时间和成本要求较高 ●对销售顾问、服务顾问以及经销商的要求太高 ●________________

从表 11-11 中可以看出，导致客户不满的主要原因，很多时候是由客户的心理层面引起的，例如客户感觉没有得到足够的重视，认为价格、时间受到了不平等的待遇，或者从新车到售后服务的阶段中，累计多次不满最后导致了投诉。但不管是什么原因造成的抱怨和投诉，作为销售顾问我们都应当进行正确的处理。

四、客户抱怨和投诉的处理原则

当客户产生抱怨和投诉的时候，销售顾问要积极面对，运用合适的方法和技巧来进行处理，否则不但没有平息客户的怒火，甚至会给自己带来麻烦，如图 11-4 所示。

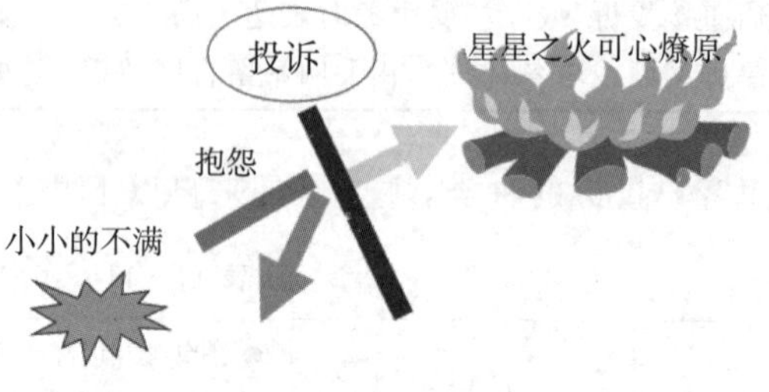

图 11-4　客户抱怨和投诉处理的目标

表 11-12　客户抱怨和投诉处理的三项原则

基本原则	●不回避，第一时间处理 ●了解客户相关信息及产生抱怨和投诉的根本原因 ●分析时间是否在自己可控的范围之内 ●必要时报告上级领导，寻求团队共同解决 ●第一人负责制，收到投诉或抱怨的第一名工作人员，需要帮助客户协调处理投诉事项，万万不可推脱他人
顺序原则	●先处理心情，再处理事情 ●寻求双方认可的服务范围 ●不做过度承诺 ●交换条件，力争双赢
预防原则	●建立相关档案 ●回顾总结处理过程及技巧 ●积累经验 ●不断提升自己的处理能力和业务水平

五、处理客户抱怨和投诉的具体步骤

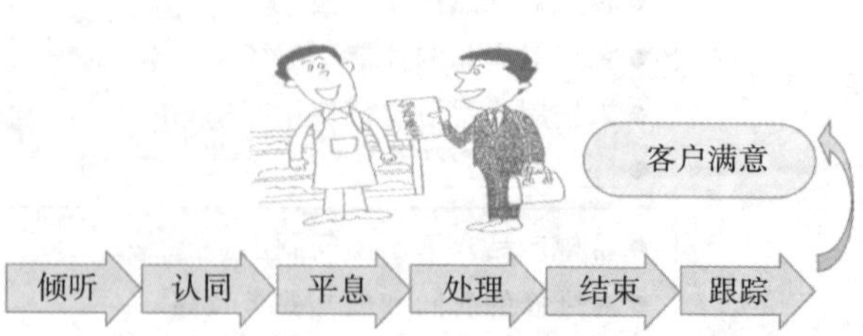

图 11-5　处理客户抱怨和投诉的具体步骤

【想一想】

作为销售顾问,客户向你抱怨或投诉时,你充当的角色是“出气筒”“清道夫”还是“心理医生”?

____

____

____

1. 倾听并分析原因

客户很多时候进行抱怨或者投诉,只是想找一个机会发泄下下他的不满情绪,此时应尽量引导客户讲出不满的原因,并进行分析该如何解决。

2. 表示认同和关心

对客户的遭遇表示出你的关心和重视,并时长表达你对客户的认同,例如:

(1)我十分理解您遇到这件事情的心情。

(2)这真是太糟糕了,我们也是第一次遇到您这种情况,您能具体描述一下是怎么出现这种情况的吗?我们一定帮助您解决这个问题。

(3)前天我们也遇到一位客户出现了与您类似的问题,他是在……的情况下发生的,您能描述一下您当时的情况吗?

3. 平息客户心中的怒气

向客户取得谅解,告知客户作为销售顾问我们一定会帮助他妥善解决问题,对客户进行疏导,愤怒是不能解决实际问题的,请客户尽量平静下来,我们才能够开始讨论解决方案。

4. 讨论解决方案

了解客户需求,双方共同探讨事情的解决方案,当客户需求超过销售顾问个人的处理权限时,可以向上级领导进行汇报,让领导出面,或用邀请相关团队来共同协商,直到和客户形成一致的解决方案。

5. 结束客户抱怨或投诉

与客户形成解决方案后,应立即执行,并对此事给客户造成的伤害再次表达歉意,保证下次一定会做好相关事项。并有礼貌地欢送客户,以表明我方的诚意。

6. 跟踪回访

按照公司规定,进行事后回访,确保客户对处理结果的满意。通过对客户投诉的圆满解决,提升客户的满意度。

六、处理客户投诉的常见方法

1. 常见的客户投诉的应对方法(表 11－13)

表 11－13　常见的客户投诉应对方法

敏感问题转移法	将话题转移到我们服务好的方面
延时法	以请示上级为由,争取时间
否认法	对客户所陈述的实时有明显差异的,应采取否认

（续表）

敏感问题转移法	将话题转移到我们服务好的方面
预防法	在预估事情可能发生时，给予提醒
价格折让方法	▲折扣只是辅助手段 ▲不能让客户觉得很容易就能得到优惠 ▲价格折让并不是无所节制
服务补救法	▲提供免费维修 ▲提供免费洗车 ▲提供折价或优惠折扣工时费 ▲提供赠品 ▲赠送免费保养

2. 处理客户抱怨和投诉的禁忌（表 11－14）

表 11－14　处理客户抱怨和投诉的禁忌

禁忌	正确的处理方法
立刻和客户摆道理	先倾听，后解释
急于得出结论	先了解，不要急于得出结论
一味地道歉	道歉不是办法，解决问题是关键
言行不一，缺乏诚意	说到做到
这是常有的事	不要让客户觉得这个问题具有普遍性
你要知道，一分价钱一分货	对待所有客户，我们都提供同样优质的服务
这个我们不清楚，你去问别人吧/这个事情你应该去找售后，我们是销售部	为了您能得到更准确的答复，您最好和……联系，需要我帮您跟她先打招呼吗？
公司的规定就是这样的	为了您的车辆能良好使用，我们公司制定了这样的规定
你别冲我喊吧，又不是我的事	你先别着急，慢慢说，我来帮您想办法
这事绝对不可能	请您详细描述事情经过，我们来一起分析为什么会这样

销售顾问应该正确面对客户的抱怨和投诉，这些不仅能帮助我们不断发现自身存在的不足并加以改正，更能促使自己迅速成长为一名优秀的销售顾问。

【任务实施】

每 4 人一组进行客户投诉（抱怨）处理训练。训练考核见表 11－15，先将表中的空项填上，1 人扮演销售顾问，1～2 人扮演客户，其余人根据实际情况打分，然后互换角色训练，最后比较大家的得分情况。

表 11－15　客户投诉(抱怨)处理考核

序号	考核任务	客户投诉(抱怨)的处理要点	所占分值	实际得分
1	客户投诉的渠道和种类		25	
2	客户投诉的种类		25	
3	客户投诉的处理原则		25	
4	客户投诉的常见处理方法		25	

【任务评价】

序号	考核项目	评价	分值	实际得分
1	是否准确判断客户投诉的种类		25	
2	是否准确使用相关处理技巧		25	
3	仪态和语言是否规范		25	
4	客户的评价反馈		25	
总体评价与得分				

【学习评价与反馈】

一、学习过程评价

(1)你认为在售后的定期回访中,有哪些细节需要特别注意?

(2)在提升客户满意度的过程中,哪些事情你认为完成起来比较困难?

(3)处理客户抱怨和投诉的过程中,倾听的重要性如何体现?

根据上述资料,以小组为单位,对上述问题回答情况进行成果展示与反思,在成果展示过程中进行小组间互评和教师点评,评价标准见下表。

评估等级 评估指标	好	一般	差
实训准备 (10 分)	能够事先对售后跟踪,以及售后可能出现的各种问题进行预估和精心准备	能够事先对收购跟踪过程中出现的问题进行准备,但是不够充分	无准备
学习参与度 (20 分)	小组成员积极主动参与活动,学习热情高涨	小组成员积极主动参与活动情况一般,学习热情一般	小组成员缺乏积极主动性,学习热情较差

（续表）

评估等级 评估指标	好	一般	差
服务礼仪 （10 分）	能够按照汽车 4S 店服务要求礼貌待客，取得顾客的好感	基本能按照汽车 4S 店服务要求礼貌待客，但有所欠缺	不符合汽车 4S 店服务要求，缺乏热情
知识运用 （40 分）	能够认真聆听顾客情况，帮助顾客解答问题，结果让顾客满意，回答问题正确率在 80%以上	基本能够认真聆听顾客情况，帮助顾客解答，结果让顾客比满意，回答问题正确率在 60%以上	不能认真聆听顾客情况，不能帮助顾客解答，结果让顾客不满意，回答问题正确率在 60%以下
表达分析 能力（20 分）	表情诚恳、逻辑关系清晰、行为举止自然规范、语言表达能力强、知识面宽	表情诚恳、逻辑关系较清晰、行为举止比较自然规范、语言表达能力较强、知识面较宽	表情不诚恳、逻辑关系不清晰、行为举止不自然规范、语言表达能力较弱、知识面较窄

二、学习效果评价

（一）根据本任务所学知识，做出正确的选择和判断

1. 汽车售后服务的终极目标是实现（　　）。

A. 信息技术　　B. 客户满意

C. 一体化思想　　D. 系统化

2. 4S 店的 4 个 S 分别代表的含义除整车销售外，还包括（　　）。

A. 汽车检测　　B. 零配件供应

C. 售后服务　　D. 信息反馈

3. 汽车企业普遍重视服务，服务模式的选择有（　　）。

A. 自建服务网点　　B. 借助经销商

C. 通过独立的社会服务店　　D. 零配件供应

4. 跟踪服务可以保持与客户的交流并在客户满意度方面提供有价值的反馈。（　　）

5. 如果客户有抱怨，可找些借口搪塞一下，告诉客户已经记下他的意见了。（　　）

（二）情景演练

演练一：客户回访演练

案例导入：

客户王先生刚刚从实习销售顾问小李那里提走了自己心仪的广本雅阁 2016 款 2.0L CVT 豪华版轿车，现在小李要着手计划对王先生进行售后跟踪服务，以确保王先生对购车及用车过程的满意，达成自己创造客户满意度的目的。

1. 工具准备

电脑、笔、笔记本、电话 2 部、洽谈桌椅 1 套、客户回访记录表 1 张（表 11－16）。

表 11－16　客户回访记录表

新车交车 24 小时内回访				
日期		回访人		
回访反馈	产品			
	服务			
	其他			
交车 3 日内				
日期		回访人		
回访反馈	产品			
	服务			
	其他			
交车一周内				
日期		回访人		
回访反馈	产品			
	服务			
	其他			
预计首保				
预计日期				
预约日期				

2. 演练脚本

(1)销售顾问 24 小时内回访

(2)销售顾问交车 3 日内回访

(3)销售顾问交车一周内回访

3. 进行演练

(1)全班分成若干小组并选举小组长,共同商量撰写演练脚本;

(2)每小组推选2名同学分别扮演销售顾问和客户,上台分别演练24小时回访、3日内回访、一周内回访的情景;

(3)非演练小组的同学认真观察并做好记录,特别是演练中出现的错误和瑕疵;

(4)演练结束小组之间互相纠错,提出意见和建议;

(5)每小组重新整理演练脚本,并根据演练情况填写客户回访记录表;

(6)指导老师收集客户回访记录表,对同学们演练状况和表格填写情况进行点评和总结。

4. 学习评估(表11-17)

表11-17　评估标准

序号	评估重点	满分	得分	原因分析
1	积极认真参与演练	15		
2	脚本撰写的合理性	25		
3	演练人员语气、表情等	20		
4	客户回访记录表填写规范性	20		
5	小组的团队合作能力	20		

演练二:客户抱怨及投诉训练

请同学们分组讨论,用什么办法处理所给案例中的投诉或者抱怨最合适。

1. 进行讨论

(1)全班同学每3～4人分成一个小组,选举小组长,针对案例进行讨论,并填写讨论分析表(表11-18),时间为20分钟;

(2)讨论结束后,每小组推选一人挑一个案例进行陈述本组的讨论结果;

(3)陈述结束后,小组之间互相提出意见和建议,如果同一个案例出现不同的解决方案,尝试对比哪个可能更有效;

(4)指导教师进行点评和总结。

表11-18　讨论分析表

序号	案例描述	解决方案
1	张女士购买新车三个月后,反映新车很费油(每百公里13升)。来4S店检查未发现异常,服务顾问告知是驾驶问题,王女士当即要求找经理投诉	
2	一位你不认识的客户来到4S店,该客户三个月前购买了一辆新车,目前行驶了4500公里。之前因为其他故障已来店三次。本次客户反映车辆使用过程中空调不凉快,此时客户非常生气,要求你给予解决	

（续表）

序号	案例描述	解决方案
3	陈先生的车购买仅半年，反映下雨或洗车后，前大灯都出现水雾，要求更换，来店后技术人员并未发现问题，但是顾客执意要求更换	
4	李先生预定新车后，销售顾问通知他今天下午2点半前来提车，于是李先生带着朋友准时前来，结果到了4点，销售顾问因为客户太多都没能给李先生办成交接手续，李先生非常愤怒地找经理投诉	
5	刘女士未预约前来4S店要求对车辆进行保养，见到服务顾问小张说明情况后，小张表示目前预约车辆较多，请刘女士等待，结果一个小时过去了，没有任何人来告知刘女士相关事宜，刘女士去问小张，小张也没有搭理他，刘女士直接找到服务主管说要投诉小张	

2．学习评估（表11－19）

表11－19　评估标准

序号	评估重点	满分	得分	原因分析
1	是否积极认真参与讨论	15		
2	解决方案的合理性	25		
3	陈述发言的表达能力	20		
4	知识点的掌握程度	20		
5	小组团队合作能力	20		

演练三：客户抱怨及投诉处理演练

1．分组演练

请同学们分组进行演练，从上面给出的案例中任选一个，分别扮演销售（服务）顾问、客户和销售（服务）主管，撰写脚本并进行表演。

2．准备工具及撰写脚本

本次演练，本小组经讨论认为需要准备________、________、________、________、________等工具。

抱怨（投诉）处理的演练脚本：

____

____

____

____

____

____

2. 进行演练

(1)根据前面的分组,分角色进行演练准备,准备时间20分钟;

(2)各小组进行演练,其他同学认真观摩并填写表11-20的内容进行分析比较;

(3)各小组演练结束后,每小组派代表提出意见和建议;

(4)指导教师进行点评和总结。

表11-20　脚本分析表

步骤	目的	话术
倾听		
认同		
平息		
处理		
结束		
跟踪		

4. 学习评估(表11-21)

表11-21　评估标准

序号	评估重点	满分	得分	原因分析
1	工具准备的完善程度	15		
2	脚本撰写的逻辑性、合理性	25		
3	演练时的仪态和表达	20		
4	知识点的掌握程度	20		
5	小组团队合作能力	20		

学习情境十二　汽车营销增值业务的推销

知识目标

(1)汽车贷款业务相关知识；
(2)汽车保险业务相关知识；
(3)汽车精品业务相关知识。

技能目标

(1)能向客户合理推销车贷业务；
(2)能向客户推销合理的汽车险种；
(3)能向客户合理推销汽车精品业务项目。

情境导入

销售顾问小李在店里的销售业绩虽然一直不错，但是除了底薪加上每辆卖出车辆的提成，月收入也并不理想，事实上不仅是个人，整个4S店仅靠汽车销售赚取的利润也很难维持企业的发展，这一点在中低档车中表现尤其明显。如何在激烈的市场竞争赚得多一点的利润，保持企业的竞争优势，是每一位企业经营者都要思考的问题。提供增值服务是开拓4S店新利润的来源。

小李开始在销售车辆的过程中向客户渗透贷款购车、4S店内购买车险、给汽车加装精品等购车新观念，不仅让客户对4S店各项拓展业务有更深入的了解，也给自己带来了更可观的收入。

任务1　汽车贷款业务的推销

【任务描述】

按照中国人传统的消费观念，很多人都不会接受贷款买车，所以有很多客户往往因为预算不足退而求其次，选择了更便宜的车型。面对这种情况，销售顾问小李在做汽车的产品介绍时先让顾客接受贷款买车这种新的消费观念，再介绍贷款购车的具体方式，最后结合客户的实际情况推荐最适合贷款方案，从而促成交易。

【学习目标】

(1)能够应顾客要求对汽车消费贷款作相应的介绍,为顾客提供必要的参考;
(2)告知顾客办理车贷相应的流程和相关法律法规。

【学习准备】

(1)汽车贷款的相关知识;
(2)推销汽车贷款业务的相关话术及技巧。

知识点	
技能点	

【知识讲解】

一、汽车贷款的相关知识

(一)汽车贷款的基本政策

(1)贷款的对象:年满 18 周岁小于 60 周岁,具有完全民事行为能力的人。

(2)贷款的条件:借款人具有稳定的职业和偿还贷款本息的能力,信用良好,能够提供可认可资产作为抵押,或有足够代偿能力的第三人作为偿还贷款本息并承担连带责任的保证人。

(3)贷款额度:贷款额度最高不超过所购汽车售价的 80%,一般是 70%。

(4)贷款期限:1 年、2 年、3 年,一般不超过三年,金融公司可以做到五年。

(5)贷款的利率:由中国人民银行统一规定。

(6)还贷方式:一般为分期归还法。

(7)申请条件:①具有有效身份证明且具有完全民事行为能力;②能提供固定和详细住址证明;③具有稳定的职业和按期偿还贷款本息的能力;④个人社会信用良好;⑤持有贷款人认可的购车合同。

(8)提供资料:①个人借贷申请书;②本人及配偶有效身份证件;③本人及配偶职业、职务及收入证明;④结婚证(未婚提供未婚证明)及户口簿;⑤购车合同;⑥近 6 个月的银行流水证明;⑦房产证明(购房合同或房产证)。

(二)常见的贷款方式

1. 银行贷款

一般 4S 店都会与某些银行进行合作。我们以中国建设银行为例，建行的利率为一年 4%、两年 8%、三年 12%，招商银行一年 5%，两年 9.5%，三年 14%。(建行目前是所有银行利率最低的，不用做本车抵押，但贷款需要房产证明等，收取不低于 4%的手续费)

优点：利率低。

缺点：申请门槛高、手续复杂。

2. 信用卡贷款

目前信用卡买车有两种刷卡模式：

一是刷信用卡全额付款，然后向银行申请账单分期。前提是你的信用卡可用额度够刷车款才行。

二是大部分车行都支持刷信用卡来分期买车，不同的是指定分期合作的银行不同，所以在买之前一定要记得问商家，你手上持有的这张银行信用卡能否分期买车。(针对没有房产的客户，但收取不低于 4%的手续费)

信用卡的贷款总额为信用卡额度的 4 倍。比如：信用卡的额度为 2 万，即可以贷款 8 万元。

优点：手续最简便。

缺点：期限短、月还款压力大。

3. 小额贷款(金融公司)

具有全款客户的实力，首付车价的六成，贷款贷四成。办理快捷，需要提供身份证，不需要房产证明。一般贷一年(收取 4%～10%手续费)。

4. 贷款厂家贴息(金融公司)

厂家会对部分车型进行贴息，一般为 1 年无利息、2 年无利息、3 年无利息。这样客户只需要支付一部分手续费(一般不低于 4%)。

优点：还款灵活、手续简便、放贷速度快。

缺点：贷款利息高、有手续费、提前还款有限制。

(三)贷款的流程

1. 银行贷款流程手续

(1)客户申请。客户向银行提出申请，书面填写申请表，同时提交相关资料。

(2)签订合同。银行对借款人提交的申请资料调查、审批通过后，双方签订借款合同，视情况办理相关公证、抵押登记手续等。

(3)发放贷款。经银行审批同意发放的贷款，办妥所有手续后，银行按合同约定以转账方式直接划入汽车经销商的账户或客户卡上。

(4)按期还款。借款人按借款合同约定的还款计划、还款方式偿还贷款本息。

(5)贷款结清。贷款结清包括正常结清和提前结清两种。一般不提前结清。

2. 信用卡分期购车流程

(1)持卡人持本人身份证，查询信用卡额度，到经销商处填写购车分期订单，办理相关申请。

(2)审批通过后,持卡人付首付款,办理正常购车手续。

(3)车辆上牌后,办理抵押手续。

(4)开车走人。

3. 金融公司的贷款流程

汽车金融公司,是指经中国银行业监督管理委员会(简称中国银监会)批准设立的,为中国境内的汽车购买者及销售者提供金融服务的非银行金融机构。国内主要的汽车金融公司主要有:上汽通用汽车金融有限责任公司、大众汽车金融公司、丰田汽车金融(中国)有限公司、福特汽车金融公司、戴姆勒-克莱斯勒汽车金融(中国)有限公司、东风标致雪铁龙汽车金融有限公司、沃尔沃汽车金融(中国)有限公司、东风日产汽车金融有限公司、奇瑞徽银金融有限公司、北京现代汽车金融公司。

(1)申请贷款:挑选心仪车型,填写申请表,提供证明材料。

(2)审核通过:签署合同及文件,办理车辆的手续,您把爱车开回家。

二、推销汽车贷款业务的相关话术及技巧

按揭和信贷的优点是让顾客付款变得简便,所以为了使顾客能在最初阶段就有这个意识,尽快向顾客宣传按揭和信贷是非常重要的环节。

(一)引出话题

1. 激发顾客购买欲望时(产品介绍)

要点:尽早消除顾客资金方面的顾虑。

例:××万元的车一次性付齐很困难,如果用按揭的方式,每个月只需要付一小部分就可以开走您中意的车。

2. 决定车型、级别时(需求分析)

要点:在决定好车型、级别之后,询问支付方法非常重要,要在最初以按揭为开端展开话题,如果先提到现金全额支付,现金不足,会给想用按揭的顾客带来尴尬。

例:您每个月的预算大概是多少?您首付准备付多少?付款采用按揭的方式是什么?

3. 提出报价单和价格商谈时

要点:重点在顾客考虑“怎么支付”之前就向其建议使用按揭。

例:全部价款是××万元,分××几次的话每个月是××千元,您觉得这样的支付方式如何?

(二)转移话题

1. 顾客说“利息太高了,手续费太高了”

要点:如果看每个月的还款额,相差就不是很大,另外关于手续方面要强调在经销店办理是非常简单的。

例:1年的手续费是××万元。如果每个月还款的话36次每次××千元、60次每次××千元左右。比起手续费总额,每个月的还款额不是更重要吗?

例:顾客:“付款期间长的话利息就多啊”,回答:“是有点多,但是我认为最重要的是您每个月支付的金额。”

2. 顾客说“我还没有余力买车啊”

要点:强调按揭和信贷是非常简便的支付方式。

例1:能够一次性用现金购买汽车和住房的人应该非常少。而汽车信贷和住房信贷就金额比较而言又完全不同,能够十分轻松地支付。

例2:信贷的还款额一般是占月薪的30%以下。如果按60次长期方式算的话,就可以没有什么困难地拿到车。

(三)不同类型的客户适合的车贷类型

1. 银行贷款适合有稳定职业人的选:

案例:“现在贷款买车银行有不少优惠活动呢!利率很低,一辆10万元左右的车,3年还清,月供才两三千元。”广东东莞的陈小姐说。十一期间,趁着厂家优惠,她通过深圳发展银行贷款了一辆10.46万元的POLO。首付三成,为3.16万元,贷款七成,共需还贷7.3万元,加上3%的万元系数,即每1万元需要付306.4元利息,3年每月还款2236元。

银行贷款是最传统的汽车贷款方式,个人直接向银行申请的汽车信贷业务。

优势:银行贷款利率低,贷款额度较高。目前,包括建设银行、招商银行、上海银行、华夏银行在内的多家商业均推出了个人汽车贷款。

局限:申请贷款的门槛较高,手续烦琐,办理周期长,首付较高,占车款的30%以上。贷款周期较短,最长为3年。

适应人群:适合于拥有本地户口,并且从事医生、教师、政府公务员、律师、会计师、审计师等稳定职业的人,适合于购买高档进口车人群。

2. 信用卡分期免息免手续费优惠多

案例:从事IT工作的李先生,今年10月选择信用卡方式贷款购买了一辆10.68万元的轿车,首付4.272万元(车价的40%),手续费2242.8元(分期金额的3.5%),贷款1年期,每月还贷5340元。李先生说,招商银行推出的“车购易”很方便,只要向4S店工作人员出示身份证、信用卡和工作证明。经销商负责向招行提交资料,几个小时招行就通过了审批。

信用卡分期购车,按照产品的不同,收取占分期金额4%~10%的手续费。

优势:信用卡手续比银行贷款容易。只要持卡人信用良好、有稳定收入即可,一般没有户籍和财产方面的限制。

局限:贷款额度较少,贷款期限最多不超过三年。

适应人群:有良好信誉度的信用卡消费人士。

3. 汽车金融公司:贷款方便但利率高

案例:购买一辆1.6自动挡舒适型的性价比较高的新宝来12.83万元,马女士选择了大众金融贷款。如果要贷款3年,首付30%,先交上3.93万元,再加上购置税、保险费、服务费等费用,首付共合计5.214万元。贷款额为8.9万元。3年期贷款利率是11.4%,每月需要还2931元。马女士说,大众金融的申请比较简单,只要手续齐全,两天左右就可以批复。

汽车金融公司是隶属汽车生产厂家的金融机构,它的职能是专为消费者提供汽车信贷业务。目前已经进驻中国内地的汽车金融公司的有:上海通用金融有限责任公司、丰田汽车金融(中国)有限公司、大众汽车金融(中国)有限公司。随着汽车市场竞争的加剧,陆续还会有更多的汽车金融公司进驻大陆。

优势:汽车金融公司贷款申请比较方便,门槛最低,还款方式更为灵活,它的贷款期限最长可达到5年。

局限：和银行贷款相比，汽车金融公司贷款利率最高，甚至比银行贷款利率高一到两成。值得注意的是，目前自主品牌很少有成立金融公司的。

适应人群：适合自由职业者和经济实力尚不强大的年轻人。

【想一想】

针对下列情境，你会如何劝说车主贷款购车呢？

情景 1：对雅阁十分感兴趣，但手中暂无足够现金。

参考话术：雅阁以其宽敞的空间、大气的外形、丰富的配置、可靠的质量居于高性价比车型之首，可以说购买雅阁是非常明智的选择。如果您暂时不想全款购车的话，您完全可以选择广汽汇理的贷款服务，只付很少一部分首付的钱，然后就可以提前享受雅阁车给您带来的超值享受。此外，您也可以将手中剩余的现金用于其他的投资。

____

____

____

情景 2：已准备购买理念，但看到锋范时却显得更加感兴趣。

参考话术：您是不是更加喜欢锋范呢？对于家庭来讲，换车的频率不会很快，所以不妨一步到位，购买一部最适合你的车。您完全可以只拿出买理念的一部分钱用来做锋范的首付，申请广汽汇理的贷款，来购买锋范车。这样您可以买一辆锋范，而且花比买理念更少的钱。

____

____

____

【任务实施】

以小组为单位，针对以下客户类型设计出合理的话术并演练：

(1)有近期换车计划的客户；

(2)对于月供、利息有异议的客户；

(3)上有老下有小，生活压力较大的中年客户；

(4)私营企业业主等有投资需求的客户；

(5)对分期手续有异议的客户；

(6)想买某车型，但是资金不够，正在考虑其他低价车型的客户；

(7)由于价格原因，在两款车型前犹豫不决的客户；

(8)普通公司职员、教师、公务员等每月有稳定收入的客户。

【任务评价】

序号	考核项目	评价	分值	实际得分
1	语言结构	设计话术语句通顺、无语病	10	

（续表）

序号	考核项目	评价	分值	实际得分
2	语言修饰	礼貌用语使用得体	20	
3	语言技巧	针对不同客户有针对性的推销	50	
4	语言表达	可以流畅的脱稿讲出设计话术	20	
总体评价与得分				

任务2　汽车保险业务的推销

【任务描述】

小陈刚买了一辆20多万元的大众迈腾，高兴之余，也在为买保险发愁。这是他的第一辆新车，自然想倍加爱惜，他刚刚开车，对自己的技术还不够自信，就想多买点保险作保障；另一方面，他第一次买车险，又怕被代理人忽悠，多花钱买了不该买的保险。小陈向4S店求助，希望能买到经济实惠适合自己的车险。销售顾问小李用自己的专业知识向小陈介绍了汽车的主要险种，并结合小陈的实际情况推荐了适合他的保险组合，小陈觉得小李的建议非常诚恳，也比较省心，于是决定在4S店购买汽车保险。

【学习目标】

(1)能够应顾客要求对汽车保险的各个险种作相应的简介，为顾客提供必要的参考；
(2)告知顾客购买车险的流程和相关法律法规。

【学习准备】

(1)汽车保险的相关知识；
(2)推销汽车保险业务的相关话术及技巧。

知识点	
技能点	

【知识讲解】

一、汽车保险业务的相关知识

(一)机动车保险的种类

机动车辆保险一般包括交强险和商业险,商业险包括基本险和附加险两部分。基本险分为车辆损失险和第三者责任保险、全车盗抢险(盗抢险)、车上人员责任险(司机责任险和乘客责任险),附加险包括玻璃单独破碎险、划痕险、自燃损失险、涉水行驶险、无过失责任险、车载货物掉落责任险、车辆停驶损失险、新增设备损失险、不计免赔特约险等。玻璃单独破碎险、自燃损失险、新增加设备损失险,是车身损失险的附加险,必须先投保车辆损失险后才能投保这几个附加险。车上责任险、无过错责任险、车载货物掉落责任险等,是第三者责任险的附加险,必须先投保第三者责任险后才能投保这几个附加险。每个险别不计免赔是可以独立投保的。

(二)机动车险的具体内容

1. 交强险

交强险全称“机动车交通事故责任强制保险”,是中国首个由国家法律规定实行的强制保险制度。《机动车交通事故责任强制保险条例》(以下简称《条例》)规定:交强险是由保险公司对被保险机动车发生道路交通事故造成受害人(不包括本车人员和被保险人)的人身伤亡、财产损失,在责任限额内予以赔偿的强制性责任保险。

2. 商业险

(1)车辆损失险。在机动车辆保险中,车辆损失保险与第三者责任保险构成了其主干险种,并在若干附加险的配合下,共同为保险客户提供多方面的危险保障服务。车辆损失险的保险标的,是各种机动车辆的车身及其零部件、设备等。当保险车辆遭受保险责任范围的自然灾害或意外事故,造成保险车辆本身损失时,保险人应当依照保险合同的规定给予赔偿。车辆损失险的保险责任,包括碰撞责任、倾覆责任与非碰撞责任,其中碰撞是指被保险车辆与外界物体的意外接触,如车辆与车辆、车辆与建筑物、车辆与电线杆或树木、车辆与行人、车辆与动物等碰撞,均属于碰撞责任范围之列;倾覆责任指保险车辆由于自然灾害或意外事故,造成本车翻倒,车体触地,使其失去正常状态和行驶能力,不经施救不能恢复行驶。非碰撞责任,则可以分为以下几类:保险单上列明的各种自然灾害,如洪水、暴风、雷击、泥石流、地震等。保险单上列明的各种意外事故,如火灾、爆炸、空中运行物体的坠落等。其他意外事故,如倾覆、冰陷、载运被保险车辆的渡船发生意外等。机动车辆损失险的责任免除包括风险免除(损失原因的免除)和损失免除(保险人不赔偿的损失)。风险免除主要包括:战争、军事冲突、恐怖活动、暴乱、扣押、罚没、政府征用;在营业性维修场所修理、养护期间;用保险车辆从事违法活动;驾驶人员饮酒、吸食或注射毒品、被药品麻醉后使用保险车辆;保险车辆肇事逃逸;驾驶人员无驾驶证或驾驶车辆与驾驶证准驾车型不相符;非被保险人直接允许的驾驶人员使用保险车辆;车辆不具备有效行驶证件。损失免除主要包括自然磨损、锈蚀、故障,市场价格变动造成的贬值等。需要指出的是,机动车辆保险的保险责任范围由保险合同规定,且并非是一成不变的,如中国大陆以往均将失窃列为基本责任,后来却将其列为附加责任，即被保险人若不加保便不可能得到该项危险的保障。

(2)第三者责任保险。机动车辆第三者责任险，是承保被保险人或其允许的合格驾驶人员在使用被保险车辆时，因发生意外事故而导致的第三者的损害索赔危险的一种保险。由于第三者责任保险的主要目的在于维护公众的安全与利益，因此，在实践中通常作为法定保险并强制实施。机动车辆第三者责任保险的保险责任，即是被保险人或其允许的合格驾驶员在使用被保险车辆过程中发生意外事故而致使第三者人身或财产受到直接损毁时，被保险人依法应当支付的赔偿金额。在此保险的责任核定，应当注意两点：①直接损毁，实际上是指现场财产损失和人身伤害，各种间接损失不在保险人负责的范围。②被保险人依法应当支付的赔偿金额，保险人依照保险合同的规定进行补偿。这两个概念是不同的，即被保险人的补偿金额并不一定等于保险人的赔偿金额，因为保险人的赔偿必须扣除除外不保的责任或除外不保的损失。例如，被保险人所有或代管的财产，私有车辆的被保险人及其家庭成员以及他们所有或代管的财产，本车的驾驶人员及本车上的一切人员和财产在交通事故中的损失，不在第三者责任保险负责赔偿之列；被保险人的故意行为，驾驶员酒后或无有效驾驶证开车等行为导致的第三者责任损失，保险人也不负责赔偿。

(3)附加保险。机动车辆的附加险是机动车辆保险的重要组成部分。从中国现行的机动车辆保险条款看，主要有附加盗窃险、附加自燃损失险、附加涉水行驶损失险、附加新增加设备损失险、附加不计免赔特约险、附加驾驶员意外伤害险、附加指定专修险等，保险客户可根据自己的需要选择加保。

(4)盗抢险。盗抢险负责赔偿保险车辆因被盗窃、被抢劫、被抢夺造成车辆的全部损失，以及期间由于车辆损坏或车上零部件、附属设备丢失所造成的损失，但不能故意损坏。各家保险公司盗抢险保障差异部分：民安车险、华泰车险、大地车险、人保车险、平安车险、太平洋车险明文规定保障“被保险机动车全车被盗窃、抢劫、抢夺后，受到损坏或车上零部件、附属设备丢失需要修复的合理费用”“被保险机动车在被抢劫、抢夺过程中，受到损坏需要修复的合理费用”造成的损失，天平则规定“保险车辆全车被盗抢后又找回的，对保险车辆在被盗抢后、被保险人对其失去掌控期间发生的保险车辆损失，本公司按照本合同的规定负责赔偿”，天平在这方面比较严格，对被保险人最不利。

(5)车上人员。这个大家都清楚，就是保车里的人的意外伤害和死亡，死亡就说不上了，20000 元起不了多大作用，主要是意外伤害，就是保险受伤后的医疗费，以前可以随意保，保几个都行，如今不行了，要么只保驾驶员，要么全保，价格很便宜，驾驶员保 20000 元，才不到 80 块钱。

(6)划痕险。划痕险即车辆划痕险，它属于附加险中的一项，主要是作为车损险的补充，能够为意外原因造成的车身划痕提供有效的保障。划痕险针对的是车身漆面的划痕，若碰撞痕迹明显，划了个口子，还有个大凹坑，这个就不属于划痕，属于车损险的理赔范围。

(7)玻璃单独破碎险。玻璃单独破碎险，即保险公司负责赔偿被保险的车险在使用过程中，车辆本身发生玻璃单独破碎的损失的一种商业保险。车主一定要注意“单独”二字，是指被保车辆只有挡风玻璃和车窗玻璃(不包括车灯、车镜玻璃)出现破损的情况下，保险公司才可以进行赔偿。如果车主想知道玻璃单独破碎险多少钱，可以通过下面的车险计算器来计算价格，也可以借此机会来比较一下哪家保险公司的车险价格更实惠，从而更有助于车主选择最适合自己的保公司进行投保。

(8)自燃险。自燃险即“车辆自燃损失保险”,是车损险的一个附加险,只有在投保了车损险之后才可以投保自燃险。在保险期间内,保险车辆在使用过程中,由于本车电路、线路、油路、供油系统、货物自身发生问题,机动车运转摩擦起火引起火灾,造成保险车辆的损失,以及被保险人在发生该保险事故时,为减少保险车辆损失而必须要支出的合理施救费用,保险公司会相应地进行赔偿。

(9)不计免赔。保险公司也不是冤大头啊,你损失多少赔多少,你的责任全承担,不保不计免赔的话,你出险的损失保险公司只承担80%的责任,就是说定损1000元,只赔800元,20%的责任自己承担,所以还是保上的好。

(三)购买原则

目前,我国有上百种车辆保险,尽管有些险种名称大同小异,但条款内容、保险责任千差万别,投保之前最好将多家公司的保险条款进行一番比较后,选择出哪家的公司的保单条款最有利后再投保。

车主在购买保险时,首先应投保车损险、第三者责任险和车上人员责任险这三项基本保险。对于经常跑长途、没有固定车库或所居住小区治安环境不佳的车主来说,车辆被盗风险较大,还应买盗抢险、划痕险。此外,为了应对《道路交通安全法》汽车“无责赔偿”的新规定,最好加保无过错责任险和不计免赔险,这样无论车主在事故中是否有责任,都能获得足额赔偿。

保额的高低决定保费的多少,选择合适的保额就很重要。我国车险条款规定,当保险车辆发生全损时,车主只能获得相当于出险时车辆实际价值的赔偿。比如一台已使用6年的轿车,新车购置价18万元,保险公司计算的折旧价格为4.5万元。如按新车购置价投保需缴保费4080元,而按车辆折旧价值投保,仅交1380元。保费相差甚多,但出现全车损毁时,赔偿金却是一样的。

车主在购买第三者责任保险时,最好将保额定在20万元,保额太低,万一出现大事故不够用;保额太高,多交保费不划算。至于盗抢险、自燃险、玻璃破碎险等附加险保费,则一般都是按车辆价值确定。

二、针对不同险种组合的推销话术

(一)基本型:交强险+第三责任险

您好,您的车首先要上一个交强险,这是国家规定必须要上的,如果您的车不投保交强险就上路的话,一旦被交警抓住,除了要扣车到补交交强险外,还要处以保费两倍的罚款,多不划算!

除了交强险,您一定要保一个第三者商业责任险做补充。单上交强险对于经常在路上行驶的汽车来说,保障是远远不够的。您别看交强险保额是12.2万,那可是分项赔偿的。您知道吗?交强险在您有责的情况下对第三者的医疗费用最多赔10000元,财产损失最多赔2000元,现在医药费这么贵,就算看个骨折花上一两万都很正常。再加上误工费、护理费……一万哪儿够赔的呀?所以您一定要选择一个第三者商业责任险做补充。对于第三者商业责任险我建议您保10万的,因为5万第三者商业责任险保障还是低了一些,而且10万比

5 万第三者商业责任险就算加上不计免赔才贵了 200 块多一点，但保额提高了一倍，还是比较值的。而且我跟您说，第三者商业责任险赔起来可是不分项的，不管医疗费用还是财产损失费用，都在这 10 万限额内出，多划算啊！不光如此，第三者商业责任险实行的还是每次赔偿限额原则，就是说，您保这 10 万不是说最多赔您 10 万，而是每次事故最多赔您 10 万，您看这个险种多超值！多花点钱，图个放心！

另外这个不计免赔一定要上，否则出了事故有些钱赔不了，99％的客户都上这个险。

（二）经济型：交强险 + 第三者责任险 10 万（20 万）+ 不计免赔 + 车损险 + 盗抢险 + 玻璃险

对于您的车，交强险是一定要上的。第三者商业责任险推荐您保 10 万或者 20 万，对于一般的交通事故，20 万基本够用了，而且 10 万三者和 20 万三者才差了 100 多块钱，但保障却提高了一倍，相当于每天才多交几毛钱，可心里踏实多了。

车损险是赔您自己车本身损失的，也是必保的项目，平常有些剐剐蹭蹭的就可以走保险了，而且对于火灾、爆炸、雷击、冰雹、暴雨等灾害造成的损失也可以赔付。这是个性价比很高的险种，对于您的车（10 万/3 年），才 1200 块，平均一天也就多掏 2 块多钱，可能还赶不上您一个小时的停车费。

另外如果您经常在外面停车的话，盗抢险也是必上的。您不上车损险出了事故最多自己花点钱修了，但不上盗抢险一旦车丢了就什么都没了。对于您的车（10 万/3 年），保费也就 380 元，一天多花一块钱，图个踏实不是？

不计免赔险就更不用说了，99％的客户都会上这个险，这个钱可不能省，否则一旦出了事您的损失就大了。

另外附加险还有一个玻璃险，这个您也是可以考虑投保的，因为玻璃毕竟属于易碎的物品，平常开车速度快点崩起个小石子就可能把玻璃碰碎。而且保费不高，才 100 多块钱，也是挺实惠的。

知道您追求最高的性价比，尽量花最少的钱得到最高的保障，其他一些险种就没向您推荐，比如车上人员责任险，就是个不记名的比较实惠的意外险，平常只有您和您太太坐车，您又都买了意外险，就可以选择不投保，虽然保费不贵才 100 多块，但能省则省嘛。还有划痕险，一般保的都是别人故意或者无意对您车辆的划伤。对于您的车保费要交 427 元，但最多只能赔 2000 元，就不是那么划算了。自燃险就更是可保可不保了，它保的是车的供油供电供气系统故障或者您车上的货物起火造成的损失，对于比较新的车来说，发生自燃的概率还是相对比较低的。

（三）保障型：交强险 + 第三者商业责任险 20 万 + 车上人员 1 万 × 5 座 + 盗抢险 + 不计免赔险 + 玻璃单独破碎险 + 车身划痕险（2000 + 自燃险（家庭自备车、营业性机动车）

要想让您的车得到比较全的保障，一定要上“全险”，一般来说，我们说的“全险”指的是最实用的 9 个险种，也就是交强险、四个商业主险和四个商业附加险。

首先交强险是必须要上的，它赔偿的是交通事故中第三者的人身伤亡和财产损失。交强险实行的是分项赔偿原则，死亡伤残最多赔 11 万元，医疗费用最多赔才 1 万元，财产损失最多赔 2000 元，所以保障是远远不够的，必须投保一个第三者商业责任险作为补充。第三者商业责任险保额分为 5 万、10 万、20 万……我建议您保 20 万的，比较实惠，同时基本能得到比较充分的保障。

车损险是赔您自己车本身损失的，也是必保的项目，平常有些剐剐蹭蹭的就可以走保险了，而且对于火灾、爆炸、雷击、冰雹、暴雨等灾害造成的损失也可以赔付。这是个性价比很高的险种，对于您的车(10 万/3 年)，才 1200 块，平均一天也就多掏 2 块多钱，可能还赶不上您一个小时的停车费。

车上人员责任险是对于交通事故中车上人员人身伤亡负责赔偿的险种，相当于一个比较实惠的意外险，还是不记名的，保费也便宜，才 100 多一点，可以得到每个座位 1 万元的保障。车身划痕险保的是无明显碰撞痕迹的车身划痕，假如车停在路上被人故意或者无意间划了，这个险种负责赔偿。

自燃险保的是车辆自燃的损失，包括车的电器、线路、供气供油系统发生故障或者车上所载货物因为自身原因燃烧造成的车辆本身的损失。这个险种不贵，推荐您最好保上。

我们的车险条款有 34 个，但我觉得真正对您有用，性价比又比较高的就是这 9 个，保了"全险"，您的爱车基本上得到了相对全面的保障。

【任务实施】

小陈刚买了一辆 20 多万元的大众迈腾，高兴之余，也在为买保险发愁。这是他的第一辆新车，自然想倍加爱惜，他刚刚开车，对自己的技术还不够自信，就想多买点保险作保障；另一方面，他第一次买车险，又怕被代理人忽悠，多花钱买了不该买的保险。小陈向 4S 店求助，希望能买到经济实惠适合自己的车险。请你为小陈推荐合适他的车险。两人一组讨论设计合理话术并演练。

【任务评价】

序号	考核项目	评价	分值	实际得分
1	语言结构	设计话术语句通顺，无语病	10	
2	语言修饰	礼貌用语使用得体	20	
3	语言技巧	针对不同客户有针对性的推销	50	
4	语言表达	可以流畅地脱稿讲出设计话术	20	
总体评价与得分				

任务 3　汽车精品业务的推销

【任务描述】

很多客户由于预算有限，只能考虑购买最低配车型，可是这些客户又想拥有中高配版本车型中的一些高级配置，比如真皮座椅、方向盘加热、360 度倒车影像等，这个时候销售顾问可以主动提出改装建议，并对比价格优势，从而促成交易。

【学习目标】

(1)了解汽车精品行业的行情；

(2)掌握汽车精品的推销技巧。

【学习准备】

(1)汽车精品业务的相关知识；

(2)推销汽车精品业务的相关话术及技巧。

知识点	
技能点	

【知识讲解】

一、汽车精品业务的相关知识

(一)汽车精品的由来

随着中国汽车工业的高速发展，汽车已开始进入了寻常百姓家。一般汽车出厂时都有好几个型号或版本，不同版本车辆配置不相同，不同的消费者对车辆具有不同的使用观念，比如选购较低配置车辆的车主要求享受更高的产品服务时，还有需要用到原厂配置不具有的附加产品功能时，精品加装与改装是满足此需求的唯一途径。因而，作为汽车后市场中的汽车精品迎来了其蓬勃发展时期。

随着汽车精品市场竞争日趋激烈，精品销售依然采用简单地介绍产品功能、价格的方式，已远远不能获得目标客户的信任。这对精品销售的销售员的能力提出了更高的要求。

(二)汽车精品的种类

(1)汽车内饰精品——主要是指用于汽车内部装饰和布置产品常见内饰精品有：汽车香水座、坐垫、冰垫、脚垫、腰垫、地毯、座套、钥匙扣、公仔、风铃、窗帘、保温壶、太阳膜、防盗锁、安全气囊、车用衣架、隔热棉、门边胶、手机架、安全带、气压表、方向盘套、仪表装饰板等。

(2)汽车外饰精品——主要是指用于车外的装潢的产品。常见外饰精品有：晴雨挡、门碗饰件、外拉手贴件、挡泥板、车贴、汽车天线、雾灯框、汽车尾灯框等。

(3)汽车电子精品——主要是指用于汽车电子控制装置和车载汽车电子装置。常见电子精品有:GPS 导航、车载 DVD、车载 MP3、汽车音响、汽车逆变器、汽车加湿器、汽车氙气灯等。

(三)五大精品盈利项目

从一份通过调查全国上千家 4S 店精品经营状况而得出来的 4S 店单项获利率状况分析图中可以总结出 4S 店精品经营的产值来自汽车 AV 产品、防爆膜、安防、底盘装甲这五大类,这几类精品是创造精品利润最重要的产品。

二、推销汽车精品业务的相关话术及技巧

(一)精品销售的时机

1. 新车下定金——引导时机

给车主一些前期的铺垫工作(我们有汽车销售后的全部的加装的产品和服务)。

2. 新车交余款——最关键的时机

(1)介绍车辆的全部的必要的服务项目(底盘防锈、隔热防爆膜等);

(2)针对车型,介绍针对性的项目;

(3)强调新车前期节约时间,在提车时已装饰一新,满足车辆的使用要求;

(4)强调 4S 店的专业性;

(5)特别提示在其他店面进行加装的不受保护性。

3. 车主提车——最后补充时机

(1)核对车辆加装情况,进行补充;

(2)再次强调 4S 店的专业性;

(3)再次强调新车在其他地方加装的不受保护性。

4. 协同作战

(1)向顾客介绍 4S 店面精品部,让精品销售员无缝介入。

(2)敲边鼓的重要性。在顾客对精品有犹豫的时候,他更倾向于听销售顾问的声音,销售顾问肯定的答复给顾客以临门一脚的信心。

(3)共筑信息沟通平台。及时沟通,避免出现没有交代出场人物、没有后续跟踪、前后解说不一的情况。

(二)精品销售的经典案例

1. 营销建立在消费者的消费心理上

案例:内行人买车

顾客去买一辆奥迪 A6,刚好 4S 店缺货,要向厂家订货。在对方订车的时候。向销售员了解这款车的相关情况,销售员热情地介绍说:“这款车 2.0T,价格是 43.8 万。”顾客认为太贵了,销售员即刻又表示:“这款车装有 DVD 导航,还装有 GPS 防盗器。”于是顾客又问:“这款车是否原车就装有这些设备?”得到的答案是“没有”。不过销售员又表示:“我们店已经给这款车安装了加强版,这里就有样板车。”顾客又问是否能便宜点,他说:“先生,这便宜是便宜不了的,如果想便宜的话你就不要一样吧。”销售员表示:“不要真皮便宜 3000 元,不要……”,销售员和顾客玩起了推销游戏,而他并不知道顾客是内行人士。于是就逗销售人员

一个个地将精品减下去,直到最后被“扒光了衣服”,减到没有地方可以减价了,就是裸车价。如果一开始销售员告诉顾客,这车 399000 元,如果需要,装个导航要加 6800 元,装个真皮要加 5000 元……,那顾客的感受就不一样了。

消费者的心理大都是愿意接受减法而不愿意接受加法,加法都是要多掏钱的。减钱,消费者就会觉得很舒服。产品原价多少,打个折给消费者,他就会感到很爽;如果要加钱,那他就觉得很不爽。当消费者去商场购物索要发票的时候,却被告知要增加 6 个点才行,消费者定然会觉得很不爽,但随即又被告知不要发票可以减 6 个点,这样消费者就觉得很舒服了。

2. 营销就是要卖“不同”

案例:皇家飞度的大胆销售

深圳鹏峰汽车城的广州本田店推出了个性化、装备独一无二的皇家飞度车,通过加装价值上万元高级音响、DVD 导航、包围、氙气灯、贴纸、炫动轮毂等精品,打造经典版、纪念版、炫动版等,多个个性化主题鲜明的独家车型。并且在价格牌标出“立刻省近 2 万的费用”,意思是:“这款车你要拥有同样的个性化功能,在别的地方起码要多花近 2 万元。而你买我们店的炫动版飞度,133800 元,可以帮你节省 21956 元”。

皇家飞度以超级豪华的配置、流线绚丽的外观、个性奢华独享的服务,另外再加上五星级安全评价,推出车市,已有“无与争锋”之势。皇家飞度个性版本的车型,不仅人气高昂,令消费者争相传颂,更吸引了众多汽车媒体的目光,纷纷推出谍报消息。

不管飞度的底价是多少,但是没有谁敢像这家 4S 店这样卖飞度。不要怀疑,总有人愿意接受这样的价格。一旦你所经营的 4S 店不敢去做,而对方敢做,自然就会产生不一样的结果。

3. 营销宣传应针对竞争对手而定

成功案例:

在一个小地方,有两家广汽丰田店,两店的竞争可谓是进入了一个白热化的阶段。两店在激烈竞争的过程中,努力争取客户,其中有一家就瞄准一样精品——“智能钥匙·一键启动系统”产品。该店把“智能钥匙·一键启动系统”安装在店内的凯美瑞车上,让新车豪华升级,再加上一点内饰之类的精品,把该店所有的车都从 20G 全部变成 20V 的配置,那就是原本差价 6 万元的配置了,但是价格和原来的一样。白白多了 6 万元价值,消费者能不选择去这家店买车吗?其实这家 4S 店所花的成本不超过一万,实际可能还更少,但得到的结果却是:当月抢了隔壁店 70%的生意。先前的情况是两家店五五均分,而当月是变成了该店卖了 80%,对方只卖 20%的程度。该店的成功靠的就是想尽办法针对竞争对手来做营销。

营销里面所有的宣传并不是自说自话,更不是自以为是,而是针对竞争对手定的。原则是“对方没有做你就做,反之则不做”。经营者们不要纠结于这是否是自己想做的事情,要针对竞争对手才是关键。

4. 注意做好产品展示

案例:昆明凯成的精品展示方式

昆明凯成店在精品展示方面重视让客户更加方便地了解精品,做到让客户不用询问即可找到适合自己车辆的精品。除了精品超市外,制作加装精品项目和价格表,让客户了解精品的功能、优势及使用精品的好处。昆明凯成的做法是:设立独立的二层精品超市,位于经销店入口处，位置明显，一目了然，方便客户参观选购。充分显示出对纯正精品的重视，纯正精品展示随处可见。给所有展车都加装精品，在展车的前风挡玻璃上放置加装精品目录及报价，让客户更直观地了解。4S店精品部门应注意分析汽车市场精品展示趋势，针对精品的特性，运用展示橱窗、人员演示、现代影音科技、试用、比较、测试等创新有利的展示方法，吸引客户注意力，帮助客户理解其优点和利益，增加精品价值和销售量。

【想一想】

一套西装穿在平常人身上，一般大家认为它价值1000元；如果说这西装是进口的，那大家觉得它就可能值2000元了；如果说是在法国旅游时买的，大家又可能认为它值5000元了；如果说它是在香榭丽大道有名的一个时装秀上买的范思哲牌西装，那大家会想：这套西装的价值在8000元到10000元之间了；再说这套西服是限量版的，而且衣服上还有范思哲的亲笔签名，那大家会惊叹地说：哇，这套西装最少也值2万了。

为什么不同的说法会让同一套西服的价值从1000元升到2万元？就是因为不断地增加它的价值，价值一说价格就上来了。价值就是顾客所体验的，告诉顾客买了这产品将会得到怎样的利益。这些都是商家赋予产品的增加值，说出来的价值。

在某4S店，底盘装甲这样标价：汉高底盘防锈漆90元一罐，施工时间2小时，需要数量4到6罐。这样的标价，它的价值消费者是看不出来的。90块钱一罐不算太贵，4到6罐需要施工2个小时，一个工时150元，两个小时300元，也就是施工费用300元，喷4罐底盘防锈漆加起来共值600多块钱，它的这项底盘装甲服务的价值也就是这么多了，也就是说最多只能卖600多块钱，很难再增加它的价值了。

请你重新为这家店设计一段话术，以提高底盘装甲的“增加值”。

____

____

____

【任务实施】

每3人一组，分别扮演销售顾问、客户与观察员，客户与观察员共享一个剧本，销售顾问没有剧本，你对眼前的顾客一无所知，时间5分钟，演练完毕后，客户与观察员向销售顾问提出意见。

【任务评价】

序号	考核项目	评价	分值	实际得分
1	语言结构	设计话术语句通顺，无语病	10	
2	语言修饰	礼貌用语使用得体	20	
3	语言技巧	针对不同客户有针对性的推销	50	
4	语言表达	可以流畅地脱稿讲出设计话术	20	
总体评价与得分				

【学习评价与反馈】

一、学习过程评价

下列情境中,如何处理客户异议?

(1)汽车4S店内,客户听完汽车销售顾问关于贷款购车的介绍后,说道:"我知道你们推销贷款买车是有提成的。"

(2)汽车4S店内,客户对汽车销售顾问说:"我熟人也有卖车险的,比你们这买要稍微便宜一点啊?"

(3)汽车4S店内,客户了解了改装真皮座椅的价格后说:"你们这太贵了,我觉得没必要改。"

根据上述资料,以小组为单位,对上述问题回答情况进行成果展示与反思,在成果展示过程中进行小组间互评和教师点评,评价标准见下表。

评估等级 评估指标	好	一般	差
实训准备 (10分)	能够通过各种渠道对汽车销售中异议处理环节的相关内进行精心准备	能够事先对汽车销售中异议处理环节的内容准备,但是不够充分	无准备
学习参与度 (20分)	小组成员积极主动参与活动,学习热情高涨	小组成员积极主动参与活动情况一般,学习热情一般	小组成员缺乏积极主动性,学习热情较差
服务礼仪 (10分)	能够按照汽车4S店服务要求礼貌待客,取得顾客的好感	基本能按照汽车4S店服务要求礼貌待客,但有所欠缺	不符合汽车4S店服务要求,缺乏热情
知识运用 (40分)	能够认真聆听顾客情况,帮助顾客解答问题,结果让顾客满意,回答问题正确率在80%以上	基本能够认真聆听顾客情况,帮助顾客解答,结果让顾客比满意,回答问题正确率在60%以上	不能认真聆听顾客情况,不能帮助顾客解答,结果让顾客不满意,回答问题正确率在60%以下
表达分析能力(20分)	表情诚恳、逻辑关系清晰、行为举止自然规范、语言表达能力强、知识面宽	表情诚恳、逻辑关系较清晰、行为举止比较自然规范、语言表达能力较强、知识面较宽	表情不诚恳、逻辑关系不清晰、行为举止不自然规范、语言表达能力较弱、知识面较窄

二、学习效果评价

(一)根据本任务所学知识,做出正确的判断

1. 常见的汽车贷款方式有(　　)。

A. 银行贷款　　B. 信用卡贷款

C. 金融贷款　　D. 私人贷款

2. 购车后需要购买的最基本的两个险种是(　　)。

A. 交强险　　B. 第三者责任险

C. 不计免赔　　D. 盗抢险

(二)根据本任务所学知识,谈谈下面这段话对你的启示

如今,挂在很多营销人士嘴上的一句口头禅就是:“卖出去就是硬道理”。其实,能够把产品卖出去的,仅仅只能算是初级水平的营销人,俗话说,吃亏上当,只有一回;真正的营销高手,不仅仅能把产品卖给别人,还能让别人从心动到感动再到依赖和忠诚,因为人是有感情的动物。人情债是永远还不完的债,如果你能感动别人,你就能卖给他任何你想卖给他的东西。

(三)情景演练

1. 情境导入

小李在给客户做汽车的例行保养时发现客户的前轮轮胎让钉子扎了一个洞,而这颗钉子扎的位置正好在轮胎的内侧,一般很难发现。于是,他将这个问题告诉客户。

2. 演练脚本

小李:“先生,刚才我发现您的汽车前轮胎上面扎着一颗钉子。”

客户:“是吗?”

小李:“这个轮胎如果不处理,有可能在您开出去后气就有可能漏完了,这可是非常危险的事情。如果现在拆下轮胎进行修补或更换一条新的轮胎的只需 20 分钟,万一您开到高速公路上再出问题的话,可就麻烦了。”

客户:“好吧,你拆下来给我仔细检查一下吧。”

小王将轮胎拆下来经过检查后说:“先生您看,现在钉子正好扎在轮胎的内侧,而轮胎的内壁是比较薄的,如果是用补胎胶条来补胎的话有可能效果不理想。您再看这条轮胎也行驶了 5 万多公里了,也补了好儿回了,不如新换一条轮胎吧。”

客户:“还能补一下吗?换一条新的要多少钱?”

小李:“你这时日本进口的轮胎,这种型号的产品是×××元。”

客户:“太贵了。”

小李:“是啊,换一条新的轮胎是贵一点,但您的车经常跑高速吧,根据调查数据显示,在高速公路上最大的杀手就是轮胎爆胎,决不将这种隐患留在您的车上啊!”

客户:“就换一条吧。”

小李边在更换轮胎的时候边对客户说:“如果是节约一点的话可先暂时更换一条轮胎,但从安全的角度上来考虑,我们还是建议您同时更换前面的两条轮胎,这样才能在行驶中保持两边同时稳定性及制动性。”

客户:“好吧,你顺便给我再检查一下还有什么问题。”

小李:“谢谢您,如果这两条轮胎在行驶中发现有任何问题可随时打电话给我们,我们的 24 小时服务热线是××××××”

3. 进行演练

(1)全班分成 3 组,选举小组长,并推选小组两名成员分别扮演小李和客户;

(2)演练开始之前，由指导老师扮演客户带领朗读脚本内容；

(3)朗读完毕之后，各小组在组长的带领下，进行小组内部的脚本演练，时间 15min；

(4)各小组准备完毕之后，由各小组组长推选的两名小组成员分部上台进行演练，用时 5min；

(5)上台演练的同时，其他同学请认真观察和听讲，并记录演练中不正确的地方。

4. 学习评估

各小组演练完毕之后，由指导老师带领其他小组一起参与演练过程的讨论和点评，相关评标准如表所示。

评估标准

评估重点	满分	得分	原因分析
是否在对话过程中始终尊称客户“您”	20		
脚本内容的熟练程度	20		
演练过程中的小组纪律	20		
对演练过程和演练脚本的总结程度	20		
小组的团队协作能力	20		

参考文献

[1] 陈永革. 汽车营销基础与实务[M]. 北京:机械工业出版社,2014.
[2] 马芬. 汽车销售与服务流程[M]. 北京:科学技术文献出版社,2015.
[3] 杨洪庆. 汽车售后服务与实用教程[M]. 青岛:中国石油大学出版社,2016.
[4] 华汽教育. 汽车售与服务流程[M]. 上海:同济大学出版社,2014.
[5] 张伟国. 汽车销售顾问实践[M]. 上海:同济大学出版社,2013.
[6] 李金艳. 汽车销售技术[M]. 杭州:浙江大学出版社,2015.

图书在版编目(CIP)数据

汽车营销基础与实务/袁芬,鲁澴主编. —合肥:合肥工业大学出版社,2018.9
ISBN 978-7-5650-4085-6

Ⅰ.①汽… Ⅱ.①袁…②…鲁 Ⅲ.①汽车—市场营销 Ⅳ.①F766

中国版本图书馆CIP数据核字(2018)第190411号

汽车营销基础与实务

主 编 袁 芬 鲁 澴　　　　责任编辑 马成勋

出 版	合肥工业大学出版社	版 次	2018年9月第1版
地 址	合肥市屯溪路193号	印 次	2018年9月第1次印刷
邮 编	230009	开 本	787毫米×1092毫米 1/16
电 话	理工图书编辑部:0551-62903200	印 张	14.5
	市场营销部:0551-62903198	字 数	361千字
网 址	www.hfutpress.com.cn	印 刷	安徽联众印刷有限公司
E-mail	hfutpress@163.com	发 行	全国新华书店

ISBN 978-7-5650-4085-6　　　　定价:31.00元

如果有影响阅读的印装质量问题,请与出版社市场营销部联系调换